【海外儒学研究前沿丛书】
主编◎安乐哲 杜维明 执行主编◎彭国翔

切中伦常

《中庸》的新诠与新译

安乐哲 郝大维◎著 彭国翔◎译

中国社会科学出版社

图书在版编目（CIP）数据

切中伦常：《中庸》的新诠与新译／安乐哲、郝大维著，彭国翔译．
北京：中国社会科学出版社，2011.2
　（海外儒学研究前沿丛书）
　ISBN 978 - 7 - 5004 - 9224 - 5

　Ⅰ.①切…　Ⅱ.①安…②郝…③彭…　Ⅲ.①中庸—研究②
中庸—英语—翻译　Ⅳ.①B222.15

中国版本图书馆 CIP 数据核字（2010）第 208225 号

责任编辑　鉴传今
责任校对　韩天炜
封面设计　回归线视觉传达
技术编辑　王炳图

出版发行　**中国社会科学出版社**
社　　址　北京鼓楼西大街甲 158 号　　　　邮　编　100720
电　　话　010—84029450（邮购）
网　　址　http：//www.csspw.cn
经　　销　新华书店
印　　刷　北京君升印刷有限公司　　　　装　订　广增装订厂
版　　次　2011 年 2 月第 1 版　　　　　印　次　2011 年 2 月第 1 次印刷
开　　本　710×1000　1/16
印　　张　14.5　　　　　　　　　　　　插　页　2
字　　数　242 千字
定　　价　32.00 元

《海外儒学研究前沿丛书》总序

揽彼造化力，持为我神通

彭国翔

　　正如儒学早已不再是中国人的专利一样，儒学研究也早已成为一项全世界各国学者都在参与的人类共业。"夜郎自大"的"天朝心态"不可避免地导致固步自封，落后于世界现代化发展的潮流。学术研究如果不能具有国际的视野，"闭门造车"充其量也不过是"出门合辙"，难以真正推陈出新，产生原创性的成果。如今，理、工、农、医以及社会科学包括政治学、经济学、社会学、人类学等无不步西方后尘，已是无可奈何之事，不是"赶英超美"的豪情壮志所能立刻迎头赶上的。至于中国传统人文学包括文、史、哲的研究，由于晚清以至 20 世纪 80 年代不断激化的反传统思潮在广大知识人群体中造成的那种"抛却自家无尽藏，沿门托钵效贫儿"的普遍心态，较之"外人"的研究，也早已并无优势可言。中国人文研究"待从头，收拾旧山河"的"再出发"，至少在中国大陆，已是 20 世纪 80 年代之后的事了。

　　依我之见，现代意义上中国人文学研究的鼎盛时期是在 20 世纪 20—40 年代。尽管那时的中国内忧外患、风雨飘摇，但学术研究并未受到意识形态的宰制，一时间大师云集、硕儒辈出。而那些中国人文学研究的一线人物，除了深入中国古典、旧学之外，一个重要的特点就是兼通他国语文，能够及时了解和吸收域外中国人文研究的动态与成果。所谓"昌明国故，融会新知"，不但是"学衡派"诸君子以及当时那些大师硕儒的标的，其实在一定程度上也恰恰是他们自己学行的体现。1949 年鼎革之后，虽然有一批人文硕儒避地海外，于"花果飘零"之际，使现代中国人文研究的传统得以薪火相传，但毕竟难以维持以往的鼎盛了。如今中国大陆人文研究的再出发能否趋于正途、继往开来，在一定意义上，其实就是看能否接得上20世纪20—40年代的"学统"。

接续并发扬现代中国人文研究学统的一个重要方面，就是及时了解和吸收海外相关的研究成果。对此，中国人文学界的知识人其实不乏自觉。单纯西方学术著作的引进自清末民初以来已经蔚为大观，这一点自不必论。海外研究中国人文学术的各种著作，也在20世纪80年代以来渐成风潮，以至于"海外汉学"或"国际汉学"几乎成为一个独立的园地。不过，对于"海外汉学"或"国际汉学"本身是否能够构成一个独立的专业领域，笔者历来是有所保留的。很简单，海外有关中国人文研究的各种成果，无论采用传统的"义理、考据、辞章"或"经、史、子、集"，还是现代的"文、史、哲"，都必然系属于某一个特定的学科部门。而鉴别这些研究成果的高下、深浅和得失，必须得是该学科部门的当行人士，绝不是外行人士所能轻易置评的。譬如，一部西方学者用英文撰写的研究苏轼的著作，只能由那些不仅通晓英文同时更是苏轼专家的学者才能论其短长，我们很难想象，在文学、历史、哲学、宗教、艺术等人文学科的部门和领域之外，可以有一个独立的"海外汉学"或"国际汉学"。如果本身不是中国人文学科任何一个部门的专业人士，无论外国语文掌握到何种程度，都很难成为一位研究海外或国际汉学的专家。所谓"海外汉学"或"国际汉学"并不能构成独立于中国人文学之外的一个专门领域，其意正在于此。事实上，在海外，无论"汉学"还是"中国研究"，正是一个由包括历史、哲学、宗教、文学、政治学、经济学等各门具体学科构成的园地，而不是独立于那些学科之外的一门专业。也正是在这个意义上，要想真正了解和吸收海外中国人文研究的最新成果，还需要一个重要的前提，那就是：了解和吸收的主体自身，必须是中国人文学相关领域的内行人士，对于相关海外研究成果所处理的中国人文课题的原始文献，必须掌握娴熟，了解其自身的脉络和问题意识。只有如此，了解和吸收海外的研究成果，才不会导致盲目的"从人脚跟转"。否则的话，非但不能对海外中国人文研究的成果具备真正的判断力和鉴赏力，更谈不上真正的消化吸收、为我所用了。

当前，在中文世界中国人文研究的领域中，也出现了一股对西方学者的研究亦步亦趋的风气。西方学界对于中国人文的研究稍有风吹草动，中文世界都不乏聪明才智之士闻风而起。但各种方法、模式和理论模仿得无论怎样惟妙惟肖，是否能够施之于中国人文学的研究对象而"有用武之地"，不至于生吞活剥，最终还是要取决于研究对象本身的特质。所谓"法无定法"，任何一种方法本身并无所谓长短高下之分，其运用的成功与否，完全要看是否适用于研究对象。譬如，在北美的中国史研究中，思想史（intellectual history）的研究目前似乎已经式微，起而代之的社会史（social history）、地方史（local history）等研究取径颇有独领风骚之势。但是，如果研究的对象是宋明时代一位或一些与其他各地学者经常保持联系的儒家知识人，那么，即使这位儒家学者多年家居并致力于地方文化的建设，这位或这些学者与其背后广泛的儒家士人群体的互动，以及那些互动对于这位学者观念和行为所产生的深远影响，都需要充分考虑，这就不是单纯的地方史的研究取径所能专擅的了。再者，如果要了解这位或这些学者思想观念的义理内涵，社会史的角度就难免有其盲点了。如今，中国学者对于中国人文学的研究，所可虑者似乎已经不是对于海外研究成果缺乏足够的信息，反倒正是由于对各种原始文献掌握不够深入而一味模仿西方学者研究方法、解释模式所产生的"邯郸学步"与"东施效颦"。中国人文学研究似乎正在丧失其主体性而落入"喧宾夺主"的境地尚不自知。

然而，面对这种情况，是否我们就应该采取"一刀两断"的方式，摈弃对于海外中国人文学术的了解和引进，如此才能建立中国人文研究的主体性呢？显然不行，那势必"自小门户"，不但不能接续 20 世纪 20—40 年代所形成的良好学统，反而会重新回到"画地为牢"、"固步自封"的境地。在"不知有汉，无论魏晋"的情况下，"天朝心态"虽然是无知的产物，但毕竟还是真实的自得其乐。而在全球化的时代，试图在与西方绝缘的情况下建立中国人文学术的主体性，不过是狭隘的民族主义作祟。这种情况下的"天朝心态"，就只能是掩盖自卑心理而故作高亢的惺惺作态了。

所谓"揽彼造化力，持为我神通"。只要我们能够充分掌握中国人文学术的各种原始文献，植根于那些文献的历史文化脉络，深明其内在的问题意识，不丧失自家的"源头活水"，在这种情况下去充分了解海外的研究成果，就只嫌其少，不嫌其多。西方的各种理论和方法，也就只会成为我们进一步反思自我的资源和助缘,不会成为作茧自缚的负担和枷锁。

　　以上所说,正是我们选编并组织翻译这套"海外儒学研究前沿丛书"背后的考虑和自觉。是为序。

目　录

中文版新序

安乐哲

作为早期中国宇宙论的总结,《易经》将人类的经验界定为"变通"。本书中译本的出版,正逢人类历史的一个转折点。已然发生的一个巨大变迁就是:21世纪已经进入到一个全球相互依存的新时代。人类作为一个物种所面对的日益增长的各种复杂问题,不再只是单纯的国家利益。诸如全球变暖、全球流行疾病的威胁、空气与水污染、宗教极端主义、萎缩的能源储备、环境恶化等等问题,并不尊重国家的边界,而是在全球蔓延。我们要么一道来解决这些问题,要么一道沉沦下去。

我们需要在一个全球的视野中去思考,与此直接相关的还有第二个重要的方面。那就是:随着中国过去三十年来的起飞,在一个全球相互依存的时代,影响我们所有人的世界经济和政治秩序发生了巨大的变化。

中国的经济与政治增长对于全球的影响如何?这一点相对比较容易追索其轨迹,但是,文化方面又怎么样呢?在阅读本书的过程中,我希望读者能够把卷自问:在这种急剧变化的情况下,以家庭为中心的儒学价值会不会促进一种新的世界文化的秩序?在追求"礼之用,和为贵"的过程中"己欲立而立人,己欲达而达人",儒学正是推崇这样一种价值的文化。在儒家看来,个人由各种关系组成。个人被理解为处在各种关系之中,并且在各种独特的、交互性的关系模式下得以滋养成长。这样一种对于个人的理解与那种离散个体(discrete individuals)的模式适成对照。而将个人理解为离散个体的观念则是自由民主主义(liberal democracy)的基本特征。对儒家来说,道德生活存在于家庭与社群关系之中,这种关系的模式是深厚并且彼此密切交织在一起的。儒家的这种看法会不会改变我们的文化世界?对于一种新的文化秩序来说,儒家这种对于人与人、国与国之间相互依赖的理解又是否有其贡献呢?

英文版前言

在本书有关《中庸》的讨论中，我们尝试提供一种资源，既是对有关中国思想的学者，也是对那些也许是初次接触中国哲学文献的师生。后者也许一开始会觉得，伴随本书对《中庸》翻译得较为细致的学术工具（scholarly apparatus）有点儿令人胆怯。但是，我们希望，对那些不熟悉中文者，我们可以提供足够的指导，使他们努力在西方脉络中了解中国思想的这样一种遭际中，获得对这种挑战的富有成果的理解。

本书分为四个部分：第一部分是关于《中庸》文本的研究，对于了解《中庸》这部文献的历史及其英文翻译的历史，该部分探讨了某些较为专门性的问题。其中，我们诉诸于最近中国的考古发现，来帮助我们确定《中庸》在其思想脉络（intellectual context）中的定位。第二部分是对《中庸》提供一种哲学性和宗教性的诠释。第三部分提出了《中庸》一书中所涉及的一些重要的术语，并对这些术语的含义进行了解释。对于那些将本书作为课堂教材的教师来说，这些术语的解释尤为有帮助。因为这些术语在《中庸》的论证中发挥了重要的作用，而本书的解释则简明扼要。第四部分则是对《中庸》的英文翻译。在本书的翻译中，我们对于那些较为困难的翻译问题有足够的警觉，无论对于专家还是新手，我们都提供了充分的诠释。

有意对《中庸》提供一种与众不同的哲学性的诠释，对此，我们应当作些说明。我们的用意不在于使我们的诠释与其他一些可能的诠释取径（如文字学或者历史学的取径）形成对立。毋宁说，我们意在表明，对于《中庸》这部文献在语义上和观念上的微妙之处，我们保持了格外的关注，为的是说明它在古代中国文献中的核心地位。正如我们将会在本书第二章详细讨论的那样，直到最近，对于一些诠释性的文献，诸如《中庸》、《论语》、《道德经》以及《庄子》，由于将其中所蕴涵的慧识洞见翻译成恰当的西方语汇困难重重，它们所能够嘉惠于我们的，远较我们实际所获得的为多。因此,我们在此宣称提供一种哲学性的诠释,其意义也就等于说,我们试图以一种我们认为是最切中肯綮的方式来对待这部文献。

在一定意义上,我们同意陈荣捷对《中庸》的如下评论:"《中庸》是一部哲学作品……在整个古代儒家的文献中,它或许是最具哲学性的。"① 并且,我们试图将这一重要的哲学文献呈现出来,所采用的方式是允许西方的哲学家们能够以一种富有成果的方式参与其中。我们希望这种努力将不仅论证这部文献本身在哲学上是引人入胜的,并且将给西方的哲学家们以及其他知识分子提供切近一整套诠释与论证的途径,对于那些中国和西方的思想家们共同的问题和关注,这一整套诠释与论证提供了许多崭新的睿识与洞见。

---

① 陈荣捷:《中国哲学资料书》（*A Source Book in Chinese Philosophy*. Princeton：Princeton University Press, 1963），第 96 页。

第一章 《中庸》文本的研究:文献与义理

一 文献的研究

(一)《中庸》和"思孟学派"

孔伋（公元前483—前402）是孔子（公元前551—公元前479）的孙子。他的父亲伯鱼在《论语》中出现过2次。孔伋，字子思，而他最为人所知的就是"子思子"。在早期的记录中，子思的名字与《中庸》相关。另外，除了《中庸》以外，在编辑于汉代的《礼记》中，还有"表记"、"缁衣"和"坊记"这三篇文章也与子思有关。

一直以来，子思只是被学界假定为《中庸》的作者。而目前，子思作为哲学家的地位正在变得日益重要。由于最近一系列的考古发现，作为《论语》中所反映的孔子学说以及《孟子》、《荀子》中所反映的古典儒学的早期演化之间的失落的环节之一，子思得以走出历史的迷雾。不过，子思只是那些失落环节的其中之一，因为在那些考古发现中，出现了很多的文献，这些文献和早期儒学传统中的其他几个我们熟知的重要人物有关。除了被当代学者打算归诸子思的那些文献资料极为丰富之外，新的出土材料中还有名为"曾子"、"子路"和"颜渊"的文献。所有这些文献全部以出现于《论语》中的重要孔门弟子而命名。

子思不仅仅是孔子的孙子，而且是曾子的学生。在《论语》的后半部分，曾子是重要的人物之一。在孔子死后，曾子也是孔门后学中名列最优秀的八大儒生之一。据《史记》记载，子思晚期的弟子之一是孟子的老师。正是由于子思和孟子之间的这一直接的历史关联，由曾子所传下来的这一学派常常被称为"思孟学派"。而新发现的有关子思的文献和《孟子》之间在哲学思想上的共鸣，则更加印证了"思孟学派"的内在联系。在后来的儒学传统中，正是这一谱系被认为是儒家的正统传承。

在尊重《论语》以及使用标准的儒学术语方面，《孟子》和《中庸》

颇有重叠之处。并且,《孟子》和《中庸》也都同样表示了对于一系列早期文化中心人物的敬重,这些人物是被作为效法的榜样的。和早期的儒家经典诸如《论语》的另一个共同之处在于,新发现的有关子思的材料、《孟子》以及《中庸》,都广泛引用了《诗经》中的章句,将其作为一种经典权威的资源。这些章句既解释被讨论的哲学观点,也相应的为那些哲学观点所解释。

事实上,和《论语》、《孟子》以及《荀子》一样,《中庸》更多的诉诸《诗经》而非任何其他的经典,以之作为其训诫的一种权威。①反省《中庸》是如何运用《诗经》来强化其哲学观点,是一项有趣的工作。

战国与秦朝之间,那些非经典的诗歌经历了一个历史架构的过程,对于这一过程发生的方式,史嘉伯(David Schaberg)进行过探讨。②注释者们觉得,虽然一首诗歌通常非常隐晦甚至难以理解,但是,它仍然是一种破解密码的交流工具。并且,只有将其置于一种有关某些令人感兴趣的人物或事件的特定历史轶事之中,这种交流工具才能够被理解和欣赏。只有在歌手和听众心灵相通、彼此共鸣的情况下,诗歌才会产生其隐含的信息。

在《中庸》和该时期其他一些哲学文献中,看起来也发生过类似的过程。其中,像那些被收集在《诗经》中的经典性的诗歌——它们大概更为广泛地被人们记忆和吟诵,通过用以加强论证某个特定的哲学观点,从而得到了解释。于是,作为一种古代意义的共享储备,这些诗歌在一种过程中得到了阐明,而这一过程使得作者们可以宣称拥有了传统的威望,由此来论证自己的论断。

对于论证哲学观点来说,诗歌是一种特别有效的补充。对此,有几个方面的原因。首先,对于哲学文献的读者来说,诗歌是广为他们所知的,因而也就具有强大的说服力。其次,众多没有作者的诗歌来源于人们的日

---

① 马克·路易斯(Mark Lewis)做了不少努力向人们展示,在早期文献中,不同的哲学文本是如何使用《诗经》的过程。参见其《早期中国的书写与权威》(*Writing and Authority in Early China*. Albany: State University of New York Press, 1999),第163—176页。

② 参见史嘉伯(David Schaberg)《早期中国的诗歌与历史想象》(Song and the Historical Imagination in Early China),《哈佛亚洲研究季刊》(*Harvard Journal of Asiatic Studies*)1999年第59期,第2页。

常生活。用史嘉伯的话来说：诗歌本身就是"彻底和不可控制的真实性的一种表现。"① 歌唱行为中的自发性和真诚在于这样的事实：即诗歌大都常常要么是批判要么是赞扬——有时是对于压迫而迸发出的不可压抑的反抗，有时是对于善行自然公开流露的赞许。当一种哲学文献采取诗歌的形式，以强烈的感情表现出来之时，它就充分利用了读者们那样的一种设定：诗歌是不会说谎的。因此，引用诗歌就不但可以阐明观点，而且提高了其真实性。

同时，诗歌还会使论证变得生动而引人注目。通过将较为概括和抽象的论断具体化，并将其定位于特定的历史情境之中，诗歌又会使论证变得富有情感。因此，在哲学文献中被恰当安置的诗歌不仅赋予哲学家的主张以真实的力量，而且给那些主张注入了感情色彩。

除了共同广泛征引《诗经》这一特征外，在《论语》、《孟子》和《中庸》之间，还有另外一个直接的关联不应当被忽略。我们还能够作出如下的论证：作为《中庸》一书的题目并且在该书前十一章中反复出现的"中庸"（focusing the familiar）一词，是这种非常深奥的哲学术语的一种详细阐述。除了《论语》第 6 篇〈雍也〉第 29 章如下的一段话。在现存的其他的文献中，"中庸"这个词几乎是找不到的。

子曰："中庸之为德也，其至矣乎，民鲜久矣。"
The Master said："The excellence required to focus the familiar is of the highest order. That it is rare among the people is an old story."

在《中庸》第 3 章中，《论语》的这段话几乎是被一字不差地引用了。这一事实，对于上述假设提供了有力的证据。

《中庸》和《孟子》的联系更加复杂。在《中庸》中，被广泛发展了的最根本和最重要的观念之一，就是"诚"这一概念的拓展和详细阐述。习惯上，"诚"意味着"诚实"（integrity）或者"真诚"（sincerity）这样一种情感。但是，在《中庸》中，"诚"已经逐步地开始拥有了宇宙论的意义。"诚"表达的是人们对于"宇宙创造性"（cosmic creativity）这一不断进程的参与。《中庸》第 25 章中很清楚地表达了"成"（to com-

---

① 史嘉伯：《早期中国的诗歌与历史想象》，《哈佛亚洲研究季刊》，第 337 页。

plete）与"诚"（creativity/integrity/sincerity）的同根性：

> 诚者自成也。……诚者非自诚己而已也，所以成物也。
>
> Creativity is self – consummating… But creativity is not simply the self – consummating of one's own person；it is what consummates events.

"诚"字在《论语》中也曾经出现过，但是，并没有在"宇宙创造性"的扩展的意义上被加以使用。

在 1993 年出土的郭店竹简中，有一篇文献暂时被命名为《成之闻之》。其中有一段话被当代学者郭沂修订如下：

> 是以君子贵成之。
>
> It is for this reason that exemplary persons prize creativity.

郭沂发现，在《成之闻之》和《中庸》之间，存在着很大程度的共鸣。并且，在《成之闻之》中的"成之"以及《中庸》中第 20 至 26 章中的"诚"和"诚之"之间，也存在着直接的联系。在强调《中庸》和《成之闻之》这两篇文献之间这种假设的联系时，我们可以发现，二者同时暗示了《中庸》第 25 章中"诚之为贵"的观念：

> 是故君子诚之为贵。
>
> It is thus that，for exemplary persons，it is creativity that is prized.

基于两者在语义学和语言学两方面的共鸣，郭沂辩称，《成之闻之》其实当为子思后学所作，并且，这些子思后学对孟子有某些直接的影响。正如我们将会看到的，这种"创造性"（creativity）的观念在《孟子》的"诚"中得到了表达，这也许是《成之闻之》和《中庸》二者之间的纽带。

《孟子》和《中庸》之间的直接联系并不多，但是，仅有的联系却非常重要。例如，无论在语言上还是在思想上，《中庸》第 20 章所表现的社会政治哲学都可以在《孟子》中找到痕迹。在《孟子·离娄上》中，我们可以看到，通过对于自己在家庭和社会生活中的角色和各种人际关系的始终如一的关注，人们来进行自我修养。

此外，我们还可以再次看到，在现存的典籍中，最早在"宇宙创造性"这种扩展了的意义上以"诚"字而非"成"字出现，同样是《孟子·离娄上》。《孟子》这一章给《中庸》提供了一个核心的主题：只有在创造性（"诚"）的过程中，天道和人才能够达到最有效的合一。《孟子·离娄上》说：

> 诚身有道，不明乎善，不诚其身矣。是故诚者天之道，思诚者人之道。至诚而不动者，未之有也。不诚，未有能动者也。
>
> There is a way of being creative in one's person. Persons who do not understand efficacy are not creative in their persons. For this reason, creativity is the way of *tian*, and reflecting on creativity is the proper way of becoming human. There has never been a case in which those of utmost creativity have never been able to do anything at all.

我们可以将这一段话和《中庸》第 20 章的以下一段话进行比较：

> 顺乎亲有道。反诸身不诚，不顺乎亲矣。诚身有道，不明乎善，不诚乎身矣。诚者天之道也，诚之者人之道也。
>
> There is a way of getting on with one's kin: If on introspection one finds a lack of creativity in one's person, one will not get on well with one's kin. There is a way of being creative in one's person: If does not understand efficacy, one will not find creativity in one's person. Creativity is the way of *tian*; creating is the proper way of becoming human.

事实上，《中庸》第 20 至 26 章看起来似乎是孟子这种"创造性"（"诚"）观点的进一步发挥和阐明，因为文中频繁地使用了相同的表述方式。所以，很可能《中庸》的第 20 至 26 章就是对《孟子·离娄上》这一段文字的注释，就像《中庸》的开篇就是对《论语》中意义模糊的"中庸"一词的梳理。这显然非常有趣。当然，《中庸》的这一动机说明了《论》、《孟》两大早期儒学巨著的直接联系，同时，也体现了《中庸》对于在创造性过程中人所扮演的角色的理解。

在《孟子》和《中庸》之间，还有另外一个有趣的共鸣是在《孟子·尽心上》中如下的一段话：

> 尽其心者，知其性也。知其性，则知天。存其心，养其性，所以事天也。
>
> To make the most of one's heart – and – mind is to realize one's natural tendencies, and if one realizes one's natural tendencies, one is realizing *tian*. Sustaining one's heart – and – mind and nourishing one's natural tendencies are how one serves *tian*.

对于《中庸》第 22 章来说，《孟子》的这一部分也许是一个启迪。《中庸》第 22 章有着相近的词汇、句法结构，并且发挥了同一哲学主题：

> 唯天下至诚为能尽其性，能尽其性，则能尽人之性，能尽人之性，则能尽物之性，能尽物之性，则可以赞天地之化育，可以赞天地之化育，则可以与天地参矣。
>
> Only those of utmost creativity in the world are able to make the most out of their natural tendencies. Only if one is able to make the most of one's own natural tendency is one able to make the most of the natural tendencies of others; only if one is able to make the most of the natural tendencies of others is one able to make the most of the natural tendencies of processes and events; only if one is able to make the most of the natural tendencies of processes and events can one assist in the transforming and nourishing activities of heaven and earth; and only if one can assist in the transforming and nourishing activities of heaven and earth can human beings take their place as members of this triad.

当《中庸》将首先出现于《论语》和《孟子》的抽象概念逐步加以具体化之时，它和《五行》、《性自命出》等新近出土的关于子思的早期材料之间的关系，就更像是一种补充，而不是重叠。例如：《中庸》第 8、第 9 章和《五行》的第 4、第 6 章都认为，人的思想过程必须是清楚而不变的。同时，两个文献对于"内"、"外"的相互关系都做了深入的探讨。

此外，出土材料中关于子思的文献主要以人为中心，关注于人性的发展。与此相较，《中庸》则涉及了很多的宇宙论方面的内容。我们可以将子思文献中的这两个极端设想为一种《道德经》的儒家版本，在《道德经》中，特定个人的"焦点化"的创造力（"德"）与其扩展了的经验"场域"（"道"）之间的共生关系是众所周知的。

（二）子思与"五行"学说

《荀子》将"五行"学说与子思和孟子两人的名字联系起来。最初，作为道德行为准则的"五行"学说，与后来邹衍（公元前305—约前240）关于宇宙论的"五行"学说并没有关系。当然，后一种"五行"学说有可能是由前一种"五行"学说发展而来，也可能是后一种五行说省略了前一种"五行"学说的道德取向。一个时代更早的道德学说和一个时代较晚的似乎与前者没有关联的宇宙理论都叫做"五行"，对于荀子十分严厉地抨击"五行"来说，这一事实可以提供两种解释。《荀子·非十二子》说：

> 略法先王而不知其统……闻见杂博，案往造旧说，谓之五行。甚僻违而无类。幽隐而无说，闭约而无解，案饰其词而只敬之曰：此真先君子之言也，子思唱之，孟轲和之，世俗之沟犹瞀儒嚾嚾然不知其所非。……是则子思孟轲之罪也。[①]

There are those who, only superficially emulating the way of the former kings, do not understand its real substance··· What they have seen and learned is indeed extensive and varied. Basing their ideas on ancient lore, they concoct their new theory and call it *wuxing*. In fact, this theory is perverse and bizarre. It is a lot of obscure and impenetrable nonsense. They dress it up in eloquent language, and with great reverence say: "These are truly the words of the exemplary persons of old." Zisi sang this song, and Mencius chimed in with it. The deluded and foolish Confucians of our pres-

---

① 见《荀子·非十二子》。参见诺布洛克（John Knoblock）《荀子全文的翻译与研究》（*Xunzi: A Translation and Study of the Complete Works*, Vol. 1. Stanford: Stanford University Press, 1988）第224页对于《非十二子》中此段的翻译，以及第214—219页中对于此段重要性的讨论。

ent day are thrilled with this theory and are wholly oblivious to where it
goes wrong… This then is the crime of Zisi and Mencius.

　　一个可能的解释是:注重实践的荀子否认了子思关于道德学说的
"五行"和日益流行的关于宇宙生成的"五行"之间的明显联系,因为荀
子认为后者和人类以及社会没有关系。和孔子拒绝讲述思辨性(specula-
tive)的问题一样,① 荀子主张,人们应该将精力放在自我修养和公共修
养上,而不要把时间浪费在他们不能也没有希望能够理解的事物上。有人
认为,上引《荀子》这一段话的意义有些模棱两可,从《荀子》的言语
中并不能够让人立刻清楚地感到他是在批评子思和孟子本人,还是在批评
那些后来对于宇宙神秘论感兴趣的儒生,指责他们将原本是道德学说的
"五行"作了不应该的破坏。为了解决这种意义的不明确,约翰·诺布洛
克(John Knoblock)指出,当荀子在其行文中使用"五行"来指代人们
所应当采取的行为时,虽然和子思与孟子用"五行"来说明五种特定的
德行有着明显的不同,但是仍然带有肯定的意义。不过,从另一方面来
说,《荀子》通篇都几乎没有提到"五行"一词,这似乎意味着:不管
"五行"指代着什么,荀子都有意避免和"五行"产生任何的联系。最大
的可能是,荀子的指责直接针对的是和他同时期的学者不恰当地将"五
行"作为宇宙论的范畴;更为严厉的是,荀子将矛头对准了那些为这种
扭曲推波助澜的儒生。

　　另一种解释认为,荀子的指责就是针对子思和孟子的"五行"学说,
这种解释似乎更加的合理。首先,我们没有切实的证据说明,汉代才出现
的五行宇宙论在荀子的时代就已经存在。当荀子对这些非正统的哲学观点
进行了思考,进行了这样的抨击,并且宣泄了自己的反感的时候,在对
"五行"观念的发展缺乏足够证据的情况下,我们似乎最好还是认为,荀
子攻击的对象可能正是和子思与孟子有关的道德学说。

　　其次,在其他的文献中,荀子一直对孟子的观点表达了明确的反对,
尤其是对于孟子用"四端"阐述的人性论进行大声的攻击。并且,我们

---

　　①　见《论语·子罕》:"子绝四:毋意,毋必,毋固,毋我。"《论语·子罕》:"子罕言利,
与命与仁。"《论语·先进》:"季路问事鬼神。子曰:'未能事人,焉能事鬼?'""敢问死。曰:
'未知生,焉知死?'"

还可以发现，在五行的道德学说和孟子的四端说之间，新近出土的《五行》建立了直接的无可争议的联系。"五行"所赞颂的五种德性的前四种和孟子的四端是完全吻合无间的。

第三，由于荀子主张实践，"五行"中的五种恰当行为模式的第五种，即所谓作为一种深刻的创造性宇宙力量的"圣"，在荀子看来，就是极其空泛而且毫无意义的。

最后，《荀子》文中指责子思和孟子的段落意义并不模糊。它认为"五行"学说是对于先圣学说的整体扭曲。荀子公开指责《五行》中的语言容易造成误解，并对于"五行"在当时儒生中的流行进行了抨击，用明确的语言指名道姓地指责了子思和孟子。因为荀子认为，子思和孟子对于儒学走上歧路负有重要的责任。

荀子对于"五行"的道德学说的反对，不啻于一场公开而全面的攻击。这一攻击形成的争论，最后导致了对于孔子哲学的两种不同的解释。这两种解释都有着重要的地位：荀子一系在汉代早期获得了一定的优势，但是，在历史的长河中，孟子这一系最后取代了荀学。

随着最近被认为是子思所作的两个版本的《五行》的发现，在一定程度上，孟子、子思和这种"五行"学说的关系变得更为清晰了。孟子众所周知的"四端说"——"仁"（authoritative conduct）、"义"（appropriateness）、"礼"（the observance of ritual propriety）、"智"（wisdom），事实上只是"五行"的一个省略版，而"五行"（五种恰当品行）中的最后一种"圣"（sagacity），则是前四种品行成长流行的结果。①

1973 年，在长沙马王堆出土了一批埋葬于公元前 168 年的文献。这些文献中被认为是子思学派的作品，如果不是子思本人的话。尤其是，其中有两卷帛书。第一卷没有题目，第二卷名为"德行"。事实上，那一卷没有标题的帛书是马王堆出土文献中最具有历史价值的文献之一。当代学者庞朴对该文献进行了最早的分析，他认为这就是失传已久的《五行篇》。

1993 年，湖北郭店又有了更新的发现。新的文献在"东宫之师"的墓中被发现，墓主有可能是楚国的太子太傅。这些文献也被认为是子思一脉的作品。该墓的时间被确定在公元前 300 年左右，大约比马王堆早 150

---

① 在这一考古发现之前，人们将"五常"中的"信"和"诚"作为"五行"的组成部分。

年。出土的约 800 篇竹简上大约有 1.3 万字，目前暂时被重新编连为十六
篇文章，包括两篇道家著作：一个新版本的《道德经》和一篇以前不为
人所知的《太一生水》。除了和马王堆帛书《五行》相近的竹简《五行》
之外，墓内还有一篇《缁衣》，该篇在传统上也被认为是子思之作，并且
作为《礼记》的一章而传世。16 篇文献中剩下的 12 篇文献是全新的，对
于孔子逝世到孟子成为儒家一系的代言人这 150 年间古代儒学的发展，这
12 篇文字提供了重要的说明。

　　那么，从这些能够使我们在古代传统内部更好地定位《中庸》的新
的文献之中，我们究竟能够学到什么呢？一个通常的观察是：在马王堆
和郭店的出土文献中，《道德经》的不同版本和其他一些道家文献都是
与那些很可能是子思的著作一起被发现的。郭店发现的《道德经》的
一个明显特点就是缺少了通行本中攻击儒家的言论。这一点说明，在早
期道家的观念和儒学这一特定的流派之间，存在着更为积极甚至是互补
性的关系。新发现的这一系列文献既包括道家作品又包括子思学派的作
品，这一点至少说明，与墓主有关的学者并不认为这两类著作的内容是
互相排斥和彼此不相容的。值得注意的是，尽管《中庸》显然是一部
儒家的作品，但是一直到 20 世纪 50 年代，由于认为《中庸》大体上是
一部道家作品，钱穆曾与徐复观以及其他一些学者就曾经发起过一场旷
日持久的论战。①

　　郭店版的《五行》在第一支竹简上有"五行"两字作为标题。这证
实了庞朴关于马王堆中相同佚名文献就是失传的《五行》这一推测。两
个几乎是相同的《五行》的版本与《道德经》的版本一起出土，这一事
实说明了《五行》在传统中所具有的一定的经典地位。另外，《五行》中
广泛地使用通假字，这也许意味着它们是经过口头流传的文献。因为使用
通假字说明作者首先重视的是言传，其次才是通过上下文和推理来表达意
义。因此，《五行篇》有可能是通过记忆记录下来的。而记录的目的，则
是为了让墓主在通往彼岸的旅程中也能够阅读这一文献。此外，《五行》
和《孟子》在语言和观念上的直接共鸣说明，无论谁是《孟子》的作者，

---

　　①　关于这一次辩论，参见杜维明《论中庸：儒家宗教性研究》(*Centrality and Commonality:
An Essay on Confucian Religiousness*，Albany：State University of New York Press，1989)，第 14—18
页。

该作者都知道《五行》这一更早的文本。

那么，在本书所翻译的《中庸》和其他那些被认为是子思的作品之间，究竟存在着什么样的关系呢？首先，马王堆和郭店发现的那些文献（除了《五行》中的重复之处以外），无论在语言还是在风格上，彼此之间都不尽相同，这一现象说明这些文献既不是由同一个人所作，也不是在某一个特定时期同时完成的。包括李学勤和庞朴在内的几位当代学者都较为合理地指出，那些被冠于子思名下的文献是一些合成的文集（可能在结构上与道家经典《庄子》类似）。在从孔子到孟子这一段时间之内，这些合成的文集经历了一个演化的过程。而郭店和马王堆发现的文献的一部分，则是这些文献的残余。这种合成的性质反映了存在着许多不同的话语脉络和作者。对于我们应当希望从这些文献中得到什么样的连贯性以及我们能够在它们之中进行什么样的比较来说，这种合成的性质都具有真实的意义。正如这些新发现的被认为是子思的文献所表明的，我们应当期望的是：它们会发现更为多样的观念。

在《论语》中，"仁"、"义"、"礼"、"智"、"圣"这所谓"五行"都各自有其显著的角色。在《论语》中，它们大多是单独出现，偶尔也成对出现。譬如，"仁"和"知"就在《论语》中多次一起出现。但是，只有在被认为是子思所作的《五行》中，它们才被组织成为正式的、有序的一组范畴，并且被称为"五行"。正如我们已然所见，孟子的"四端说"看起来好像是从"五行"中演化而来。"四端说"显然是"四行说"的另一个名字而已，它和"五行"去掉"圣"这一"行"的情况完全一样。在《五行》文中，这种情况也出现过。当然，《孟子》中到处可以见到"圣"，但是，它却有着《孟子》话语脉络下自身的特殊意义。

作为正式的一串范畴，"五行"在《中庸》中并没有出现。并且，作为一个整体，这五个范畴在《中庸》中其实并不那么重要。有趣的是，在《中庸》第20章中，出现了这五个范畴，这一章的相近文字也曾经出现于《孟子·离娄上》。可以说，正是这一章使得《孟子》和《中庸》发生了联系。在《孟子》和《中庸》的论述中，这五个范畴完全按照"五行"的顺序出现：以"仁"开始，以"圣"结束。

在《中庸》第1章出现的"故君子慎其独"这句话，在《五行》第7章中出现了两次。尽管这一句话非常的费解，也一直为人所讨论，但是，在《大学》和《荀子》中，也同样出现了这句话。这一现象表明：

在早期儒家的文献之中，它是一个为人所熟知的常用的表述。①

或许，在《中庸》和其他一些子思的文献之间，最强的联系在于它们都有一个渗透于各处的主题：协调人道和天道，使二者在天地创造性的过程中成为伙伴。在《中庸》这部文献中，天人合一并不是先天给予的（given），而是需要人去实现的（accomplishment）。正如我们以下将会看到的那样，人的这种创造性的贡献，成为决定我们如何去解读《中庸》开篇的特别相关的所在。

（三）《中庸》：一部合成的文献

有很多充足的理由让我们相信，《中庸》本身就是一个复合的文献。即使是像杜维明这样一直在论证《中庸》整体完整性的学者，也认为《中庸》明显地分为三个清楚的部分。这反映了它有多重来源和多个作者。② 这三个部分是：第 1 章至第 19 章关于君子的德行；第 20 章关于为政；剩下的十三章解释"诚"。我们将"诚"翻译为"创造性"（creativity）。在其关于《中庸》的重要著作中，已故的日本学者武内义雄详细地检讨了《中庸》文本中的各种不连贯之处，并且评价了以往和晚近不同学者提出的各种不同的理论。③ 在那些理论之中，一些看法显然比其他一些看法具有更多的优点。

譬如，武内义雄介绍了一位当代学者的观点，这位学者怀疑《中庸》的第 1 章可能是由失传的《乐经》的残篇增加而成的。对此，我们不得不赞成朱熹对于《中庸》的注解。朱熹认为，《中庸》的第 1 章不仅是整部《中庸》的有机组成部分，并且，事实上更是整个著作的核心。委实，在最近出土的文献如《性自命出》中，《中庸》第 1 章中的一些关键术语，包括"性"、"天"、"命"之间的关系，连同"心"、"情"一起，成为子思思想中的特有词汇。子思文献中的主要主题，尤其是《中庸》中的主要主题，在于人们如何协调自己的品行，以便达到和天地的三参一体。

---

① 参见本书第四章《中庸》新的英译的注 10。
② 杜维明：《论中庸：儒家宗教性研究》，第 17 页。
③ 武内义雄：《易と中庸の研究》，《武内义雄全书》卷三，东京：角川书店 1979 年版，第 32—40 页。

虽然我们相信《中庸》第 1 章的确是《中庸》的有机组成部分，但是，它也引起了一些有趣的争论。对此，我们将予以检讨。我们将在下文仔细讨论《中庸》第 1 章的重要作用，不过，《中庸》中也的确有些章节看起来不乏另类之感。例如，《中庸》第 16 章假定了鬼神的思想，这与早期儒家关于鬼神的观点完全不相一致：

> 子曰：鬼神之为德，其盛矣乎！视之而弗见，听之而弗闻，体物而不可遗。使天下之人，齐明盛服，以承祭祀，洋洋乎如在其上，如在其左右。诗曰："神之格思，不可度思，矧可射思。"夫微之显，诚之不可掩如此夫。
>
> The Master said, "The efficacy of the gods and spirits is profound. Looking, we do not see them; listening, we do not hear them. And yet they inform events to the extent that nothing can be without them. Because of them, the people of the world fast, purify themselves, and put on their finest clothes in carrying out the sacrifices to them. It is as though the air above our heads is suffused with them, and as though they are all around. The *Book of Songs* says: The descent of the gods cannot be fathomed. How much less can it be ignored? Such is the way that the inchoate becomes manifest and creativity is irrepressible."

这一段和第 15 章以及第 17 章都没有关联，事实上打断了原本可以连贯的对《中庸》思想的表述。这一段文字对于鬼神的明显推崇，没有关涉到人类社群的道德责任，这一点和《论语》中所描绘的孔子形象不相吻合。基于与"诚"有特定的关联，武内义雄将此段重新归于《中庸》的后半部分。如此一来，武内义雄就可以认为这一段话出自《中庸》的假定作者子思之口。和孔子不同，子思被认为经常使用"诚"这一用语。

我们必须承认，《中庸》对于宇宙论的不断讨论，是与孔子和早期儒家以人为中心的观念相左的。但是，即使如此，由于武内义雄的论证是具有说服力的，因此，我们必须意识到现存文献中并不存在的子思对于鬼神的同情。另外一种解释可能是这样的：这一章之所以被包括在文本之中，是由于其结尾部分中提到了"夫微之显"，而这句话直接与《中庸》第 1 章的"莫显乎微"相呼应。

（四）《中庸》成书的断代

在试图确定《中庸》一书编纂于什么时间时，最令人感到麻烦的问题，或许是《中庸》的第 28 章。该章有这样一段话：

> 非天子不议礼，不制度，不考文，今天下车同规，书同文，行同伦。

> No one but the Son of *tian*（*tianzi* 天子）can preside over rites and ceremonies, make the laws, and determine the written script. Today in the empire our carriages have axles of the same width, in our writing we use a standard script, and in our conduct we accept the same norms.

这里提到的货币、关于度量衡以及车圭的统一，是公元前 3 世纪后半叶秦始皇统治时期的持久主题。在诸如《史记·秦始皇本纪》之类的史书中，都有关于这一点的记载。将《中庸》视为一个有机的整体，从这样一个未经反省的假定出发，许多注家基于这一章而得出这样一种结论：《中庸》的完全成书是在秦代或者汉初。作为另外一种解释，我们认为，作为一个合成的文本，这一段文字可能相对较晚，而《中庸》的其他部分则可能形成较早。

在作为朝廷图书目录的《汉书·艺文志》《儒家》条中，我们可以发现“《子思子》二十三篇”的记录。而在另一部记载了孔氏家族 650 年历史的文献《孔丛子》中——阿利尔（Yoav Ariel）考证认为是公元 3 世纪左右的作品，① 我们则可以发现“子思四十九篇”的记载。

关于和子思有关的文献的断代问题，学界长期以来一直存在着争论。许多博学的学者认为这些文献属于汉代早期，但是，最近的考古发现表明，至少有一些后来被收入《礼记》的子思的文献，譬如《缁衣》，其时代就是早于公元前 300 年的。

---

① 参见阿利尔（Yoav Ariel）《孔丛子：孔子家族系年》（*K'ung—ts'ung—tzu*：*The Family Master's Anthology*. Princeton：Princeton University Press, 1989），第 56--59 页。

〔五〕 子思其人

从《孟子》和《礼记》所记载的故事来看，作为一个具有杰出品格的人，子思受到了鲁穆公（约公元前415—公元前383）的极大尊重。但是，鲁穆公虽然不断馈赠子思礼物并表示维持他们之间的友谊，却并没有将子思提升到政治上的高位。因此，子思有一种挫折感。① 在《五行》中，这种同样的关怀也有所流露：

> 索卢参，达于君子道，胃（谓）之贤。② 君子知而举之，胃（谓）之尊贤。君子从而事之，胃（谓）之尊贤。③ 前，王公之尊贤者也。后，士之尊贤者也。
>
> Suolu Can in mastering the way of the exemplary person was said to be of superior character. When exemplary persons recognize such people and promote them, they are said to esteem those of superior character. When exemplary persons recognize them and put them into service, they are said to esteem those of superior character. This was the former kings and dukes esteeming those of superior character, and later scholars esteeming them, too.

穆公并没有真正任用子思，因此，子思拒绝了穆公的礼物。在《孟子·万章》中讨论这一点时，孟子说："悦贤不能举，又不能养也，可谓悦贤乎？"（If in claiming that one delights in persons of superior character one is neither able to promote them nor take care of them, can they really be said to delight in persons of superior character?）《孟子》这一段的结尾也许是对《五行》的一个直接的提示：

---

① 参见《孟子》《公孙丑》、《滕文公》、《离娄》、《万章》、《告子》诸章。

② 《吕氏春秋·尊师》："……索卢参，东方之钜狡也，学于禽滑黎。此六人者，刑戮死辱之人也，今非徒免于刑戮死辱也，由此为天下名士显人，以终其寿，王公大人从而礼之，此得之于学也。"

③ 根据马王堆文献的最初句读，"君子"处被断开，因此可以断为："君子，知而举之，胃（谓）之尊贤。君子，从而事之，胃（谓）之尊贤。"

故曰:"王公之尊贤者也。"

Therefore it is said: "This was the former dukes and kings esteeming those of superior character. "

对此,《孟子·万章》中作了明确的区分。同样的词汇也出现在《五行》中:

士之尊贤者也,非王公之尊贤也。

This is a case of the scholar esteeming those of superior character; it is not the kings and dukes esteeming those of superior character.

对于《五行》中以下这段特定的文字,《孟子·万章》中看起来再次具有与之相应的文字:

用下敬上,谓之贵贵;用上敬下,谓之尊贤。贵贵、尊贤,其义一也。

For the inferior to show respect for the superior is called revering the worthy; for the superior to show respect for the inferior is called honoring those of superior character. In their appropriateness they are the same.

统治者未能任用君子,这也是《孔丛子》中子思所论的一个主要话题。子思对于不能入仕的不断抱怨,以及《韩非子》中记载的子思为早期儒家八大学派之一的领导者,这些都表明,子思遭受了与其祖父孔子同样的命运:失意于政治,更多时候只是当权者的朋友和老师。

在另一种方式上,子思与其祖父孔子也很相近。在《论语·八佾》中,有很多地方讲述了孔子对于礼仪行为的具体知识。例如,《八佾》第15章说:

子入太庙,每事问。或曰:"孰谓邹人之子知礼乎?入太庙,每事问。"子闻之曰:"是礼也。"

The Master on entering the Grand Ancestral Hall asked questions about everything. Someone remarked: "Who said this son of a man from the

Zou village knows about observing ritual propriety? On entering the Grand Ancestral Hall he asks questions about everything. "When Confucius heard of this, he said: "To do so is itself observing ritual propriety. "

和孔子一样，子思也以精通礼仪而著称。关于这一点，以下的事实可以为证：一些被认为是子思的作品，包括《中庸》本身在内，后来都被收入了《礼记》。子思出现于《礼记》的这些章节之中，许多这样的故事都详细地说明了子思作为一位精通经典的学者形象。而作为一位礼仪的权威，子思受到了同行们的尊重。

在《礼记》的一些记载中，子思的形象是一个苦行的学者，他和孔子最喜爱的学生颜回一样贫穷。但是，事实上，子思却批评了他老师曾子的禁欲主义。这些关于子思以及他和其他人的关系的故事，向我们展现了一个具有勇气和品德的人。对于人类经验的礼仪化，子思不怕表达自己强烈的感受。

在其他一些典籍中，还有很多关于子思的故事。在公众生活中，子思曾经在魏、宋、鲁和毕国的朝廷任职。在《孔丛子》中，有一个故事讲述了子思16岁时遇到的一次生命危险。到宋国时，子思有意激怒一位高官，他把这位高官的观察能力与"鲁国达巷党人"相提并论，因此遭到了高官随从人员的痛打。在被营救出来之后，子思决定效仿文王和孔子。文王和孔子在脱离危险之后，分别编撰了《易经》和《春秋》。在文王和孔子作为典范的激励之下，子思撰写了《中庸》四十九章。① 可想而知，在其他一些史料和文献中，这一说法受到了质疑。

作为失传已久的文献，《子思子》的不断重新发现，将会持续有助于对中国哲学和文化形成时期的脉络予以新的说明。对于早期的哲学对话，也会增加一个重要并且崭新的声音。例如，学术界一个争论的焦点集中于子思文集的一个中心思想——"情"的意义。包括葛瑞汉（A. C. Graham）在内，许多学者都否认早期文献中"情"和"感情"有着直接的联系。他们坚持认为，早期文献中的"情"更加接近于"性"，也就是人们所天生被赋予的一些基本特性。但是，新发现的文献毫无疑问的证明了文献中的"情"就是指感情，而"情"在中国哲学和文化传统的文献记

---

① 阿利尔：《孔丛子：孔子家族系年》，第111—112页。

录中扮演着一个重要的角色。现在的困难是,如何将中国古代思想内部的各种"情"与现代西方关于"情感"(emotions)的各种假定区别开来。①在以下本书的第二章,我们将会讨论《中庸》中"情"的重要性。

二 《中庸》的义理诠释

(一)《中庸》首章的再分析

《中庸》首章的标准英译本,是 1861 年英国的传教士理雅格(James Legge)翻译的。该译本参考了早期耶稣会士的翻译作品,对于随后的《中庸》其他欧洲语言的诠释产生了深远的影响。对于理雅格来说,《中庸》首章是他所熟悉的一种关于宇宙秩序的说明。理雅格对《中庸》首章的翻译是这样的:

> What Heaven has conferred is called THE NATURE; an accordance with this nature is called THE PATH of duty; the regulation of this path is called INSTRUCTION.
>
> 天命之谓性,率性之谓道,修道之谓教。

不幸的是,根据理雅格的解读,这一原本充分可信的开篇变成了一个对于人类创造性的随意其至是僭越的高扬。并且,这种对于人类创造性的高扬,动摇了对于基督崇拜的基础。不过,出于他自己对于《中庸》的虔诚的尊重,对于中国传统本身将《中庸》作为《四书》之一这种高度的估价,理雅格也找到了平衡。他说:

> 《中庸》有着出色的开篇,但是作者很难清楚地阐明他的基本论点。当他的语言模糊之时,我们很难去理解,而当我们走出它的晦涩之时,对于他有关圣人般完美的那种华而不实的描述,我们又会感到不知所措。他很成功地赋予其国人以自豪感。他将他们的圣人抬高到

---

① 关于古代中国人对于人性的组成和表现中感情所起作用的看法,有学者进行了专门的考察。这对于近来关于早期中国"心理学"的前卫研究是一个重要的促进。以罗浩(Harold D. Roth)为代表的学者对此作了研究。

超过上帝的地位，并且教导众人丝毫不假外求。同时，它和基督教处于敌对的状态。但是，当基督教逐渐盛行于中国之时，人们在提到《中庸》之时，就会把它作为父辈们凭借自己的智慧却既不认识上帝也不认识他们自己的惊人证据。①

对于理雅格的评价，在此要特别指明的是，他完全意识到了，他对于《中庸》首章的神学诠释和《中庸》其余篇章以人为中心的哲学是相互抵牾的。在对原意做了扭曲的情况下，理雅格对于《中庸》的解释是：在没有借助外在超越的神的条件下，人们不但可以拥有获得领悟所需要的一切，而且更重要的是，人类创造性对于世界本身来说就已经足够，世界并不需要在其之上加以神圣的干涉。

一直以来，对于"天"、"道"、"性"这一类关键哲学术语的未经批判的理解，通常被我们翻译为"Heaven"、"the Way"、"inborn nature"。这些翻译一直支撑着对于这些观念的理解，那就是，将"天"、"道"、"性"这些观念理解为一些固定不变的和支配性的法则。然而，这样一种诠释恰恰损害了蕴涵在《中庸》文本脉络本身之中的创造性观念。那种创造性的观念是古代中国哲学的一个基本特征。在许多方式下，当寻求将《中庸》诠释为一种具有原创性的文本时，问题所在是重新界定《中庸》之中这些关键的哲学词汇的迫切需要，那些词汇正是用来表达这种古代中国的世界观的。

但是，诠释的问题并不仅仅是对于《中庸》的基督教化，这种情况还相对较为晚出。正如我们已经指出的，多少世纪以来，许多《中庸》的注释者将开篇和其他部分看起来的不连贯，视为质疑《中庸》整体完整性的基础。这种传统的估价应当使我们警觉到更大的问题。

在中国哲学形成的先秦时期，在对人类经验的自然主义理解和对人类创造性的更为存在主义的理解之间，存在着一种非常真实的紧张。在前一种理解之中，人类被视为其环境的相对被动的产物；在后一种理解之中，人类的创造性则能够在化成世界时具有深远的贡献。我们在本书第二章将会指出，《中庸》的核心论证，就在于对该书第一章的含义及其一连串哲

---

① 理雅格：《中国经典》（*Chinese Classics*, 5 Volums. Hong Kong: University of Hong Kong），5 卷本，第 55 页。

学术语提供一种理解。在《中庸》这一发人深省的文本中，包括了对于"中庸"这一观念的持续不断的阐释，其中，"中庸"被作为在人类经验的礼仪化过程中一个"切中伦常"的创造性过程；包括了有关人类参与界定我们周遭世界的"创造性"（"诚"）的延伸讨论；包括了一个对于圣人在宇宙创生过程中所扮演的重要角色的尊奉；并且，还包括了对于支持这种诠释的历史和经典权威的诉求。

（二）为什么"中庸"不是"Doctrine of the Mean"

有关不恰当翻译的一个特别不幸的例子，就是通常将《中庸》翻译成"The Doctrine of the Mean"。由于理雅格最初对于《中庸》文本的翻译，这种理解得以流行。但是，即使是理雅格本人，当他继续将《中庸》作为《礼记》的一章来翻译时，他自己也放弃了将《中庸》翻译成"The Doctrine of the Mean"这种译法。在1885年的《礼记》译本中，理雅格将《中庸》的标题翻译成"The State of Equilibrium and Harmony"（"平衡与和谐的状态"）。就显示"中庸"的内容来说，这一译法要比"The Doctrine of the Mean"好得多。①

当然，"The Doctrine of the Mean"让我们想起亚里士多德关于各种德行的说明，这些德行是介于"excess"（过）和"defect"（不及）这两种极端之间的"mean"（中道）。例如，"勇敢"是居于"懦弱"（"不及"）和"鲁莽"（"过"）之间的"中道"。这种对于"中庸"的解释，会将《中庸》这一文本自己的意旨所在引入误区。

对于根据"焦点"（focus）和"场域"（field）来造就的过程本体论的借助，其本身将很难服从于一种"mean"／"extremes"的词汇。特定"感情"（勇敢、慷慨等）和"行动"（勇敢地做，慷慨地做）之间关系的理解对于亚里士多德所表达的"品格"的建构，与《中庸》对于"情"的理解形成鲜明的对照。在《中庸》中，"情"更具有倾向性。作

---

① 杜维明将中庸翻译成"centrality and commonality"（中心性和平常性），这很接近字面意义，同时也比"The Doctrine of the Mean"更加得接近"中庸"的原意。但是，我们认为，杜维明的翻译存在的不足在于，他的注释仍然没有充分摆脱各种实体性的假设，因此并没有深入地利用那些能够对《中庸》哲学观点下所隐藏的过程本体论提供广泛认识的文献材料。尽管如此，杜维明对于《中庸》的注释依然具有敏锐而具有穿透性的，并且，他的诠释还反映了对于《中庸》的宗教蕴涵的一种非常真实的理解和欣赏。

为构成一种感受性的场域，情感（"情"）在我们生活的日用伦常（"庸"）之中被聚焦（"中"）和带入成为一种持久的和谐（"和"）。

　　亚里士多德提供了一个策略，它使得个体能够做出由品格和理性的深思熟虑所训练而成的各种选择。与之相对，《中庸》提倡对于不断变化的环境的各种创造性的可能性保持乐观。正是在那些不断变化的环境之中，人类的经验方才得以发生。支持这种乐观化过程的动态平衡既蕴涵在共同生活（communal life）的各种形式（"礼"）之中，同时也推动着共同生活的各种形式。实践绝对是共同性的，它不是由个体的各种选择所支配，而是由那些通过富有成效地协调各种角色和关系所创造的人际之间的各种倾向所支配的。指导人们经验的不是理性，而是"礼"所规范的情感。对于恰如其分的各种角色和关系的无限关注，所产生的不仅是恰如其分的各种举措，最终所产生的更是一种凸显一个繁荣社群（flourishing community）的深刻的宗教感受性（religious sensibility）。

　　在这种情况下，有关"extreme"和"mean"的术语就必须被翻译为"焦点"和"场域"的语言。聚焦于一个场域的行为以及在熟悉的日常生活中保持作为焦点的行为，二者都是通过在共同的礼的生活中而不是通过个体的选择来实现和成就的。①

　　①　参见芬格莱特（Herbert Fingarette）《孔子：即凡而圣》（Confucius: The Secular as Sacred. New York: Harper Torchbooks, 1972. 有彭国翔、张华中译本，江苏人民出版社2002年版）一书中关于儒学中语言的不恰当选择和决定的讨论。也参见郝大维和安乐哲的《透过孔子而思》（Thinking Through Confucius. Albany, NY: State University of New York Press, 1987）以及《期待中国：透过中西文化的叙事而思》（Anticipating China: Thinking Through the Narrative of Chinese and Western Culture. Albany, NY: State University of New York Press, 1995）。

第二章　比较视域下的《中庸》新诠：哲学与宗教性的取径

一　《中庸》的重要性

《中庸》被认为是孔子之孙孔伋的作品，孔伋是孔子之子伯鱼的儿子。伯鱼的名字在《论语》中曾经出现过。孔伋最为人所知的是他的字，即"子思"。

无疑，《中庸》是子思最有影响的作品。在《史记》有关孔子的传记以及其他一些更早的记载中，《中庸》这部文献被认为是子思所作。但是，对于这样一种看法，即《中庸》或其他一些与子思之名相关的文献出自子思本人之手，我们却不应当过于确信。典型的情况是，在一个使早先几代人的学说恒久不息的不断进行的传统之中，文献是一个重要因素。随着时间的推移，相关材料的文献会逐渐积累，通过归于传承谱系中的某一位确定性的人物，该文献就获得了权威的地位。

尽管我们习惯于将这种传统设想为通过书写的文字来加以传播，然而，有迹象表明，在早期中国，对于一种学术传承的谱系而言，在建立一种共同的参考架构的过程中，记忆与口述的传播也可能扮演一种重要的角色。这一点类似于《圣经》或《古兰经》的方式，通过这种方式，《圣经》和《古兰经》会提供给一个既定的人群，这些人们共享一个有关文化英雄、轶事、道德寓言、隐喻以及谚语陈述的整体。

在一定意义上，文献的书写记录是一种手段，为的是提供有关已逝的具有一定地位的人的阅读材料，以便使他们进入到下一个世界（在这个时候，文献材料的媒介是书写在丝帛或竹简上的炭墨）。另一方面，在国家学术的宫廷图书馆的建设当中，书写的文献似乎也扮演着一定的角色。它们会尽力吸引当时最为优秀的学者，并因此而给他们的首领带来声誉。

虽然这些早期文献的传播具有一定程度的流变，但是，晚近的考古发现却正在逐渐找到相对标准的文献的早期版本。并且，这些考古发现还向我们提示：在文献的合成及其完整性的保存方面，"经典化"（canonization）和机械的记诵之功发挥了一定的力量。影响这种文献标准化过程的另一个因素，是一种丰富的口语与作为把握深入人心的智慧的简洁格言大全之间的关系。正如我们现在所看到的那些文献，这些文献并不是直接的口语记载，它们首先是被作为一种可用来引出话题的熟知格言而进入口语，并在这种口头语言中产生进一步阐释的可能性。①

就像其余三种与子思有关的文献一样，《中庸》也是被收编在《礼记》之中的。《礼记》成书于汉代早期（公元前202—公元220），是一种礼仪纲要，最先以几种不同的形式出现过。但是，《中庸》却仍然有其自身的生命力。作为一篇独立的文献，历代以来，它一直出现在宫廷的各种文献之中，拥有累积增长的各种注释。

作为一种充满智慧的文献，尽管《中庸》伴随着传统而得以流传，但其经典地位的真正确立，还是在南宋哲学家朱熹（1130—1200）将其编注为《四书》（《论语》、《大学》、《中庸》、《孟子》）之一的时候。《四书》的排列通常是按年代顺序进行的，为的是体现一种演化中的古典儒学在其形成时期的各种声音：从《论语》中与门人弟子"问答"的孔子本人，到孔子的学生曾子，即《大学》的作者，再到曾子的学生子思，即《中庸》的作者，然后再到孟子，孟子曾受业于子思晚年的一个亲传弟子。

朱熹将《中庸》分成像现在通行的33章，并且进行了非常详尽的评注。在某种教学法的意义上，《中庸》被公认为具有《四书》中"压轴"文本的特殊地位，即学生们常常被指导首先学习短小易懂的《大学》，了解儒家文化的概貌，进而接触《论语》，熟悉儒家的根本要旨，接着转向《孟子》，了解儒家传统的早期发展，最后开始研读《中庸》，作为获得进入儒家文化深奥殿堂的方法。

带有朱熹评注的《四书》成为国家科举考试的标准入门读本。从朱

---

① 中国古代传统中对口头语言和书面语言的区分，在安乐哲和罗思文（Henry Rosement）的《孔子的论语：一种哲学性的翻译》（*The Analects of Confucius: A Philosophical Translation.* New York: Balatine, 1998）一书的"导言"部分中，尤其是附录（二）中有详细论述。译者按：该书现有中译本《论语的哲学诠释》，中国社会科学出版社2003年第1版。

熹的时代一直到 20 世纪初，《中庸》为中国的知识分子提供了一种共享的词汇。对于一个受过教育的中国人来说，能够背诵完整的《四书》，包括整部《中庸》，并不是什么非同寻常之事。我们甚至可以这样说，《四书》中所反映的思想和价值观为前现代的中国社会建构了一个共享的视界。

二　翻译的一些问题

（一）界定"哲学"文本

我们同意本书前言中引述的陈荣捷（Wing－tsit Chan）的观点，即我们都认为《中庸》显然是一部哲学著作。但是，至于向西方的读者讲清楚这本著作的哲学性究竟何在，则是另外一回事了。一直以来，对于任何研究中国思想的学者宣称中国的古典著作蕴涵丰富的哲学思想，许多西方哲学家都嗤之以鼻。

值得庆幸的是，目前各种情况的交织，推动了对于中国古代遗产的重新评价。首先，在中国不断出现一系列确实是引人注目的考古发现，这些考古发现为我们提供了一些现存文献的更早版本，而这些更早的文献版本并没有经受两千多年传承过程中不可避免的误读和曲解。同时，这些发现还为我们提供了接近那些久已消失的文献材料的机会。在许多情况下，这些文献正在使得我们得以修正我们原先对于那些既经接受的主要文献的理解，而正是那些既经接受的主要文献，界定了古典的时代。

其次，在汉学界内部，正在形成一种在经典的翻译上需要通力合作的共识。这种发展也许最富有成果地推动了那些所谓哲学文本的翻译。尽管成功翻译古代中国哲学文献的先决条件之一是精通中国的语言和文化，而同样真实的是：这种翻译还需要一种对西方哲学话语的理解，在翻译的过程中，西方的哲学话语承担着一种目标语言（target language）的功能。因此，由于能够将深厚汉学基础与哲学功底集于一身的个人极为难得，要想将诸如《论语》、《道德经》、《中庸》这样的文献成功地翻译成西方的语言，就需要语言学和哲学这两个领域的专家们的通力合作。

在大量可以被引用的例子中，我们可以举"知"这个术语在翻译中所遇到的问题来加以说明。在包括《中庸》在内的主要的儒家文献中，这一点都是非常突出的。"知"这个术语一般被译为"knowledge"或者"wisdom"或者是"to know"。但是，如果只是简单到使用这一术语的英译，而没有充分意识到知识的再现理论（representationalist theories）与中国思想之间的不相干性（irrelevance），没有充分意识到实践和实行性的理解（practical and performative understandings）对于认知活动的重要性，以及没有充分意识到坚持在任何认知行动中，美感（aesthetic feeling）对于认知（cognition）的优先性，这样的翻译就会使文本理解的明显的不充分甚至误解这种情况永远存在。因此，在任何翻译活动中，承认我们既需要理解翻译的文本，又需要理解我们所运用的目标语言，才能够确保对以前的文本翻译有明显的改善。

对于文本的"哲学"辨析，我们建议采用一种实用主义的标准。因此，根据"中国哲学的文献"，我们应当理解，任何翻译为西方语言的中文著作，都是通过那些被认可的哲学术语才得到富有成果的阐明的。在这些术语的基础上，《论语》被称之为一种哲学性的文献，是因为对诸如像"道"（proper way），"德"（particular focus, excellence），"义"（appropriateness）和"知"（to know, realize, wisdom）这些术语的翻译和说明，得益于使用了在西方哲学传统中居于主导地位的解释模式。《道德经》之所以是一种哲学性的文献，是因为：除了"德"和"道"之外，如果不依靠哲学性的阐释，在盎格鲁－欧洲语系的翻译语言中，所谓"无为"（nonassertive action），"无知"（unprincipled knowing），"无欲"（objectless desire）等这些术语就是不能够被理解的。而且，正如我们将要看到的，《中庸》是一部极富魅力的哲学文献，因为对于像"诚"（sincerity, integrity, creativity），"性"（natural tendencies），"情"（feelings, nascent emotions）和"教"（education）这样一些术语，需要深入细致的哲学说明。

一旦确定了一种明确的哲学文本，那么，在用来翻译的各种可能的语义学基质（semantic matrices）中挑选最富有成效的一种，就是至关重要的了。因为，即使努力运用了在本质上是哲学性的翻译，那些来自于中国古典时期的文献也并不总是能够获得足够的阐明。其中，很重要的原因在于：在翻译这些外来的文本时，我们未经批判地运用了显然与这些文本不相关的哲学语汇。因此，充分考虑恰当的哲学术语，目前正在将我们引入到第三种情形，这种情形正在推进我们对中国古代经典的重新评价。这一点是如此的至关重要，以至于我们必须充分考虑其中的每一个细节。

（二）"焦点"与"场域"的语言

在对中国传统的西方诠释中，有一种正在逐渐增强的意识，那就是：早先建立的将古代中国文献翻译为西方语言的那些词汇，如今正处在严重不足的境地。基督传教士们早期的翻译颇富影响力，但他们强烈的目的性无法使我们正确把握原著。中国著作翻译的"基督教化"（Christianization）的例子俯拾皆是，我们的汉英词典中充满着神学术语，它们被用来作为理解中国文化的第一手资料："heaven"（"天"），"righteousness"（"义"），"rite"（"礼"），"virtue"（"德"），不一而足。直到后来，从事翻译中国经典的汉学家们逐渐意识到，根据我们对中国古代世界观的更为完整的理解，重新检讨此类翻译就是至关重要的。

直到晚近，我们才意识到，我们的中国文献翻译所受到的局限究竟有多么严重。这些局限与西方无论是日常语言还是哲学话语的失败运用都有关系。我们的西方语言是实体取向的（substance - oriented）语言，因此，大多词汇都相关于描述和诠释一个由非连续性（discreteness）、客观性（objectivity）和恒久不变性（permanence）所界定的世界。但是，描述和诠释像中国这样一个基本上以连续性（continuity）、过程性（process）和生成性（becoming）为特征的世界，这种西方话语就不免用错了地方。

被西方哲学家和汉学家不假思索地作为预设的实体性的语言，有时会导致一些严重的误导性的翻译。例如，"有"和"无"这两个概念竟经常被不加反省地翻译为"Being"和"Non - being"。迄今为止，一些颇有影响的译者还将"五行"翻译为"The Five Elements"。"性"仍然最为通常地被翻译为"nature"，而后"人性"就是"human nature"。所有这些翻译都助长了对象或本质的一成不变和单义的特征，这些特征恰恰来自于那种植根于实体主义（substantialist）视角的语言。

如果我们要对中国的各种文本进行恰当的翻译，就目前的情况来看，我们显然需要对既有的语言资料进行更为充分的清理。幸运的是，近年来，益格鲁—欧罗巴哲学传统的发展已经预设了一些诠释性的语汇。对于表达中国的感受性（Chinese sensibilities）来说，这些语汇更具相关性。对于那些有兴趣向西方听众诠释中国思想的人们来说，在取代传统语言的过程中，那些有关过程和变化的词汇已经逐渐可以获得。①

　　以下，我们就要运用一种过程性的语言，为的是说明《中庸》的思想脉络和各种论证。这种语言我们称之为"焦点与场域的语言"（the language of focus and field）。这种语言假定了一个由有关各种过程和事件彼此相互作用的场域所构成的世界。在那样的场域之中，并不存在一个最终的因素，只有在现象场域之中不断变化的焦点，并且，每一个焦点都从各自有限的角度出发来聚焦整个场域。

　　借助于过程语言（process language）会产生这样一个结果，即对于那些习惯了由主导性的西方哲学资源所代表的实体性语言（substantive language）的人们来说，我们的有些翻译和阐释似乎会显得非同寻常。对于我们诠释《中庸》的这种表面上看来的"另类"性，我们不会表示歉意。在以前的一些著作中，有过成功运用这种语言的先例，我们也相信我们将要付出的努力会得到实际的证明。② 因此，我们认为，应该表示歉意的倒

---

　　①　从我们当前的研究来看，过程语言逐渐受到重视的一个最值得注意的结果就是在西方产生了越来越浓厚的想要更好地理解亚洲感受性（Asian sensibilities）的兴趣。一方面，过程语汇正在导向对中国经典的富有成果的诠释，同时，这种中国文本的过程性诠释也会反过来为我们提供新的视镜，通过这种视镜，我们可以反观自己的西方感受性（Western sensibilities）。以往我们对自身文化传统的理解所存在的偏颇和谬误正在获得新的和无疑更为一贯的诠释。例如，主流美国实用主义的思想要素一直以来都是在实体主义和分析主义的术语中来被认识的，但是最近，通过采用在翻译中国古代著作中获取了生命活力的过程语汇，那些思想要素获得了非常重要的新的诠释。这使我很自然地想起了以下诸人最近的工作，如乔·格兰治（Joseph Grange）：《自然：一种环境宇宙论》（*Nature*：*An Environmental Ecology*. Albany：State University of New York Press, 1997）及其《城市：一种人居宇宙论》（*City*：*An Urban Cosmology*. Albany：State University of New York Press, 1999）；史蒂夫·欧丁（Steve Odin）：《禅学中的社会性自我与美国哲学》（*The Social Self in Zen and American Philosophy*. Albany：State University of New York Press, 1996）；南乐山（Robert Neville）：《波士顿儒学》（*Boston Confucianism*. Albany：State University of New York Press, 2000）；汤姆·克索利斯（Tom Kasulis）：《在美国重新发现哲学》（*The Recovery of Philosophy in America*：*Essays in Honor of John Edwin Smith*. Albany：State University of New York Press, 1997）以及沃沦·弗里斯纳（Warren Frisina）：《知行合一：朝向一种非表象性的知识论》（*The Unity of Knowledge and Action*：*Toward a Non—Representational Theory of Knowledge*. Albany：State University of New York Press, 2000）等人最近的工作。郝大维（David Hall）最近出了一本关于美国哲学的书，其中的诠释显然深受他长期浸润其中的中国思想文化的影响。

　　就目前的发展状况看，或许可以预期的是一个乐观的结论：一个西方独霸哲学和哲学思想领域的时代正在宣告结束。由于这种内容和特征，我们相信，对《中庸》的阐释将会受益于这种逐渐开阔的对"哲学"的理解。

　　②　在郝大维和安乐哲所列的参考书目中，您将会看到一长串的这类作品。

应当是那些至今仍然沿用传统方法阐释中国思想的翻译。通过本书，我们将既明确地又含蓄地证明：那些依赖有欠缺的西方语言来翻译《中庸》以及其他中国哲学文本，事实上真正从根本上背离了对它们恰如其分的理解。

我们的论证是简单和直接的：使用实体性语言来翻译中国人对于一个过程和变化的世界的诸多洞见，已经导致了对于中国性感受性的严重的不恰当的诠释。对《中庸》的翻译需要我们从语义学语境的存贮中选择一些对于我们来说可以获致的哲学语言，这种语言可以为我们提供最大的成功的可能。我们认为，较之西方传统中使用的实体性语言，"焦点与场域的语言"具备以下优势：首先，它允许用一种过程和事件的相关性语言来替代那种有关个别客观事物的指涉性语言。① 其次，相对于那种要求将所有关系化约为外部行为关系的关于线性因果关系（linear causality）的语言，我们的"焦点与场域的语言"可以充分欣赏《中庸》所预设的有关自发的、交互性的各种关系的复杂关联的场域。第三，过程语言避免明确性、单一性和规定性的目标，这三种属性在一个追求实体化、量化、非连续性的语言中是被推崇的，相反，过程语言容许了一种对于中国哲学话语的诗化的隐喻的更为充分的理解。

1. 事物　过程　事件

自最早的远古时代以降，西方思想家就倾向于认为有关"存有"（being）的直觉优先于有关"生成"（becoming）的直觉。希腊世界的本体论传统表现为一系列不同的理论方式，但是，所有不同形式的本体论所共同具有的最具普遍性的特征之一，就是认为"存有"（Being）是世界上各种"存有物"（beings）的基础。在其作为基础的功能之中，"存有"又是永恒不变性（permanence）的最为根本的体现（fundamental exemplification），也就是说，作为基础，"存有"被理解为"不变的"（unchanging）和"静止的"（at rest）。古希腊人对于静止和恒久不变的偏爱，可以通过那些数学和形而上学思辨方面的发展而得到说明，那种思辨导致了量化和非连续性观念的形式化。将"存有"视为不变、固定和静止，这

① 对于"指涉性"（"reference"）语言和"相关性"（"deference"）语言的区分，请参见郝大维《从指涉性到相关性》，收入 Norman Girardot 和 Livia Kohn 合编的《道家与生态》（*Taoism and Ecology*. Cambridge：Harvard University Press，2000）。

样一种直觉所提供的是一个固定的现实存在（a fixed reality），它所保证的是建构概念、字面定义、逻辑本质和自然的种类。但是，在一个过程和变化的世界中，现实总能够摆脱概念和范畴的束缚，对事物的分类必然较少拘泥于形式。

在西方世界中，产生了四种基本的语意脉络，① 一种是从巴门尼德（Parmenides）、毕达哥拉斯（Pythagoras）到柏拉图（Plato）的形式主义（formalism）；一种是从留基伯（Leucippus）到德谟克利特（Democritus）的唯物主义（materialism）；一种是来自于亚里士多德（Aristotle）的有机自然主义（organic naturalism）；最后一种就是始于智者学派（Sophists）的唯意志论（volitionalism）。就这四种语意脉络而言，每一种都来自于对如下的问题："那是些什么事物？"前三种理论脉络表达了西方思想有关本体论的主导模式。智者学派传统则基本上是反本体论的。

对柏拉图而言，存在着作为数学模式或形式的理念；对德谟克利特而言，存在着在宇宙虚空中做涡旋运动的原子；对亚里士多德而言，这个世界是由为特定目的出现并且可以定性的有机体构成的。而对于反本体论的智者学派来说，世界是由人类的各种信念和判断构成的："人是万物的尺度，既是存在的事物存在的尺度，也是不存在的事物不存在的尺度。"②

每一种本体论传统都支持一种"非连续性"的观念。这种"非连续性"在柏拉图和亚里士多德那里得到了捍卫。柏拉图是通过其数学模式的观念（notions of mathematical pattern）和逻辑界定（logical definition），而亚里士多德则是通过对界定独立有机体的各个特定目的的功能性说明。对于事物"非连续性"的最彻底的肯定，则是由留基伯和德谟克利特在其原子论形式中提出的。"原子"在数理上可分，在物理上不可分，是"最小的单位"。

相对于现象世界的流动和变化，西方人更偏爱本体的恒久不变性。这意味着日常经验的世界不能够被认为最终是真实的。"真实性"必须是指为现象世界提供基础的东西，作为纯粹的表象（mere appearances），现象

---

① 关于这四种基本语意脉络的详细探讨，参见郝大维《不定的凤凰》（*The Uncertain Phoenix*. New York：Fordham University Press, 1982），以及郝大维和安乐哲《期待中国：透过中西文化的叙事而思》（*Anticipating China：Thinking Through the Narratives of Chinese and Western Culture*. Albany：State University of New York Press, 1995），第102—104页。

② 普罗泰戈拉（Protagoras）的命题。

世界本身则是误导性并且（或者）是虚幻的。

　　这里，我们需要借助任何在中国古代思想中类似于"实在"和"表象"的区分。① 中国古代思想家对于为现象寻找一个本体的根据并不感兴趣。毋宁说，他们更专注于这个现象世界的过程和变化，过程和变化的世界只是被理解为"万物"（ten thousand things）。他们很少关心："是什么创造了这个现实世界？""为什么事物会存在？"而是更在意如何协调融洽这些不断变化的现象自身之间的各种复杂关系。

　　在居于主导地位的西方古代世界观中，将一个不变的"实在"凌驾于"现象"的变动不居之上，其直接的一个含义就是倾向于将非连续性和数量凌驾于连续性和性质之上。② 非连续性和数量的优先，所保证的是对静态平衡和恒久不变性的偏爱，以及实体相对于过程的优先。这自然会导致对形式化限定术语的明确性的关注以及不变的真理的必然性。相对于过程取向的中国古代思想来说，这两点都与以数量的分离和可计算性为标志的古代西方传统更具亲和性。

　　在西方古代的各种传统中，"存有"（being）先于"生成"（becoming）。因此，"生成"最终并不是真实的。无论生成为什么，所生成者总是通过实现其目的而被实现的（realized），也就是说，生成最后总是要成为存有。而在中国的传统思想中，"生成"则先于"存有"。"存有"被解释为一种暂时的状态（transitory state），这种状态又是以进一步的变化为标志的。在"阴"和"阳"的关系模式中，这样一种直觉得到说明。在阴阳的关系模式中，"阴"总在向着其所关联的"阳"转化，反之亦

----

　　① 关于这个问题的进一步讨论，请参见郝大维和安乐哲《由汉而思：中西文化中的自我、真理与超越性》（David L. Hall and Roger T. Ames, *Thinking from the Han: Self, Truth, and Transcendence in Chinese and Western Culture*, Albany: State University of New York Press, 1998），第126—127页等。

　　② 参见莱丁（Jean - Paul Redding）《原子的词语与词语的原子：对古希腊原子主义的起源以及古代中国原子主义的缺乏的思考》（Words for Atoms, Atoms for Words: Comparative Consideration on the Origins of Atomism in Ancient Greece and the Absence of Atomism in Ancient China），提交给"透过比较来思考：古希腊与中国"会议的论文（University of Oregon, 1998）；席文（Nathan Sivin）：《古代中国的医药、哲学与宗教：研究与反省》（*Medicine, Philosophy and Religion in Ancient China: Researches and Reflections*. Aldershot, Hants: Variorum, 1995），第一部分，第2—3页；郝大维：《古代中国分析的含义———一种实用主义的评价》（The Import of Analysis in Classical China: A Pragmatic Appraisal），载牟博编《分析在中国》（*Analysis in China*. LaSalle, II.: Open Court Press, 2000）。

然。正是在《易经》的着力宣扬中，对于存在（existence）和经验这种始终变化着的境况提供了指南。

中国人的世界是一个关于连续性、生成和瞬息万变的现象世界。在这样一个世界中，没有最终的断裂。事物（things）不能够被理解为客体（objects）。没有这种客观性（objectivity）的观念，只有处在变化之中的各种境况的流动。在那些境况的流动之中，万物融于流动，融化于其周遭的变化之中。因此，事物不是客体（objects），而是处在一个关于变化着的过程和事件的连续场域（continuous field）内部的各种焦点（foci）。一种非客体化、非事实化的话语就是过程语言（process language），并且，言说和聆听这种语言就是去经验事物的流动。

过程性的语言排除了这样一种假定：客体作为语言学的表达（linguistic expression）的指涉（references）。有关符号（denotation）和描述的精确的指涉性语言（referential language）将被一种有关“尊重”的语言（language of “deference”）所替代。在这种有关“尊重”的语言中，各种含义（meanings）在一个变化的有关意义（significances）的场域之中既彼此暗指又彼此确指。

指涉性语言对一个事件、客体或事态的特征的描述，要么通过命名的方式去显示某一特定个体（如《克拉底鲁篇》的作者是柏拉图），要么通过归类的方式去将个体界定为某一类（type）或某一种（kind）（如柏拉图是一个哲学家）。另一方面，有关尊重的语言并不只是使用专有名称（proper name）为某一特定个体或某类事物贴上标签，而是诉诸于各种暗示、提示或联想，以便显示在一个各种含义的场域中的那些。“孔子”是一个“公共自我”，又是他自身。在一个特定语境中，他的名字会唤起一系列的联想，譬如一些人物、各种历史事件、各种观念。正是从这一系列的联想之中，对于这种特定的听众来说，这种唤起的含义才得以产生。

我们对《中庸》的诠释所要运用的这种“焦点与场域的语言”与那种在西方占主导地位的实体性语言截然不同。后者表达的是一个以“整体”（wholes）和“部分”（parts）为特征的世界，这个世界以非连续性和寻求恒久性为其模式。在这样一个世界之中，“变化”根本上只是不变者的重新安排而已。焦点与场域的语言表达着一个始终处于流动状态的世界，在这样一个世界之中，任何成分都无法最终被固定为“这个”或“那个”，而必须被视为各种转瞬即逝的状态，这些状态不断地成为其他的但又彼此相关的状态。并没有那种我们可以称之为"宇宙"（Cosmos）或"世界"（World）的最终的整体。世界就是一个彼此互动的场域。世界就是"万物"。

正是由于并不存在最终的整体，因此，也就并不存在最终的"部分"。世界就是一个众多事物构成的场域，这些事物并不是彼此疏离的客体，而是它们自己的生成的状态。它们是"正在发生着的事物"（happenings）。因此，"万物"这种说法就应当被注解为"万种过程和事件"（the ten thousand processes or events）。过程是连续不断的"正在发生着的事物"；事件就是这些"正在发生着的事物"达到了某种意义上的"圆满"（culmination）（尽管总是转瞬即逝的）。

2. 因果关系　力量　创造性

从"部分/整体"的模式转换到"焦点/场域"的模式，其含义之一涉及凸显这诸多过程和事件之间相互作用的动力的方式问题。那些基于事物只有外在关系的作用与反作用的各种观念不再具有相关性。描绘行动和反应的语汇不再能够发挥作用。取而代之的是，所有这些动力都应当根据相互依赖和交互性的过程来加以理解。

在西方哲学传统中，关于因果关系的通常理解有赖于某种外在关系的观念。在这些观念中，客体可以以一种有效的、决定性的方式作用于另一个或另一些客体。而在一个以连续不断的过程和事件间无所不在的相互作用为特征的世界里，这种外在关系实际上是不存在的。因此，这就不可能诉诸于充足因果关系（efficient casuality）的观念，将其作为一种解释的标准。在一个无所不包的过程性的世界里，在相互作用、相互限定的意义上，所有的关系都是交互性的。

外在关系的主导性很容易和对充足因果关系的诉求彼此吻合。但是，在这样一个世界里，就诸客体向其他客体施加其影响力这个意义而言，诸客体之间的关系首先是一种力量的关系（power relations）。而在像中国的这样一个交互性的世界中，这样一种单边的力量关系是根本解释不通的。

理解这种交互性过程的含义的方式之一，是要通过对"力量"（Power）和"创造性"（Creativity）这两个概念进行区分。

"创造性"是一个只有通过"自我实现"（self—actualization）才可以突显其特征的概念。这与力量关系不同。在力量关系中，各种构成要素之间紧张的消解是以某一要素的胜利为条件的。与此不同，在由创造性所界定的关系之中，并不存在他者，没有疏远或距离，并没有任何事物被其他事物征服。①

对"创造性"所进行的这样一种性格刻画，与外部因果关系的观念彼此不能吻合。那种外部关系的观念诉诸外部机制的决定。事实上，这就是为什么在对西方宗教文化来说，一直存在着对于"无中生有（世界由虚无中创造而来）"（*creatio ex nihilo*）的学说的困惑，只是在晚近，才停止了对这一纠缠不休的问题的思考：

> 正如通常被理解的那样，"无中生有"其实是各种力量关系的范式，因为这种关系的"创造性的"因素完全取决于其"他者"（other），其本身则什么也不是。②

西方文化传统中全能的上帝决定（determines）万物，制造（makes）万物。作为决定世界从无到有的全能的他者（Omnipotent Other），上帝是世界的制造者（Maker），而不是它的创造者（Creator）。进而言之，制造世界这一行为的所有相继行为，都是力量的次要和派生性的作用。

力量关系将创造性化约为外部因果性的模式，并且，在这样做的过程中，它将根据自我实现这一观念对于各种创造性过程的任何诠释都排除在外。只有在一个具有本体论的对等性（ontological parity）的世界中，创造性才有意义。要么所有的事物共同分享创造性，要么这个世界被截然划分成"创造者"（Creators）和"被创造物"（Created）两个部分。这也就是说，世界被分成"制造者"（makers）和"被制造者"（made）。在后一个世界中，更新和自然而然（spontaneity）的因素被预先清空了。而对于创造性采取一种过程性的理解来说，这些因素绝对是至关重要的。

力量被理解为一种由外部原因决定的蓄意结果的产物。而另一方面，

---

① 参见郝大维《不定的凤凰》，第 249 页，以及郝大维和安乐哲在《由汉而思：中西文化中的自我、真理与超越性》（David L. Hall and Roger T. Ames, *Thinking from the Han: Self, Truth, and Transcendence in Chinese and Western Culture*, Albany: State University of New York Press, 1998）一书中关于这些概念的最近的探讨。

② 参见郝大维《不定的凤凰》，第 249 页。

创造性却是更新过程自然而然的产物，它是不能通过因果分析而被化约的。力量作用并凌驾于"他者"之上，创造性却始终是反身性的（reflexive），它作用于自身且与自身息息相关。并且，由于在一个过程性的世界之中，自我始终是社会性的，创造性就是交互性和多向度的（multi - dimensional）。因此，创造性既是自我创造性（self - creativity），同时又是共同创造性（co - creativity）。正是所有创造性过程的这种交互性的、共同创造性的特征，产生了作为"非自我中心的自我创造"（self - creation nonegoistic）的"修身"（self - cultivation）。

从宇文所安（Steve Owen）很不情愿地用英语的"poem"来翻译"诗"，我们可以窥见这种"力量/创造性"之区分的关键所在：

> 我们将"诗"译成"poem"，仅仅是由于这样译起来比较方便。"诗"并不是"poem"，"诗"不是像我们做一张床、刷油漆、做鞋子那样"做出来的东西"（thing made）。当然，一首"诗"要经由构思、揣摸，独具匠心的表达，但这些都与一首"诗"在本质上"是什么"毫不相关。"诗"不是其作者的"对象"，它就是作者本人，是内在性的外在化。①

根据我们对他的理解，宇文所安的意思是，"诗"并不是一种外在意义上被制造的产品，毋宁说，它是一种通过实现更新而获得的自然而然的自我实现的创造性过程。②

这远远不止是一个语义学上的问题。如果我们坚持将创造性作为"更新过程的自然而然的产物"全盘引入主流的西方传统，那么，必然会引起轩然大波。没有了一个由"充足理由律"（Principle of Sufficient Reason）来支撑的对理性秩序的信仰，在我们西方人当中许多被视为理性、合理的东西都将会消失。对于我们来说，问题是如何在我们这个以因果秩序为导向的世界中为真正的新生事物的可能性找到空间，进而使"创造

---

① 宇文所安（Steve Owen）：《中国文学思想资料选读》（*Reading in Chinese Literary Thought*. Cambridge，Mass：Council on East Asian Studies，Harvard University，1992），第27页。

② 宇文所安对"诗"的看法存在的唯一问题就是，他显然倾向于将这一观点仅仅限于与其他艺术形式相对的诗学范围内。

性"成为可能。当然，这一问题不可能基于传统的神学假定而得到解决，那些假定需要一个超验的、全能的上帝，这个上帝永远不会对"他的"世界中所出现的各种新生事物感到惊奇。而基于理性主义者有关一个有其所以然的确定世界的假定，认为根据因果关系导出某种原理就可以据此建构我们的世界，这一问题同样无法解决。

对于怀特海以及其他一些过程传统的代表们来说，其著作的贡献在于，他们试图引入一种本体论的理解，这种本体论的理解能够使我们了解真正的创造性在塑造过程和事件中所扮演的角色，正是这些过程和事件构成着我们周遭的世界。在这样做的过程中，他们阐明了，如果这样一种了解是可能的，隐含在西方观照事物的方式之中的古典神学和哲学的一些假定，是如何被严肃认真地重新建构的。由于显而易见的原因，过程哲学在西方一直是颇具争议性的。然而，随着一部分西方人在了解中国感受性过程中兴趣日增，以至于重新引发了对过程思想的兴趣，将其作为比较哲学的一种工具。

当然，《中庸》在强调创造性的同时也提出了自身的问题。问题不在于试图为作为更新的自然而然之产物的创造性提供空间，而在于应当如何说明这种创造性所创造的世界秩序是我们哲学理解的关键。现在，我们需要简要地说明一下这个问题。

《中庸》的"焦点与场域的语言"允许一个由各种交互过程所构成的世界，在那样一个世界中，自发性和自我实现是最为根本的可能性。至少对那些坚定地投身于自我实现行为的个体来说是如此。如此一来，在其最充分的意义上，创造性就是各种自我实现行为的目标。因此，对《中庸》来说，创造性的核心不是可以被浪漫化，以至于成为所谓"毫无约束的原创性"（unfettered originality）或者是"漫无边际的自发性"（unbounded spontaneity）。一个过程性、交互性的世界就是一个彼此息息相关的世界。作为自我实现的创造性寻求的是一个共同创造的世界，这个世界的特征是表现为一个所有个体自我都得以实现（所谓"各正性命"——译者注）的场域，而每一个体自我同时又都是这个交互关系现实化的场域中的一个焦点。用"创造性"这一交互性的概念来置换"力量"这一因果关系的概念，并不是追求某种脱离常规或者特异的新奇，而是要承认，在一个以交互性过程为特征的世界里，线性的因果关系或者单一的决定性并不多见。常见的是一种无法分析的自发性，这种自发性最终是无法理解的。

　　3. 清晰性　单义性　语言串

　　即便当威廉姆·詹姆士（William James）将"哲学"界定为"无比顽固地坚持清楚地进行思考"的时候，他也同样在强调西方哲学主流话语中对于"清晰性"（clarity）的关注。在西方，逻辑和语义上的清晰性是理性的各种理想所追求的最高典范。这些理想又与确保不会产生歧义的单义定义相关联。正是在这种意义上，"清晰"的对立面是"混淆"（confusion）——一种表达不够明确的观念和情感状态。

　　而在另一方面，在古代中国的各种哲学文本中，隐喻和蕴涵丰富的语言比清晰、精确和论辩严密更为受到推崇。关于清晰性的问题，中西方语言之间这种明显的对照，给中国哲学文本的翻译者带来了特别的困难。

　　对于中国人来说，"清晰"的对立面并不是"混淆"，而是某种像"含糊"（vagueness）之类的东西。在与多种含义相关的意义上，含糊的概念是指有多种规定的可能性。每一个重要的中国哲学术语都构成一个由多种含义所构成的场域（a field of meanings），任何一种含义都可以成为这种诸多含义所构成的场域的焦点。

　　在翻译中国文本的过程中，我们必须尽量避免像怀特海所说的"完美词典的谬误"（the Fallacy of the Perfect Dictionary）。这一假定是认为存在一个完满的语义库，根据这一语义库，我们可以充分描绘我们经验的多样性与深度，并且，在理想的状态上，我们可以找到词语与含义之间的一一对应关系。在某一种文化传统内部加以应用，这种谬误便是假定，不会有什么新鲜的经验产生，以至于需要我们寻求新的词汇。而在跨文化的意义上加以应用，这种谬误就有可能假定，在我们西方文化占据主导地位的那些主要术语足以用来翻译属于另一种文化传统的哲学文本。

　　大体而言，"完美词典的谬误"是我们以单义性（univocity）为目标的分析偏见（analytical bias）的产物。我们将会提出，当我们接近中国的文本时，这种偏见不能够很好地为我们所用。不仅是因为随时可能产生的新鲜经验要求寻找与之适应的新鲜术语，而且，将中国的各种术语翻译为西方语言时，极少有简单的一一对应，如果不是从来没有过的话。

　　中国古典词汇的隐喻特质几乎无法采用单义的翻译。我们坚持认为，在将中国的文本翻译成西方语言的过程中，为每一个中国字寻找一个唯一的对应词汇，这是极没有成效的。事实上，与其通过执著地使用形式上限定了的术语来试图避免含糊，译者倒不如承认这些中国字的翻译需要一个语言串，以便与其丰富的含义范围（range of meanings）相称。而在任何既定的中文的翻译中，所有这些含义范围都会得到提示。事实上，受到寻求确定明晰标准和单一意义的影响，任何试图依赖某个单一词汇翻译中国术语的做法，常常会将中国哲学的睿识洞识化约为毫无意义，将充满诗意的篇章化约为乏味拙劣的败笔。这样一种翻译的取径只能钝化西方读者对中国著作隐晦、含蓄的语言所传达的深邃幽远意义的敏锐感受性。

在我们目前的翻译中，"中庸"里"中"这个术语有时候将被译成"focus"或"focusing"，有时候会被译成"equilibrium"。在某些情况下，我们也会使用像"center"和"impartiality"这样的词汇作为其适当的对应物。同样重要的一个术语是"诚"，这个术语既可使我们联想到与"sincerity"和"integrity"有关的意义，同时，它还具有"creativity"的意义。对于《中庸》这一文本来说，"creativity"是最为核心的一个概念。

采用语言串进行翻译，在一定意义上起到了对中国古代主要文化特性的过程性阐释的功能。中文的语言是非逻辑中心主义的。词语并不命名"本质"（essences），相反，他们描述不断转换的过程和事件。因此，强调一下中文语言的"动名词特性"（the gerundative character）是很重要的。过程语言是模糊不定、颇为隐晦而又充满暗示和联想的。为了与中文语言的这种特性相适应，我们在翻译中就必须借助于语言串的观念。①

在这一问题上，我们想要说明的另一点是，从"双关"的意义上来理解建构《中庸》世界观的哲学表达的语言串，或许会更好。也就是说，根据编织各种暗示关系的语义和语音之网来理解《中庸》世界观的哲学

---

① 对单义性的青睐尤其意指盎格鲁—欧罗巴传统中哲学和科学界的一贯风格。他们更大的兴趣在于对量化的、因而可以限定、测知的事物的特性上。因此，对于偏爱质的过程性的中国人来说，需要一个富含隐喻意义的语汇表来阐释其文化传统，就根本没什么可奇怪的了。当然，我们应当指出，就其历史性而言，在西方的语言中，"语言串"的观念一点也不陌生。只要花上半个小时查一下牛津英语词典，你就足以认识到英语语言的内涵之丰富。确实，对于语义学上的互换来说，很少有术语不会复杂到在它所有的变异中也包含着与其已被广泛接受的含义决然对立的含义。英语语言（以及其他西方语言）间原始的关联与古代汉语语言间的原始关联有着很大的共通性，这一点无疑基于这样一个事实，即它们各自以为基础的古代世界观都既是质性的又是过程性的。在一个以质的转换为标志的世界里，像"白天"和"黑夜"这样假定出的对立面是作为质的连续统一体被感知的，即白天生成黑夜，反之亦然。因此，即便一个词可能包含与它首要公认的含义截然相反的含义，也是无须惊讶的。

表达的语言串，那些哲学表达的语言串正是在各种暗示关系的语义和语音的网络中获得自身的。与其去追问"'天'是什么？"我们不如去思考"当《说文》将'天'的定义与其同韵的'颠'（'the crown, forehead, top'）相连时，在这两者之间有着什么语义上的关联？""我们该怎样去理解'天'这一概念本身所包含的各种关系？进而去理解它与'命'和'性'等概念的关系？""我们是否可以从《诗经》中获取一些灵感来激发我们进一步详尽阐释现有的认识？"

这些"双关"定义的典型意义在于，当我们定义一个字时，我们倾向于理解为一个"事物"（thing）的东西会转而理解成一个"事件"（e-vent）。并且，一个"名词"会被表达成一个"动名词"。这一点说明了过程在中国传统中的首要性。也正是基于这种传统，这种定义的模式得到了反映。例如，"道"（the way）被定义为"蹈"（treading）；"君子"（exemplary person）被定义为"群"（gathering）；"德行"（excellence）被定义为"得"（getting）。诸如此类，不一而足。①

在理解中国的文本时，青睐单义性的西方读者易于受挫的另一个原因，在于中国作者多有重复程式化表达（formulaic expressions）的偏好。譬如，在《中庸》里，经常出现"中庸"（focusing the familiar affairs of the day）这样的表达。如果认为中国人使用重复语式的习惯仅仅是因为缺乏足够的想象力，或者是单纯为了记忆方便和出于对某些道德准则谆谆教诲的必要，那就显得有些既天真又不够宽容了。

就《中庸》以及其他相类似的一些文本使用重复语式来看，它们的表述更接近诗歌的语言而非理性的论说。我们来看一下罗伯特·佛罗斯特（Robert Frost，1875—1963，美国诗人——译者注）那首著名的《雪夜林中小驻》（Stopping by Woods on a Snowy Evening）结尾的简单重复：

---

①　如果我们要辨识现代英语中的双关联系，我们也许倾向于让"光"（"照亮的"）（light, illuminating）和"轻的"（"轻"）（light, levity）互相引申意义，或者表明"因此"（so）、"缝合"（sew）和"播撒"（sow）语义学上的相互作用。

无疑，我们现代传统中最引人注目的借助"双关语"表达的就是詹姆斯·乔伊斯（James Joyce）。在他的《芬尼根们的觉醒》（Finnegan's Wake）中，我们可以窥见那种双关结构。回忆一下《青年艺术家的肖像》的主人公斯蒂芬·代达罗斯（Stephan Daedelus）在小说结尾时说的话："因此，我准备第一百万次去面对现实生活，在我灵魂的作坊里铸造我的民族还没有创造出的良知。"对乔伊斯来说，《芬尼根们的觉醒》中双关语对于被压制的英语的解构，正是铸造爱尔兰良知的前奏。

　　　　森林可爱而幽深，
　　　　然诺言必须信守。
　　　　睡前有漫漫长途，
　　　　睡前有漫漫长途。
　　　　The woods are lovely, dark and deep,
　　　　But I have promises to keep,
　　　　And miles to go before I sleep,
　　　　And miles to go before I sleep.

　　还有，华莱士·史蒂文（Wallace Steven）在他的《冰淇淋皇帝》（The Emperor of Ice Cream）的最后两节诗中叠句的使用：

　　　　让我们来一个终曲
　　　　举世无双的帝王是冰淇淋皇帝
　　　　……
　　　　让灯打亮它的光束
　　　　举世无双的帝王是冰淇淋皇帝
　　　　Let be be finale of seem
　　　　The only emperor is the emperor of ice cream
　　　　……
　　　　Let the lamp affix its beam
　　　　The only emperor is the emperor of ice cream

　　在这两种情况中，诗歌或诗节结尾重复的短句被用来重申整个诗节或全诗。正如诗词和歌曲结尾的叠句，重复是用来总结整首诗歌所负载的意义场域中有明显焦点的部分。我们会论证，正是在这一意义上，《中庸》的重复语式基本上是可以得到理解的。因为任何一种语言的诗词、歌曲所承载的真正的东西，也正是诗意、含蓄的中文语言所包含的最高真实：看似相同的词语和短句的每一次使用，都为全文的潜在的聚焦所在提供着一个意义的场域。

　　和某一既定中文文本中主要术语的使用相同，在中国传统内部，文本之间的关系亦是如此。因此，正如我们将会看到的，《中庸》与其他被归于子思名下的著作也有着千丝万缕的潜在联系，如同它和《论语》、《孟子》、《诗经》以及其他古典作品的联系一样。

中国的古典文化传统由为数不多的一些著作得以聚焦，正是这些著作培养了一系列复杂的作为社会交往基本模式的礼仪规范。不是执著于辩证和分析的论证，而是诉诸一种含蓄的话语，这种话语促进着有关意义和行为的情感网络。这些著作共同的语言功能就像韵文、乐音和抒情诗那样：一串音乐般的、诗意的、礼仪性的语词，其协和的整体效果既印证又加强了礼仪的约束力，也正是通过这种约束力，各个个体的主体间性的（intersubjective）各种身份才得以清晰地表达。

对于中国的思想传统来说，这种互文性（intertextuality）至关重要。并且，将某一文本由其所在的传统中抽离出来，且无视该传统中其他文本对于这一文本的参考作用，从而理解这一文本，对于任何这样一种指望，中国传统思想的互文性也都将其排除在外。在本书第一章有关《中庸》文本的研究中，对于这种颇富成效的互文性暗示的一些显著特质，我们已经尽量详实地做出了说明。

三　"气"和关联性的宇宙论（Correlative Cosmology）：　《中庸》的诠释脉络

以上，为了界定中国哲学的文本，我们曾经尝试提供了一种实用主义的标准。我们也已经进一步试图证明：我们对于"焦点与场域的语言"的使用，是最佳的媒介。以这种语言为媒介，这些中国哲学的文本可以获得翻译。我们曾经论证：对于说明中国人的世界来说，这种语言要远胜于西方实体取向的语言（substance-oriented）。在中国人的世界之中，对象被视为各种过程和事件；因果关系（causality）和强力（power）的各种线性关系（linear relations）被视为共同创造性（co-creativity）的交互关系（transactional relations）；并且，追求清晰（clarity）和单义性（univocity）的欲望必须让位给对语言的暗喻性（allusiveness）和互文性（intertextuality）的欣赏。

这种关于"焦点与场域的语言"的讨论，为我们思考形成中国古代社会根本特性以及说明古代中国的思想环境的诠释语境提供了准备。在以下对"气"这一概念的讨论中，我们将要说明其一般的感受性（general sensibility）。这种感受性尽管只是隐含在《中庸》的看法之中，但是，对于《中庸》这一文本所表达的关联性的世界观来说，"气"却又承担着作为一种不言而喻的预设（tacit presupposition）的地位。

最近几年来，在从西周末年（公元前 770 年）到公元前 3 世纪一种"系统宇宙论"（systematic cosmology）出现之前，关于关联性宇宙论图式（correlative cosmological schemes）的演化的问题，已经出现了一些重要的著作。王爱和（Wang Aihe）的《早期中国的宇宙论与政治文化》一书强调演化的宇宙感受性（evolving cosmological sensibility）与当时政治秩序变化之间的相互关系（reciprocal relationship）。并且，对于关联性宇宙论的问题，无论是中国还是西方有关的重要研究著作，我们都可以在该书中得到一个概况。[1] 王爱和借助于诸如李零、叶山（Robin Yates）和马克·路易斯（Mark Lewis）等学者的观点，[2] 而李零、叶山和马克·路易斯则一致认为，这些"关联性的宇宙论"远不仅是一些宫廷专家感兴趣的深奥诡秘的东西，而是建构了一个彼此共享的象征性话语，"无论是知识分子还是普通老百姓，都是通过这种话语来言说和思考的"。[3] 的确，近期战国时代考古学的一些发现又一次强化了这种判断，表明指导人们日常生活的占卜活动所蕴涵的这种"关联性宇宙论"预设的无所不在。

渗透在战国时期中国的各种哲学文献和文化实践之中的那种关联性的"气"的宇宙论与《中庸》的哲学主题是齐头并进的，这一点，正是我们有关《中庸》研究的假定。我们进一步认为，通过借助于"气"的过程性的概念来阐明《中庸》这一文本的核心论证，是为切近《中庸》的哲学丰富性提供现成的入口。反过来说，如果不能将《中庸》主题与这种演化的宇宙论关联起来，就会在文化化约主义（cultural reductionism）的

---

① 王爱和：《早期中国的宇宙论与政治文化》（*Cosmology and Political Culture in Early China*. Cambridge：Cambridge University Press，2000）。

② 参见李零（一）《式图与中国古代的宇宙模式》，《九州学刊》，1991；（二）《中国方术考》，中华书局 1993 年版。叶山（Robin D. S. Yates）：《身体、时空与官僚结构：早期中国的边界创造和控制机制》（Body，Space，Time，and Bureaucracy：Boundary Creation and Control Mechanisms in Early China），载 John Hay 编辑《中国的边界》（*Boundaries in China*. London：Reaktion Books，1994）。马克·路易斯：《早期中国的合法性暴力》（*Sanctioned Violence in early China*. Albany：State University of New York Press，1990）。

③ 王爱和：《早期中国的宇宙论与政治文化》，第 76 页。

伴随下威胁到诠释性理解的整个方案。与古代西方不同,对于万事万物,古代中国人所提供的是一种状态性(phasal)而非元素性的(elemental)观察视角。在功能上,"阴阳"、"五行"(金、木、水、火、土)学说相当于古希腊的各种元素理论。然而,中国描述各种状态和各种功能的状态性解释(phasal explanations),是内在于各种始终进行着的过程而非量化或可测量的元素之中来进行的。①

鉴于古希腊各种元素理论和中国"五行"宇宙论的根本不同,像葛瑞汉(Angus Graham)、内森·席文(Nathan Sivin)和约翰·梅杰(John Major)这样的学者,都在试图纠正后来诠释性的文献中对"五行"宇宙论的误导性的翻译。于是,"五元素"(five elements)作为"五行"的翻译消失了,取而代之的是过程性的"五状态"(five phases)。依梅杰之见:

> "五元素"这一译法的问题在于,中国的"五行"概念根本没有拉丁文"elementum"的"基本成分"(basic ingredient)或"不可化约的本质"(irreducible essence)的意义,也不具有这一术语在古希腊各位哲人那里所阐释的意义。……相反,"五状态"这一译法,现在正在迅速被接受,它明显包含了与中国循环转化(cyclical transformation)的观念相一致的有关变化的内涵。②

---

① 尽管恩培多克勒(Empedocles)的"四根说"(土、气、火、水)与中国古代思想有些表面的相似,但古希腊思想中与之最有可比性的当属阿那克萨戈拉(Anaxagoras)的理论。阿氏是"连续性高于非连续性的"推崇者。在任何情况下,我们都不可能理直气壮地认为"金"、"木"这两个词就应当译成"metal"和"wood"这样的物质术语。它们是组成一系列过程的状态的名称,需要时期性的诠释,如连续性和渗透性之类,正如我们常识中所经历它们的那样。

② 梅杰(John Major):《关于中国科学中"五行"和"宿"两个术语的翻译问题》(A note on the Translation of Two Technical Terms in Chinese Science: *wu－hsing* and *hsiu*),载《早期中国》(*Early China*)1976 年第 1 期,第 3 页。然而,我们还是应该让我们自己与梅杰的说法区别开来。梅杰认为,"中国的'五行'概念更像是一种功能而非构成性的物质"。参见梅杰《回答理查德·克斯特有关"宿"和"五行"的评论》(Reply to Richard Kunst's Comments on hsiu and wu－hsing),载《早期中国》1977 年第 3 期,第 69 页。后来在与理查德·克斯特(Richard Kunst)交换意见时,梅杰澄清说,他所谓的"功能"是意指"关系范畴"(categories of relations)。我们认为,"五行"如同"气"或"道"或"阴阳"这些概念一样,是反对任何严格的功能/结构区分的。参见朱迪丝·法库阿(Judith Farquhar)《认知实践:中药的临床遭遇》(*Knowing Practice: The Clinical Encounter of Chinese Medicine*. Boulder: Westview, 1994)中的观点,她与我们持相同看法。葛瑞汉(Angus Graham):《辨道者》(*Disputers of the Tao*. La Salle, IL: Open Court, 1989)第 325 节中的观点也与我们相同。

晚近将"五行"作为"五状态"的各种阐释，使得我们有可能以一种更为富有成果的取径去切近"气"这一重要和无处不在的观念。公元前4世纪后期和3世纪初期，在当时各个宇宙论者那里，"气"已经是一个很明确的概念了。

让我们从一个显然更早的时期来总结各种宇宙论的思辨。早在公元前2世纪，在《淮南子》以下的话语中，就有关于宇宙起源的论述：

> 天坠未形，冯冯翼翼，洞洞灟灟，故曰太昭。
> 道始于虚廓，虚廓生宇宙，宇宙生气。①
> When the heavens and the earth had yet to take shape,
> There was soaring, gliding, plunging, sinking.
> It is thus known as the great fetal beginning.
> *Dao* was born out of the blank and transparent,
> The blank and transparent gave rise to space-time,
> And space-time gave rise to qi.

在古代中国，"气"是根据我们现在也许可以称之为"生命能量场域"（vital energy field）的东西而被观念化的。这种场域不仅渗透于所有的事物之中，而且还是一种媒介。正是通过这种媒介，所有事物得以构成。正如医药人类学家朱迪丝·法库阿（Judith Farquhar）所观察到的那样：

> "气"既是结构性的又是功能性的。它是物质形式和时间形式的统一体。一旦被化约为"这一种"或"那一种"形式，这种统一体

---

① 《淮南子》第三卷；参照梅杰《早期汉代思想中的天地》（*Heaven and Earth in Early Han Thought*. Albany：State University of New York Press, 1993）第62页的观点。"虚"（the "blank"）被当做一种没有成形之物来理解。西方宇宙观中，它通常被比作一种混沌状态，一个开裂着的，漆黑无形的空洞。然而，在中国古代思想中，却没有真正的"空"（void），因而，也就没有终极的"空无"（emptiness）。所有成形和未形植物都仅是一种现象的提示，以其不在场的方式来表征。这一点有助于说明：中国文化传统中关于没有某一事物，即"不存有"（Not-being），事实上只不过意味着存在事物的缺席而已。

便会丧失其所有的一贯性。①

有关事物的生命活力和精神品格，大多数西方古典的诠释都诉诸一种物质/精神的两分法（physical/spiritual dichotomy），要求具有生命力的原则与它所赋予生命的事物之间具有明显的界限。但是，就"气"这一观念而言，其中并没有可以分离的被赋予生命力的单独存在物，只有场域及其焦点性的体现（focal manifestations）。

作为能量化的场域，"气"排除了那些允许"自然种类"（natural kinds）的固定不变的形式、观念、范畴或原理。因此，在"气"的场域之内的各种辨别（discriminations），是根据被观察和被约定俗成的分门别类来进行的。这种分门别类与昼夜、季节的变更、方向、色彩以及身体的各部分等相关。这些辨别在任何意义上都决不是最终的，而毋宁说是过程性（processive）和发散性的（diffusive）。尽管至少可以溯及商代的远古中国的自然宇宙论中还隐含有可争议之处，② 但是，世界分为关联性的阴阳范畴，则是经过了形式化、系统化的时间进程，并且在汉代复杂的宇宙图式以及"五行"学说之中逐步清晰的。③

在《道德经》第 42 章，我们可以看到这样的话：

> 万物负阴而抱阳，冲气以为和。④
>
> The myriad events shouldering yin and embracing yang, Blend the qi together to effect harmony

"气"是一种无法用范畴化的方式来归纳的意象，无法用"事物"、"行动"、"属性"、"语言形态"（名词、动词、形容词和副词）等规范我们思想和言说的模式来将其加以区分。也就是说，"气"同时是"一"和"多"（one and many）的统一体。当被区别为"事物"（things）（即"事

---

① 朱迪丝·法库阿（Judith Farquhar）：《认知实践：中药的临床遭遇》（*Knowing Practice: The Clinical Encounter of Chinese Medicine.* Boulder：Westerview, 1994），第 34 页。

② 吉德炜（David Keightley）：《商代的神学与形上学》，载《东西方哲学》（*Philosophy East and West*）1988 年第 38 期，第 269—397 页。

③ 梅杰：《早期汉代思想中的天地》。

④ 也可参见《道德经》第 10 章和第 55 章。

件" events）时，"气"总是有一个境域化的形式连贯性（contextualized formal coherence），这种脉络化的形式既是持续的又是变化的。在价值论的意义上，"气"既高贵又卑微。它被理解为就像是"水"一样，"水"可以是一种东西（"水"，water），可以是一个过程（"流水"，watering），可以是一种属性（"水般的"，watery），也可以是一种形态（"奔流的"，torrentially）。

在对其称之为"物化"（transforming events）的探讨中，《庄子》也许包含了对这一过程的最为彻底的表述。在"物化"的过程中，往昔事物消融入各种彼此融合、互相渗透的过程之流中。对庄子而言，在这一经验之流中，人类并没有特权的位置。同其他事物一样，人类的形式也同样是过程性的。并且，人类必须谦卑地屈从于那无时不在又必然发生的大化之流：

> ……子与有病。子祀往问之。曰："伟哉。夫造物者将以予为此拘拘也。曲偻发背。上有五官。颐隐於齐。肩高于顶。句赘指天。阴阳之气有沴。……"
>
> 子祀曰："汝恶之乎？"
>
> 曰："亡。予何恶。浸假而化予之左臂以为鸡。予因以求时夜。浸假而化予之右臂以为弹。予因以求鸮炙。浸假而化予之尻以为轮。以神为马。予因以乘之。岂更驾哉。……吾又何恶焉？"
>
> 俄而子来有病。喘喘然将死。其妻子环而泣之。子黎往问之。曰："叱避。无怛化。"倚其户与之语曰："伟哉。造物又将奚以汝为？将奚以汝适？以汝为鼠肝乎？以汝为虫臂乎？"
>
> 子来曰："……今之大冶铸金。金踊跃曰：'我必且为莫邪！'大冶必以为不祥之金。今一犯人之形。而曰：'人耳！人耳！'夫造化者必以为不祥之人。今一以天地为大炉。以造化为大冶。恶乎往而不可哉。成然寐。蘧然觉。"①

Ziyu fell ill, and Zisi went to ask after him. "Extraordinary!" said Ziyu. "That which transforms events continues to make me all gnarly and

---

① 《庄子》17/6/53；参照葛瑞汉的《庄子内篇》第88页和沃森（Watson）的《庄子全译》。

bent. It hunches me up so badly that my vital organs are above my head while my chin is buried in my bellybutton. My shoulders are higher than my crown, and my hunchback points to the heavens. Something has really gone haywire with the *yin* and *yang* vapors!"

"Do you resent this?" asked Zisi.

"Indeed so," replied Ziyu, "What's to resent? If in the course of things it transforms my left arm into a cock, I'll use it to tell time of day. If it goes on to transform my right arm into a crossbow bolt, I'll use it to shoot me an owl for roasting. If it then transforms my buttocks into wheels and my spirit into a horse, I will ride about on them without need of further transportation…what's to resent?"

Before long, Master Lai fell ill. Wheezing and panting, he was on the brink of death. His wife and children gathered about him and wept. Master Li, having gone to inquire after him, scolded them, saying "Get away! Don't impede his transformations!" Leaning against the door, Master Li talked with him, saying: "Extraordinary, these transformations! What are you going to be made into next? Where are you going to be sent? Will you be made into a rat's liver? Or will you be made into an insect's arm?"

Master Lai replied, "… Now if a great ironsmith were in the process of casting metal, and the metal leapt about saying, I′must be forged into a Mo Ye sword! ′the great ironsmith would certainly consider it to be an inauspicious bit of metal. If once having been cast in the human form, I were to whine: 'Make me into a human being! Make me into a human being!' that which transforms events would certainly take me to be an inauspicious person. Once we take the heavens and earth to be a giant forge and transformation to be the great ironsmith, where ever I go is just fine. Relaxed I nod off and happily I awake."

《庄子》设想，在更大的转化过程之中，"人"有可能是一种武断的、并非特别受欢迎甚至容易招致混乱之物的存在形式。人人可能怀有对于死亡的疑惧，对此，庄子的反应是，一种状态的事物会不断地需要经历转变为其他的事物，我们应该顺应这种转换，认识到这一点会使我们获得一种真正的安慰，甚至的确是一种宗教性的敬畏。并且，通过中断和完满这一始终进行的过程，死亡以这样一种方式来认可每个人的独特存在，以便产生许多独特的密切关联的事件，这些事件是根据我们与他人的独特关系来界定的。① 这种对连续性和亲密性的推崇，很可能会激发出对于和我们处在同一个世界中的其他生物的同情和关爱。

这种转化性的视角并不仅仅为道家所独有，它渗透于整个中国文化的传统之中。并且，它也是我们理解主流的儒学思想家的背景。即使连注重实用的孔夫子也有思辨的时刻，在那种时刻，他对于生活之流的涌动不息而浮想联翩：

子在川上曰："逝者如斯夫！不舍昼夜。"②

The Master was standing on the riverbank, and observed, "Isn't life's passing just like this, never ceasing day or night!"

在讨论《孟子》有关"气"的观点的导言中，信广来（Kwong—loi Shun）引用了《左传》和《国语》中详细讨论了"气"的章节。在这些章节中，"气"是作为使我们周围的自然世界得以生成并充满生机的原动力。③ 在孟子有关"气"的讨论中，孟子并不是像一些人历来所主张的那样近乎神秘主义。④ 恰恰相反，孟子只是想要把中国古代人之常情的东西变得更为明了。委实，对于那些大部分未经反省的量化和原子论的各种假定来说，"气"的世界观的确是另一种东西。对于西方文化来说，前者始于古希腊，并且继续塑造着我们自己的常识。

孟子本人根据道德的力量来解释"气"的场域。并且，对于如何通过养气达致人的完美境界，他也提出了自己的建议。孟子谈到他自己如何

① 参见《庄子》46/18/15－9。对比沃森《庄子全译》第191—192页和葛瑞汉《庄子内篇》第123—124页。

② 《论语》9.17。《论语》的译文完全都是选自安乐哲和罗思文的译本。

③ 信广来（Kwong－loi Shun）：《孟子与早期中国古代思想》（*Mencius and Early Chinese Thought*. Stanford：Stanford University Press，1997），第67—68页。

④ 在那些将孟子有关"气"的论述描述为一种"道德神秘主义"的解释者之中，陈汉生（Chad Hansen）并不是唯一的。参见其《中国思想的道家理论》（*A Daosit Theory of Chinese Thought*. Hong Kong：Oxford University Press，1992）。

能够善于培养其"浩然之气"，并把这种"气"描绘为"至大、至刚"。用"焦点—场域"式的语言来加以重申的话，孟子是在说他的"浩然之气"具有最大的广度（"致广大"）和最大的强度（"尽精微"）。这种广泛的场域（extensive field）和集中的焦点（intensive focus）的语言指出，一个人在"气"的最广阔的场域中使自己成为最为统一性的焦点，其"养气"功夫就可以获得最大的成功。通过这种方式，在同其力所能及的范围内的各种因素的关联中，一个人就可以获得其至"德"（virtue, excellence, potency）。

> 万物皆备于我矣。反身而诚，乐莫大焉。强恕而行。求仁莫近焉。（《孟子·尽心上》）
>
> Everything is here in me. There is no joy greater than to discover creativity (*cheng* 诚) in one's person and nothing easier in striving to be authoritative in one's conduct (*ren* 仁) than committing oneself to treating others as one oneself would be treated.

习惯上，"诚"被翻译为"sincerity"或"integrity"。但是，在一个过程性的世界里，"integrity"是一个创造性的过程（creative process）。它是一个由"多"而"一"的形成过程。在上引《孟子·尽心上》这一章中，通过借助于关系性的自我（relational self）的"仁"这一观念，这种统一性（integration）和创造性（creativity）的不可分割性（inseparability）得到了明显的加强。而在关系性的自我这一观念中，自我和他人的实现是相互蕴涵的（mutually entailing）。以下《论语》中的这段话精确地界说了如何"成仁"：

> 夫仁者，己欲立而立人。己欲达而达人。能近取譬，可谓仁之方也已。[1]
>
> Authoritative persons establish others in seeking to establish themselves and promote others in seeking to get there themselves. Correlating one's conduct with those near at hand can be said to be the method of be-

---

[1] 《论语》第6篇《雍也》第30章。

coming an authoritative person（*ren* 仁）。

　　进一步来说，如果回忆一下作为一个连续不断的场域的"气"的意义，对于上面引述的孟子所谓"万物皆备于我"的含义，也许我们就会获得一个更为清晰的体认。其含义或许是这样的：气的场域为我所聚焦，因此，所有的"气"都在我这里。

　　现象世界由于"气"这一渗透性的概念而被境域化（contextulaized），当现象世界与人类相遇时，它就被理解为事物存在的方式。它是一个过程性和生成（becoming）的世界。在这样的一个世界里，人类经验是一种场域（field），这一场域既为无数作为其组成部分的各种要素所聚焦（focused by），同时又聚焦着（focusing）那无数作为其组成部分的各种要素。

　　除了"至广大"的"气"的场域，《孟子》同样强调"尽精微"的"我"这一特定的焦点。在这流动的"气"的宇宙之外，没有什么外在的制高点。这一世界必然被从特定角度来感知。正是从这一特定的角度，这种鲜明独特的"气"的场域才可以被解释。更有甚者，对每一种特定的角度来说，其精微的焦点（intensive focus）都内在地包含着完整、广大的场域（extensive field）。在这个意义上，每一个特定的视角都是全息性的（holographic）。

　　对于一个过程和事件的世界的诠释，避免了任何离散性（discreteness）的观念。也正是由于这个原因，"气"需要运用一种焦点—场域式（focus/field）而非部分—整体式（part/whole）的解释模式。从一种部分—整体到一种焦点—场域模式的转换，其诸多含义之一涉及我们对无数过程和事件间的互为原动力这一特征的描述方式。基于事物彼此外在相关的那种行为及其反应的观念将不再适用。相反，所有这些原动力都应该根据相互依赖（interdependent）和交互性（transactional）的过程来理解。

　　在以下的部分，我们将试图表明：透过我们关于"气"的讨论来诠释《中庸》，将会如何最大限度地来阐明其作为一个独特哲学文本的重要性。

四　《中庸》的核心论证

　　《中庸》的开头是如下一段经常为人所引用的格言，我们将会论证，这段格言属于孟子之前的文献材料，并且，这些文献材料与孔子之孙子思有关。①

      天命之谓性，率性之谓道，修道之谓教。

      What *tian* 天 commands (*ming* 命) is called natural tendencies (*xing* 性); drawing out these tendencies is called the proper way (*dao* 道); improving upon this way is called education (*jiao* 教).

    对于《中庸》的整篇文献，包括以上这一段，朱熹毫不怀疑地认为出自子思本人之手。他坚决认为有一个纲领贯穿其中，这个纲领使得《中庸》既深刻又连贯。作为一种既经建立的学术智慧，朱熹将《中庸》刻画为一个连贯整体。自宋代以降，这种看法便居于学界的支配地位。尽管如此，与朱熹同时代的一些批评者们当时就提出了不同意见，认为《中庸》是由一些彼此分离并且常常冲突的片段混合而成。有关《中庸》连贯性的这种学术争论，一直持续到我们当今。②

    在以下的论述中，我们将通过汉学与哲学两方面的论证，来捍卫一种与争论双方都有重要不同的论点。我们经过审慎考虑的看法是这样的：《中庸》委实是一个连贯的文本，但与朱熹不同的是，其作者肯定并非子思本人（开头的那一段可能除外）。

    自始至终，《中庸》都是对其开头部分子思所提关键问题的诠释所进行的一种持续不断的论证。首先，我们如何理解"道"，其中，自然、社会与文化的各种环境（"天"）对人类的原初倾向（"性"）以及人类发展的整个轨迹（"道"）两方面都有一种塑造的作用（shaping effect）。其次，在这样一个过程中，"教"的角色是什么。

    在事物的各种秉性（"天"）和人类的经验（"人"）之间，在场域及其中心之间，《中庸》提倡一种共生性的关系（symbiotic relationship）。在这种倡议之中，《中庸》试图劝阻对子思的这样一种解读：禀赋于自然并

---

    ① 不但《中庸》开头这段话使用了"天"、"命"、"性"、"道"和"教"这一连串的术语，基于郭店的考古发现，学者们也逐渐认为它们是子思思想的关键词汇。另外，同样的这段话也见于《淮南子》。

    ② 对于这些分散的片段如何被编辑成为一个单一的文本，中国的注解家从王柏（1194—1274）到冯友兰，西方的汉学家从理雅格到 Gustav Haloun，都提供了他们的解释。

且受环境所决定的人类，在其周遭的世界中相对来说是被动的参与者。①
事实上，对于开头子思所说的这一段，《中庸》引入了一种特殊性的、历史性的和实用性的诠释。《中庸》坚持认为，人类经验的礼仪化不仅激发了人类社群（human community），而且在宇宙秩序的展开过程中发挥了有力的引导社会向善的作用。

人类经验的礼仪化，其特殊性在于：就其定义而言，"礼"需要适应社会的文化类型和人格化；其历史性在于："礼"一定是传记性（biographical）和谱系性的（genealogical），它缺乏对于超越理念的诉求；其实用性在于：它力图乐观地对待每一个圆满事件的各种创造性的可能，将始终是独特的人类的丰富的生活与为人类提供存在脉络的各种自然、社会和文化的条件（"天命"）并列起来。

在强调天的人的向度时，当代学者庞朴将"天"定义为需要包括"社会环境"、"社会条件"以及"社会力"，这些因素对于人类的发展具有决定性的影响。② 尽管庞朴强调，就其起源来说，这些力量最终是属人的，但看起来他所持的是这样一种观点：这些力量的导向超出了任何特别的人的控制。也许这种观点过于极端，但是，显而易见的是，在儒家传统中，诸如周公和孔子这样具有重要文化意义的人物，是被"神化"为"天"的，并且，"天"本身是在"人"之中才具有生命力和决定性的。用焦点—场域（focus—field）的语言来说，"天"是一个包含了社会的、文化的和自然的等诸多因素在内的存在脉络，这个脉络由圣贤人物得以聚焦为中心，通过圣贤人物得以表现。如此一来，《中庸》的中心意思就是：鼓励"天道"与"人道"通过人的精湛技艺而达到不断的富有成果的汇聚与交流。

"性"常常被翻译为"human nature"。但是，如果"性"被诠释为需要一种有关人类的"本质主义的"观念，这样一种翻译就是误导性的。这样一种诠释不仅在有关"人性"的经典的西方理解中居于文化的主导地位而颇具影响力，对于那些我们打算对其加以诠释的文化传统，包括古

---

① 《中庸》的这一中心论证很大程度上在《荀子》中以不同的术语得到了重新表述。在《荀子》中，通过有意识的活动（"伪"），人心的建构是人对创造性过程（"诚"）的功能替代物，而"诚"使人与天地共同成为一个三元一体的结构。

② 庞朴：《孔孟之间——郭店楚简的思想史地位》，《中国社会科学》1998年第5期，第92—93页。

代中国的文化传统,我们的解读也常常会染上这种色彩。

对于孟子有关人性的理解,葛瑞汉(Angus Graham)拒绝任何本质主义的诠释。① 并且,我们必须假定,这种拒绝在更为广义的意义上适用于"思孟"一系。葛瑞汉告诫说:"用'nature'来翻译'性',会预先使我们倾向于误认为'性'有一个超越的根源,这一超越的根源在孟子的学说中同时也是一个超越的目标。"撇开这种可能的误解不论,葛瑞汉提出了另一种解读的方式,"'性'更多地是根据沿着一定方向的自然发展来理解,而不是根据其根源或目标来理解"。并且,"'性'将是一个自发的过程,这一过程的方向受到作用于该过程的有意识的行为的不断修正。"

根据《孟子·尽心上》的这一段格言:

尽其心者,知其性也。知其性,则知天矣。

To make the most of one's heart – and – mind is to realize one's *xing*, and if one realizes one's *xing*, one is realizing *tian*.

"性"受到"命"的塑造。与通常将"命"理解为单方面和决定性的"命令"相反,"命"应当在一种"委任"、"任命"的倾向的意义上来理解。换言之,要在"托付"、"委托"的意义上来理解"命"。"命"就是"委托"。在这种意义上,"命"的行为在命者与受命者之间建立了一种契约的关系。

同时,"命"还有一种敬畏和非强制性的意义,在这种意义中,一个人由于其特征和成就而赢得尊重,而从那些仿效这种典范的人之中,则可以引出敬畏之情。

就此而言,唐君毅在有关早期哲学文献的一篇概论中曾经指出重要的一点:

"命"这个术语代表"天"和"人"之间的相互关系。……我们可以说,"命"不仅仅存在于外在的"天"之中,也不仅仅存在于

---

① 葛瑞汉:《反省与答复》,载罗思文编《中国的文献与哲学性的脉络:献给葛瑞汉的论文集》(*Chinese Texts and Philosophical Contexts*: *Essays Dedicated to Angus C. Graham*. La Salle, IL: Open Court, 1989),第287—289页。

内在的"人"之中。毋宁说，它存在于天与人的交相感应之中，也就是说"命"存在于天人之间相互的影响和回应以及相互的取予之中。①

《孟子·万章上》有云：

莫之为而为者，天也；莫之致而至者，命也。

That which is done without anyone doing it is *tian*; that which happens without anyone causing it to happen is *ming*.

当偶然的条件规定着一桩特定的事件时，对于该事件，"命"既意味各种创造性的可能，又意味着一系列的限制。"命"是一种可能的前景，这种前景在起主导作用的各种环境的限度内得以兑现，而在那起主导作用的环境之中，处境本身先于任何派生和孤立的能力观念（notion of agency）。

庞朴利用最近郭店楚简的文献材料，探讨了使"命"的观念更为明确的一些相关问题。他辨别出了同样出现于《语丛》中的几段押韵的话：

有天有命，有物有名……有地有形。

Where there is *tian* there is commands（*ming*）; where there are "events" there are names; …where there is the earth there is shape.

"天"之有"命"，和"地"之有"形"以及"物"之有"名"是相类似的。在中国的传统中，名称（"名"）使我们对于事物能够有一个恰当的理解，正如形状（"形"）使得大地可以通行那样。正是以这种方式，"命"使"天"成为焦点和可以理解之物。庞朴指出，"命"如何起决定作用的问题，可以由郭店楚简中《性自命出》一章获得部分的解答。事实上，他所引用的以下这段话，可以被看做是《中庸》开头那一段话的更为简洁的变相表述：

性自命出，命自天降。

_____

① 唐君毅：《先秦中国的天命》，《东西方哲学》1962 年第 2 卷，第 195 页。

　　　　Natural tendencies（*xing*）arise from *ming*；And *ming* descends from *tian*.

　　正如上引唐君毅所指出的，"命"之所以不仅仅等同于"环境"或"条件"，在于"命"总是需要一种人的视角。依《中庸》，是"命"使"天"得以产生决定性的作用，而当"性"通过"教"而得以转化时，则是"性"使"命"的内容获得了表达。

　　当一个人意识到，人类文化的成果将无法表达的声音转变成音乐的魔力，将杂乱无章的标志转变成崇高的诗歌，将生物性的关系转变成一种精神升华的宗教性、一种不断进行的过程，这一过程使世界富有魅力，并且在世界持续的展开过程中将人类提升成为一种全然的伙伴。正是在这个意义上，成人（becoming human）的不断的成就，塑造了世界展开过程的脉络，正如世界展开过程的脉络塑造了人类的成就一样。

（一）"诚"与创造性（creativity）

　　将人类提升到共同创造性的（co - creative）地位，的确是《中庸》的一个显著特征。这一点，在"创造性"（"诚"）观念的运用中得到了体现，为的是提示在既是自我表达同时又是世界表达（both self - and world - articulation）的活动中那种能动的、产生新生事物的人类的实现活动。

　　为了给开头子思的那段话以具体的诠释，《中庸》设置了一种持续的论证：通过对孔子"中庸"这一深奥表述的详尽阐明，《中庸》首先将论证的根据诉诸孔子；接着是诉诸传统的典范以及居于传统之中的各种文化英雄人物和传说中的圣王；然后是诉诸年代较近的孟子及其将"诚"作为"创造性"的特有的用法；最后是诉诸诸如《尚书》尤其《诗经》那样的经典文献的权威。《中庸》将论证的依据诉诸儒家传统在其各种表现形式中的所有权威，包括孔子本人、传统的圣贤人物（舜、文王、武王和周公）、孟子以及各种儒家的经典，为的是要坚持人类创造性那种深刻的、塑造世界的作用。

　　仅仅运用"创造性"作为一个新字，并将它摆在那儿，这并不足够。由于在西方思想文化内部，无论是作为术语还是概念，"创造性"实际上都是一个新生事物，[1] 我们必须格外仔细，以便获得对于作为更新（novelty）的自然产物的创造性的恰当理解。

作为一个人造的术语，"创造性"实际上是由哲学家怀特海引进的。怀特海将"创造性"概念作为安置其过程直觉（process intuition）的一种手段，而过程直觉则是支撑其思辨哲学独特形式的一个观念。在《过程与实在》中，怀特海曾经说明了"创造性"这一术语的哲学意义：

> 在所有的哲学理论中，都有一个终极的东西，这种东西其实都是由其种种偶然性所决定的。……在机体主义哲学（philosophy of organism）中，这种终极性的东西被称为"创造性"。……在各种一元论的哲学中……这种终极性的东西是上帝，上帝在相同的意义上又被称为"绝对"。在这种一元的图式中，终极的东西合法地允许一种最后的"卓越的"实在，这种实在是超越于那种可以归结于其各种偶然性的东西之上。在这种通常的哲学立场上，机体主义哲学看起来更多地接近印度或中国思想的某些流派，而不是接近西亚或欧洲的思想。[2]

怀特海将"创造性"的特征表述为"更新原则"（the principle of novelty），[3] 并将创造的过程定义为"更新会聚的产物"（the production of novel togetherness）。[4] 进而，怀特海坚决主张：他有关创造性的基本直觉这一观念，无法根据更为基本的观念来加以分析。用庄子的话来支持怀特海的说法就是："因是已，已而不知其然。"[5]

在中国非宇宙起源论的（non—cosmogonic）传统中，和道家一样，儒家创造性的观念是一种熟悉的感受性，如果不是决定性的感受性的话。

---

[1] 事实上，作为自然形成的新生事物，创造性在西方哲学思考中是晚近发展而成的。直到1971 年《牛津英语词典》这部西方文明的神圣记录的"补遗"，才将这一新的辞条包括在内。其解释则包括怀特海对于创造性这一概念的三条说明中的两条，以便指导好奇的读者更为明确地了解怀特海《形成中的宗教》（1962）一书。

[2] 怀特海：《过程与实在》（Process and Reality. New York：Macmillan, 1929），第 10—11 页。

[3] 同上书，第 31 页。

[4] 同上书，第 32 页。

[5] 《庄子·齐物论》。

在道家思想中，在诸如"无为"（non—coercive and spontaneous action）、"逍遥游"（wandering at ease）、"自然"（spontaneous arising）这样动态和非常境域化的观念中，那种感受性获得了关注。在所谓"道行之而成，物谓之而然"（the way is forged in the walking；things and events become so in the saying）的宣称中，① 是庄子诉诸创造性的过程。

有关人的创造性的同样的这一点，孔子在社会的脉络里面，使之在"人能弘道，非道弘人"（《论语·卫灵公》）的主张中也得到了说明。的确，儒家思想有很多相关的表达，譬如"仁"（authoritative person/conduct）、"君子"（exemplary person）、"圣人"（sage）、"神"（spirituality）、"和"（harmony）以及"中庸"等等，而所有这些观念表达，都需要一个人与其公共脉络（communal context）之间的相互塑造（mutual shaping）。

在《中庸》里，"诚"常常被翻译为"sincerity"，有时也翻译成"integrity"。而将其翻译为"creativity"，我们的理论说明如下：根据过程性的理解而非实体性的概念，我们对中国世界特质的理解会更好。如果说这一主张是合理的话，那么，我们就必须考虑到，在这样一个世界中，"物"是被理解为过程（process）和事件（events）的。通过诉诸一个过程的世界来加以理解，无论是没有口是心非的"sincerity"，还是健全完整的"integrity"，都必须涉及"成为一个个体"或"成为一个整全"的过程。就审美的角度来理解，成为整全的动态，恰恰是一个创造的过程所意味的东西。因此，"诚"被理解为创造性。

"诚"是一种由构成性关系（constitutive relationships）的独特性（uniqueness）和持久性（persistence）所决定的过程，那种构成性关系决定了一个特定的"事物"。在根据上下文的脉络来翻译"物"时，不论是"过程"还是"事件"都可以使用。"过程"强调创造性生成的动态方面；"事件"则侧重于一个特定过程的结束或圆满完成。《中庸》第25章直接谈到了这一问题：

　　　　诚者，自成也；而道，自道也。诚者，物之终始，不诚无物，是故君子诚之为贵。诚者，非自成而已也，所以成物也。成己，仁也；

---

① 《庄子·齐物论》。

成物，知也。性之德也，合内外之道也。故时措之宜也。

> Creativity is self – consummating, and its way is self – directing. Creativity is a process taken from its beginning to its end, and without this creativity, there are no events. It is thus that, for exemplary person it is creativity that is prized. But creativity is not simply the self – consummating of one's own person; it is what consummates events. Consummating oneself is authoritative conduct; consummating other events is wisdom. This is the excellence of one's natural tendencies and is the way of integrating what is more internal and what is more external. Thus, whenever one applies excellence, it is fitting.

创造性既涉及中心性自我的实现，也涉及事件的场域的实现，既涉及个体的实现，也涉及整个脉络的实现。自我的现实化是一个中心性的过程，这个过程有赖于人类经验的一种聚集性的场域。并且，场域和中心是相互实现的。

我们或许可以诉诸个人实现（personal realization）与繁荣社群（flourishing community）之间的关系，以便使这种关于创造性的描述更为具体。社群的基础不是既成的个体，而是从各种创生性关系（productive relations）中所产生的那种"功能性"或"工具性"的"初心"（inchoate heart—mind）。正是通过沟通，个人的各种知识、信仰以及灵感才得以形成。人的实现不是通过全心全意地参与公共生活的各种形式，而是通过那全心全意地塑造了一个人的社群中的生活才得以达成的。我们不是因为有头脑才会言说，而是通过在沟通社群中的相互言说才变得具有同样的思想习惯。

"心"产生于社会交往和有效的沟通，这一事实提示了"诚"的一个进一步的向度。在此，我们所更为熟悉的将"诚"翻译理解为"sincerity"的那种译法，是有所助益的。"sincerity"这一用语的价值在于，它描述了一个人对其创造性目的的信守、对其自我实现过程的庄严肯定。作为对于任务的持续不懈的关注，这种信守或决心本身就是在自我与世界层层扩展、最终达至圣人境界过程中的一种永久条件。[①]

---

① 参见本书第三章"《中庸》重要观念通诠"和第一章"《中庸》文本的研究"部分对"圣"的讨论。

　　和"圣"一样，"诚"是表达一种动态过程的另一个用语，通过有效的沟通，这种动态过程促进了"真正的各种关系"。在词源学的意义上，这一特征本身是由"言"和"成"构成的。"诚"不仅仅是要对自己真诚。既然所有的自我都是由各种关系构成的，那么，"诚"就意味着一个人在其各种交往活动中都要是值得信赖和真诚的。正是在一个人的社会的、自然的以及文化的各种脉络之中，其自我才有效地获得了有机的整合。在宇宙论的层面上，"诚"是一种根基，从这种根基之中，自我和其他的个人一道取得最大限度的收益。在各种事物的协作与联合之中，关键不在于这些事物是什么，而在于这些事物是能够如何顺利地以及如何富有成果地发展下去。这种"充裕"或"丰富"的意义，在"诚"的同源字"盛"之中是显而易见的，"盛"意味着"富足"、"繁荣"和"昌盛"。

　　在"诚实"、"真诚"尤其重要的是在"创造性"的意义上，对于《中庸》的论证来说，"诚"的贡献不能过分夸大。正如我们已经指出的，作为"创造性"的"诚"，其基本价值在于确保充分发挥自身作用的人类不仅仅是被动反应的机能，受到所有环境条件（"天"）的宰制，或者更为具体地说，受到其自然倾向（"性"）的宰制。相反，人类是共同创造性的存在。在实现个体自我以及实现人周遭的事变纷纭的世界的过程中，人这种共同创造性的存在扮演着中心性的角色。

　　正如我们在这里勉力而为的，将"诚"翻译为"创造性"，显然能够在哲学上得到证明。同样，它也能够历史地加以论证。我们这样做，决非是要向读者提供一种有关"诚"的特异的诠释，而只是要对这一用语进行更为明晰的理解。在早先以及晚近的经典注释传统中，"诚"字已经出现了。

　　首先，早期以人为中心的（human—centered）儒者会挑选出并扩展一种特定的人类价值，将其投射到宇宙之上。作为一种秩序的典范，这不应当令人感到惊奇。当然，荀子是通过将天籁诠释为一种"礼"的宇宙性的例证来做到这一点的。儒家的这种态度是和道家适成对照的，道家会通过自然环境结构的典范作用，从而在人类经验中鼓励适当的秩序。

　　此外，在提出他们各自对"诚"的新的界定的过程中，后来历代的注释家们都承认，《中庸》中的"诚"是以扩展其意义范围的方式而被使用的。我们得出这样一个结论：只有将其置于自身过程性的感受力之中加以定位，《中庸》才能够获得恰当的评价。在将"诚"定义为"不息"

时，通过间接提到《中庸》第 26 章的"至诚无息"（the utmost creativity is ceaseless），宋代学者徐中车强调了"诚"的动态的方面。沿着同样的路线，唐君毅这位 20 世纪的哲学家，同样将《中庸》中"诚"的使用理解为"继续本身"。①

在其对《中庸》的注释中，朱熹将"诚"的宇宙论的应用定义为"真实的"事物。晚近，当陈荣捷将《中庸》翻译给西方的读者时，他坚持认为："诚不只是心的一种状态，而是一种积极的力量，这种力量总是在转化着事物和完成着事物，并且使天人同流。"② 当这三种有关"诚"的洞见统合在一起时，所谓"真实的"，事实上就是一个连续不断的转化的过程。

杜维明将这种反思作了进一步的推进，他指出：将《中庸》里面出现的"诚"字翻译为"sincerity"有点不太合理，因为"《中庸》最后的十三章主要处理的是'诚'的形上学的概念。"③ 在其有关《中庸》的专题研究中，杜维明对照早先的注解与诠释，进而坚持认为，"诚"必须被理解为"创造性"。用他自己的话来说：

> "诚"可以被理解为一种创造性的形式。……它导致了天地转化与繁荣的过程。作为"创造性"，"诚"是不息的。由于其不息，"诚"不会在一种超越时空关联的单一行为中进行创造。毋宁说，它是在时空的连续不断的过程中进行创造。……"诚"自发地是一种自我维系（self – subsistent）和自我实现（self – fulfilling）的创造过程，这种创造过程使生命得以不断地产生。④

（二）"诚"、"性"和"情"

《中庸》第 1 章将"和"本身定义为一个人的情感达到恰如其分的尺度，这种恰如其分的情感使得一个人能够保持平衡，并在世界

---

① 唐君毅：《中西哲学思想之比较论文集》，台北：学生书局 1988 年版，第 386 页。
② 陈荣捷：《中国哲学资料书》，第 96 页。
③ 杜维明：《论中庸：儒家宗教性研究》，第 16—17 页。按：该书现有中译本，见《杜维明文集》第三卷，武汉出版社 2002 年版。
④ 同上书，第 81—82 页。

中"达道"：

> 喜怒哀乐之未发谓之中。发而皆中节谓之和。中也者，天下之大本也。和也者，天下之达道也。致中和，天地位焉。万物育焉。

> The moment at which joy and anger, grief and pleasure, have yet to a-rise is called a nascent equilibrium (*zhong* 中); once the emotions have arisen, that they are all brought into proper focus (*zhong* 中) is called harmony (*he* 和). This notion of equilibrium and focus (*zhong* 中) is the great root of the world; harmony then is the advancing of the proper way (*dadao* 达道) in the world. When equilibrium and focus are sustained and harmony is fully realized, the heavens and earth maintain their proper places and all things flourish in the world.

在 1973 年马王堆汉墓和 1993 年郭店竹简①中发现的《子思子》这部儒家文献中，有一个术语格外引人注目，那就是"情"。事实上，这些新发现的文献不仅恢复了"情"作为自我实现过程中的一个重要因素，而且有助于解决"情"这个隐晦术语本身意义的长期聚讼。

葛瑞汉曾经将"情"定义为"情实"，即"事物和境况处于其自身的状态，这种状态不依赖于我们如何命名或描述它们"。他进而认为，是荀子首先在"情感"的意义上使用了"情"字。② 在早期的文集中，"情"通常与"性"字相连。对葛瑞汉来说，正是在这样一种脉络当中，"情"似乎意味着"事物处于其自身的状态"。但是，问题在于：同样一个字，如何既意味着一种境况的实情，同时又意味着对这种境况的情感呢？换言之，"情"如何既是事实又是价值呢？

葛瑞汉指出，就时间上的演变而言，"情"首先意味着"情实"，只有到了后来，才具有了"情感"的意义。这种解释曾经受到批评，批评的理由在于：这两种含义是如此明显的互不相干，以至于这种语义上的变迁完全是武断的。但是，如果我们根据先前的讨论来重新思考葛瑞汉的主张，我们就会在他的主张中辨识出一种真正的洞见。

---

① 参见本书第四章。
② 参见葛瑞汉《辨道者》，第 97—100、242—245 页。

　　在古典儒学中，并不愿将对事实的描述与针对事实的因应之道区分开来，也不愿意将现实与对现实的诠释区分开来。每一件事物都总是从这样或那样的角度而被经验的。在那些不同的角度之中，经验者与被经验的脉络是在事件中交织在一起的。除了这些个别的各种视角是如何解释着它们的世界之外，并没有其他格外的谋划。在"是非"这一用语的使用之中，传统的规定性特征立刻显而易见。"是非"既意味着"是这个/不是这个"（事实），也意味着"赞同/反对"（价值）。

　　如果我们承认"情实"总是涉及一种视角性的主张，那么，认为"情"就是"事物处于其自身的状态"便所言不虚了。进一步而言，这种视角不是一种感知的或抽象的东西，而是一种"情感性的"东西。这种情感性的视角塑造了其中处境和角色的感情特征。在此，人们也许会想起王阳明（1472—1529）"看已是爱"的主张。那就是说，认知或感官愉悦已经假定了某种程度的"兴趣"。这种兴趣是情调的体现。

　　每一种经验和每一种聚焦的视角都既有其客观的内容，又有其主观的情感形式。而无论是客观内容还是主观形式，每一方都无法从另一方中有效地抽象出来。对于任何视角性的处境都至关重要的情调，显然和客观内容一样，双方都贡献其意义。当我们用嘲讽的口吻说"那真是太棒了！"其中的含义无疑与我们用尊敬的口吻所说的同样一句话截然不同。

　　强调"性"与"情"之间的关系非常重要，它向我们提示："性"所表示的"自然倾向"本身并非固定不变的，作为潜能，"自然倾向"显然是可以改变的。无论是"性"还是"情"，都不只是对于其他某种东西的回应。当"性"和"情"是由发动和承受这两方面构成的事件时，一个人就完全是共同创造者，他最大限度的对经验有所赋予，也最大限度的从经验中有所获得。

　　对"性"和"情"的这种理解，使我们回想起有关尼采 amor fati 学说的讨论。amor fati 就是对事物现存事实的无条件肯定。[1] 尼采把 amor fati 叫做人们"最内在的属性"和"鸟瞰式的观察"。[2] 现实的视角性特征

<hr>

① 有关 amor fati 令人信服的讨论，参见西谷启治（Keiji Nishitani）《虚无主义的自我克服》（*The Self—Overcoming of Nihilism*. Trans. Graham Parkes with Setsuko Aihara. New York：State University of New York Press，1990），第 45—68 页。

② 参见《权力意志》以及上注西谷启治《虚无主义的自我克服》，第 50—51 页。

既要求肯定某一个人自身的视角，也要求肯定那种预设所有视角的"鸟瞰"式视角。

作为一种可以变动的、过程性的以及合作性的努力，"诚"具有这样一种要素，这种要素既肯定事物的现状，又参与到从环境中引生新的可能性的过程之中。个体并不只是重新铸造旧有的境况。恰如《中庸》第 27 章所说：

> 故君子……温故而知新，敦厚以崇礼。
>
> Exemplary persons… revise the old in order to realize the new, and with real solemnity celebrate the rites and ceremonies (*li* 礼).

进一步来说，新生事物是在相互与合作的情况下产生的，并且，也是自然产生的，所谓"已而不知其然"。① 爱一个人的命运，就是要肯定过程和事件的丰富性和复杂性，以及那种复杂性所导致的无限可能性。于是，一个人的命运就始终是被共同决定的、被共同创造的。

应当这样说，与其他更早的子思子的文献相较，《中庸》并不经常提到"情感"，甚至也没有意义明确地使用"情"这个字。事实上，这会导致质疑《中庸》是否属于子思子一系。我们要指出，缺乏明确提到"情"的一个重要原因是这样一个事实："诚"字带有一种重要的情感的含义（经常将"诚"翻译为"sincerity"可以说明这一点）并且发挥着"情"的作用。这就是说，翻译为"creativity"（创造性）的"诚"强调整合性的过程本身，尽管"integrity"的翻译意味着任何这种整合过程的极致（culmination）。作为"sincerity"的"诚"强调情调——情感的主观形式，情调使得创造性的过程格外地具有视角性。正如我们已经指出的，在"诚"字的每一次出现中，有关"诚"的一连串的翻译，都呈现为一种意义的严密无隙的区域。

（三）作为主导性隐喻的家庭

在《政治学》中，亚里士多德将 *oikos*（家庭）的目标与 *polis*（城邦）的目标加以区分，前者的目标是家庭事务，后者的目标是公众论坛。对亚里士多德而言，*oikos* 是一个有关自然的必然性和不平等的领域。这

---

① 《庄子·齐物论》。

种私生活所受到的谴责是其"贫乏性"。与此相反，*polis* 则使不平等的家庭关系在平等的公众领域中得以克服。私人领域和公众领域没有被视为本来就是相关的。换言之，*polis* 不应当被看做 *oikos* 的自然的辐射性延伸，就像一个自由人不过是奴隶的自然进化那样。它们的旨归彼此不同。这一观点迥然有别于中国古代思想，在后者看来，家庭是社会、政治甚至宗教等各种关系的普泛性隐喻。

因此，在古典儒家那里，我们必须承认，确定家庭日常事务中所遵守的适当礼节应当首先取决于家庭，进而扩展到社群和国家。《中庸》第 20 章强调了家庭与其延伸之间的根本关系，家庭的延伸，即社群和国家，就是社会和政治秩序的基础：

> 凡为天下国家有九经，所以行之者一也。
>
> In general there are nine guidelines in administering the world, the state, and the family, yet the way of implementing them is one and the same.

《论语》第 1 篇《学而》第 1 章中也非常明确地指出，人之所以为人的行为模式，是从强烈的亲情关系中获得的：

> 君子务本，本立而道生。孝弟也者，其为仁之本与。
>
> Exemplary persons (*junzi* 君子) concentrate their efforts on the root, for the root having taken hold, the proper way (*dao* 道) will grow therefrom. As filial and fraternal responsibility, it is, I suspect, the root of authoritative conduct (*ren* 仁).

其潜在的前提是，相比于其他人类社会的建制，人更有可能完全地、无条件地将自身投入到家庭中。因此，作为一种社会建制，通过允诺构成家庭的人们投入到他们的人生经历中并能从中获取最大收益，家庭为人的发展提供了典范。提升家庭关系的中心地位，即是想要确保所有的人，无一例外地投身于他们的每次行为之中。

当自然的家庭和群体关系不被理解与其他更为根本的各种关系相脱离、相对立时，作为人类发展的基本中心，家庭发挥作用的力量就得到了更大的加强。正是在从家庭向外的扩展过程中，人逐渐成为深刻的群体、文化和宗教敬畏的对象。

除了通过日常生活经验而获得一种强烈的宗教性之外，"君子"对"天"也作出了自己的贡献，"天"界定了作为一种传统的中国文化。正是这些文化英雄使得"天"作为祖先的遗产，一代又一代地流传下去，坚定而意义深远。

在古典儒家看来，在其最根本的意义上，"神"（spirituality）是指一个人对现存各种事物的全部场域（total field）的复杂意义和价值达到了一种聚焦化地领悟（focused appreciation），这种领悟是透过对于一个人自己创造性角色的极致的反身觉悟（reflexive awakening）而获得的，并且，一个人的创造性角色是各种相互依赖的创造性中心的其中之一。

通常而言，正是各种表示敬意的模式，建构了家庭以及家庭成员之间正当的相互作用，这一作用产生、规定并授权特定的"礼"来探求人类经验的不断进化和完善。正如《中庸》第 20 章所揭示的那样：

> 亲亲之杀，尊贤之等，礼所生也。
>
> The degree of devotion due different kin and the degree of esteem accorded those who are different in character is what gives rise to ritual propriety（*li* 礼）.

（四）《中庸》中的"礼"

对"东方专制主义"这一观念（在这种观念看来，所有的权威都在君主一方）的执著，阻碍了西方一些对中国传统的杰出诠释者，使他们在一定程度上无法了解和欣赏像"礼"这样一种非正式的社会机制，也无法了解和欣赏：耻感文化的培养是一种管道，通过这种管道，社群参与到产生作用的秩序当中。有关这一点，《论语》说得很清楚：

> 道之以政，齐之以刑，民免而无耻；道之以德，齐之以礼，有耻且格。[1]

---

[1] 《论语》第 2 篇《为政》第 3 章。

Lead the people with administrative injunctions and keep them orderly with penal law, and they will avoid punishments but will be without a sense of shame. Lead them with excellence and keep them orderly through ritual propriety and they will develop a sense of shame, and moreover, will order themselves.

对于在一种自主性、礼仪化构成的社群中的完全"非强制的"参与，这一段话给了我们一种满怀抱负的儒家观点。罗思文主张："对孔子来说，社会调节过于重要，以至于不能交由政府来承担。更好的做法是由传统（'礼'）来承担作为一种民众的约束性力量。"① 在这一主张中，罗思文抓住了"礼"的关键与核心所在。

《说文解字》一语双关地将"礼"定义为"履"。将"礼"作为过程性和事件性的东西来理解，是中国古代感受性的标志。在阅读《论语》的过程中，我们往往易于忽略其中第9至第11篇的内容。在这几篇中，基本上都是描写作为历史人物的孔子的生活事件的写真。然而，恰恰是这几篇文字，通过最细微的体态、衣着的式样、步履的节拍、面部的表情、说话的声调甚至是呼吸的节奏，最大程度地展示了孔子这位士大夫是如何以其恰如其分的行为来参与朝廷的日常生活的。

> 入公门，鞠躬如也，如不容。
> 立不中门，行不履阈。
> 过位，色勃如也，足躩如也，其言似不足者。
> 摄齐升堂，鞠躬如也，屏气似不息者。
> 出，降一等，逞颜色，怡怡如也。
> 没阶趋进，翼如也。
> 复其位，踧踖如也。②

On passing through the entrance way to the Duke's court, he would bow forward from the waist, as though the gateway were not high enough.

---

① 罗思文：《〈孔子：即凡而圣〉的评论》，载《东西方哲学》1976 年第 4 期，第 441 页。
② 《论语》第 10 篇《乡党》第 4 章。

While in attendance, he would not stand in the middle of the entranceway; on passing through, he would not step on the raised threshold.

On passing by the empty throne, his countenance would change visibly, his legs would bend, and in his speech he would seem to be breathless.

He would lift the hem of his skirts in ascending the hall, bow forward from the waist, and hold in his breath as though ceasing to breathe.

On leaving and descending the first steps, he would relax his expression and regain his composure.

He would glide briskly from the bottom of the steps, and returning to his place, he would resume a reverence posture.

对于一个人行为举止的这种关注，始于一个人对家庭环境的熟悉与密切。

孔子于乡党，恂恂如也，似不能言者。

其在宗庙朝廷，便便言，惟谨尔。①

In Confucius' home village, he was most deferential, as though at a loss for words, and yet in the ancestral temple and at court, he spoke articulately, though with deliberation.

（译者按：这段话的意思是说：孔子在本乡的地方上非常恭顺，好像不能说话的样子。而在宗庙里、朝堂上，孔子有话就明白而流畅地说出来，只是说得很谨慎得体而已。）

《论语》中没有给我们提供那种规定的正式行为的教学问答，而是向我们展示了孔子这位具体历史人物奋力展现他对于礼仪生活的敏感这样一种形象，正是通过这样一种努力，孔子最终使自己成为整个文明的导师。正如以下这段文字所描绘的：

疾，君视之，东首，加朝服，拖绅。②

---

① 《论语》第 10 篇《乡党》第 1 章。
② 《论语》第 10 篇《乡党》第 12 章。

When ill, and his lord came to see him, he would recline with his head facing east, and would have his court dress draped over with sash drawn.

（译者按：这段话的意思是说：孔子病了，国君来探视他。孔子就将脑袋朝向东方，并把上朝的礼服披在身上，拖着大带。这表示孔子虽在病中仍不忘君臣相见时臣子所应当遵守的礼仪。）

这是一幅孔子的肖像。这里并没有说：在各种情况下受到君主造访时，一个人必须以某种特定的方式来行为。而是描绘了孔子如何找到一种姿态，去传达为一种关系所要求的恰当的敬重与忠诚，即使是在环境最为艰难的情况下。

从这几章以及其他类似的一些文字中，我们应当很清楚地看到："礼"并不能够仅仅化约为正式规定的一些礼仪节文，在规定的时间得以履行，为的是表明相对的地位，或者为的是要区分人生的不同阶段。必须根据每一个参与者的特性以及成人这一深刻的创造性事业，来理解"礼"的践行。"礼"涉及个人投入的一个不断的过程，伴随着坚持和努力，这种个人投入的过程净化了一个人的公共交往活动。就行为中的认同（identity-in-action）而言，这一过程是具有倾向性和富有成果的。

在古代中国的世界中，离散性的"东西"（things）让位于独特并且始终并未被充分决定的（underdetermined）"事件"（events，"物"）。这些事件通过特定化的（particularized）和个人化的（personalized）某些模式（patterns）的形成，来实现更新（novelty）。在古代儒家传统内部，"礼"正是围绕这些独特的行为模式来组织人类的经验。

在《中庸》第 26 章，我们读到：

天地之道可一言而尽也：其为物不贰，则其生物不测。

The way of heaven and earth can be captured in one phrase: Since events are never duplicated, their production in unfathomable.

"Propriety"这个字的字根"proprius"使之具有一个同源的意义范围，如"proper"、"appropriate"以及"property"，其意义都可以包含在"propriety"之中，就此而言，当"propriety"被理解为"一种成为自己的行为"时，用"propriety"来翻译"礼"，就是一种恰当和巧妙的措辞，其意在强调个人人格化的过程。因此，"礼"决然是一种个人的践履，它展示着一个人对于其自身及其所在社群的价值，展示着一种个人和公共的话语，通过这种话语，一个人在质的方面将自我构成并展露为一个独特的个体，一个完整的人。

"礼"是既经学习的有关敬重的各种模式，这些模式是由个体优雅地来加以践行的。"礼"是展现价值（value-revealing）的生活形式，这些形式引发了仿效并鼓舞了宗教的献身，促进着对于一个繁荣社群来说颇有必要的共同的思想习惯（likemindedness）。"礼"既是认知性的，又是审美性的；既是道德性的，又是宗教性的；既是身体的，又是精神的。当种种礼仪行为被视为构成一天日常事务的诸多圆满的事件时，这些礼仪行为就是多种多样和多姿多彩的。但是，当种种礼仪行为被视为一个具体个人富有意义的行为的连续叙事时，这些礼仪行为又是十分个性化的。

1. "礼"与"切中伦常"（"中庸"）

对于《中庸》的题目"中庸"，有许多种英文的翻译。最为人所熟知的是"The Doctrine of the Mean"。而我们认为，这是一种最不恰当而令人感到遗憾的翻译。① 我们将会论证，在"focusing the familiar affairs of the day"（切中日用伦常）这一片语中，我们可以把握到对于"中庸"的一种更加富有涵盖性和连贯性的翻译（"familiar"这个字）。

在《中庸》之中，家庭与日用伦常的关联基本上是家族成员和日常事物礼仪化的一种功能。这也就是说，作为礼仪行为，"礼"是基本的手段，通过这种手段，一个人实现家庭及日用伦常这些根本脉络的意义与功效。

《中庸》第3章说：

子曰："中庸其至矣乎！民鲜能久矣。"

The Master said, "Focusing the familiar affairs of the day is a task of the higher order. It is rare among the common people to be able to sustain it for long".

---

① 理雅格要对"The Doctrine of the Mean"这一译法负责（虽然他后来放弃了这种译法）。关于这种影响甚广的译法的不恰当性，我们的论证参见本书第四章。

这段话使我们想起《论语》第 12 篇《颜渊》。其中，个人完全投身于"礼"的自我约束行为，便产生了"仁"这种品行（"克己复礼为仁"）：

> 一日克己复礼，天下归仁焉。为仁由己，而由人乎哉？
>
> If for the space of a day one were able to accomplish this, the whole empire would defer to this authoritative model. Becoming authoritative in one's conduct is self – oriinating – how could it originate with others?

对于在世界中繁荣发展的人来说，根据"道"而作出适当的调节是义不容辞的。事实上，正是通过切中一个人生活的日用伦常从而不断地关注于达到"中"的境界，最终才会导致那种最为集中和凝聚的富有灵性的经验。

作为处在自然、社会以及文化环境（这种环境既是脉络化又是构成性的）之中仍然能够保持集中凝聚的能力，"中"是一种繁荣兴旺的"和"的产物，"和"是通过有关敬重的各种方式达至的。并且，当一个人通过这些敬重的方式不断在世界中得以伸展，这种集中和凝聚最终就能够使他对于天地化育过程的创造性推动和扩展作出自己的贡献：

> 致中和，天地位焉。万物育焉。①
>
> When equilibrium and focus are sustained and harmony is fully realized, the heaven and earth maintain their proper places and all things flourish in the world.
>
> 惟天下至诚，为能经纶天下之大经，立天下之大本，知天地之化育。②
>
> Only those in the world of the utmost creativity are able to separate out and braid together the many threads on the great loom of the world. Only they set the great root of the world and realize the transforming and nouris-

---

① 《中庸》第 1 章。
② 《中庸》第 22 章。

hing processes of heaven and earth.

正是在每时每刻不断地关注于"礼"，才将一个人定义为一个公共的典范、一位君子：

> 君子去仁，恶乎成名？君子无终食之间违仁。①
>
> Wherein do exemplary persons who would abandon their authoritative conduct warrant that name? Exemplary persons do not take leave of their authoritative conduct even for the space of a meal.

当具备了"仁"的品格时，在礼仪行为中无时无刻不在的自觉意识就既是最容易做到的，同时也是最难以实现的：

> 有能一日用其力于仁矣乎？我未见力不足者。盖有之矣，我未之见也。②
>
> Are there people who, for the space of a single day, have given their full strength to authoritative conduct? I have yet to meet them. As for lacking the strength to do so, I doubt that there are such people—at least I have yet to meet them.

对孔子来说，正是切中日用伦常的集中与凝聚的程度，将他最喜爱的弟子颜回同其他弟子区别开来：

> 回也，其心三月不违仁，其余则日月至焉而已矣。③
>
> With my disciple, Yan Hui, he could go for several months without departing from authoritative thoughts and feelings; as for the others, only every once in a long while might authoritative thoughts and feelings make an appearance.

---

① 《论语》第 4 篇《里仁》第 5 章。
② 《论语》第 4 篇《里仁》第 6 章。
③ 《论语》第 6 篇《雍也》第 7 章。

在以下这段话中，对于"礼"以及"礼"的要求所在恰恰是适当情感体现的程度而言，"孝"的核心性得到了充分的说明：

> 子夏问孝。子曰："色难。有事，弟子服其劳；有酒食，先生馔，曾是以为孝乎？"①
>
> Zixia asked about being filial (*xiao* 孝). The Master replied："It all lies in showing the proper countenance. As for the young contributing their energies when there is work to be done, and deferring to their elders when there is wine and food to be had—how can merely doing this be considered being filial?"

在古典儒学中，一个人在终极的意义上是一种经验的聚合，而"礼"则是确保这种积累的经验不断得以净化升华并富有意义的媒介。个人的人格化是这种恰当的礼仪行为的绝对必要的条件（ *sine qua non* ）。个人的人格化是一种成长的过程，它要求持之以恒地聚焦于构成一个人的环境并塑造其生活的那些脉络。也就是说，"中庸"这个用语并不仅仅是指"切中伦常"的过程，而且同时是指"切中伦常日用"的必要性。

在礼仪的恰当运用之中所要求的灵敏与警觉，其重要性一定不能被理解成一种对诸如极端主观性一类东西的退让。在以下《中庸》第 1 章"慎其独"的这段话中，我们经常可以读到这种提示：

> 是故君子戒慎乎其所不睹，恐惧乎其所不闻。莫见乎隐，莫显乎微，故君子慎其独也。
>
> It is for this reason that exemplary persons (*junzi* 君子) are so concerned about what is not seen, and so anxious about what is not heard. It is because there is nothing more present than what is hidden, and nothing more manifest than what is inchoate. Thus, exemplary persons are ever concerned about their uniqueness.

这种"慎独"的表述在《荀子》的一段文字中也同样发生过。《荀

---

① 《论语》第 2 篇《为政》第 8 章。

子》中的这段话不但使用《中庸》的词汇，而且看起来是这一词汇的一种阐明：

> 夫此顺命，以慎其独也。善之为道者，不诚则不独，不独则不形，不形则虽作于心，见于色，出于言，民犹若未从也，虽从必疑。①

> This is because according with the propensity of things (*ming* 命) one is ever concerned about one's uniqueness. As for those persons who are effective in constructing the proper way, if they are not creative (*cheng* 诚), they are not unique; if they are not unique, the way will not take shape; if it does not take shape, although they initiate something within their hearts – and – minds, manifest it in their countenance, and express it in what they say, the common people will still not follow them, and even if they do follow them, they are certain to have misgivings.

这种表述的另一个例子是《大学》中的一段话，这段话所使用的词汇使人们联想到《荀子》：

> 此谓成于中，形于外。故君子必慎其独也。

> This is what meant by the saying: "What is authentic within will shape one without." Thus, exemplary persons must be ever circumspect in their uniqueness.

与特性相关的这种明显的个性，必须既要关联性地来加以理解，又要理解为一个动态的过程。共时性地来考虑，个性不可化约地是关联性的，这种关联性既使一个人为了个人的成长和丰富所做的一切成为必需，也使一个人为了关联性所构成的特定的社群所做的一切成为必需。个人的成长和丰富正是从参与这种公共生活而来的。历时性地来看，这种个性还必须被理解为一种不断的自觉意识，这种自觉意识及于每一个姿态和思想，并被表达为一种一个人所有活动中被净化升华了的气质倾向。如此理解的礼

---

① 《荀子》第 3 篇《不苟》。

仪化了的自觉意识（"礼"）聚焦于一个人聚合了的习惯，当这些习惯在日用伦常的事件中得以表达时。

用"习惯"来刻画"礼"，乍看起来似乎有点令人脱魅的感觉，因为它将强烈而优雅的礼仪化的经验化约成了日常的例行之事。但是，这种儒家的主张恰恰在于：人生深刻意义的实现，并不在于那些短暂的"重大"事件。正是通过日常的例行之事，人生得到了丰富。并且，如果理解恰当，对于这种丰富的过程来说，习惯是不可或缺的。

我们过去往往以一种负面的方式来将习惯联想为仅仅是例行之事，或者联想为强制性的重复行为，只有在我们具有意志的力量时才可以改变它。换言之，我们是将习惯定位于被决定了的行为的范围之内。诚然，如果一个人将世界的秩序理解为一个超越的创造者的结果，或者理解为超越的自然法则的圆满完成，那么，作为已经获得了的气质倾向，习惯确实不具有重大的决定性意义。因为在这种情形下，习惯性的行为只不过是复制着事物的必然性而已。只有当世界在特征上真正是过程性和变化着的时候，已经获得的气质倾向才会成为事物之道的构成要素。

只有当我们重新思考我们自己已经接受了的习惯的意义时，将"礼"理解为习惯性的行为才将会是有益的。*Hexis* 是最初为亚里士多德所用的一个新字。这个希腊字的意思是"拥有"或"为……所有"。早先，Hexis还同时具有"条件"和"状态"的含义。它也在性情气质的意义上使用，意指事物自然的倾向或在某种条件下的倾向——正如同藤本植物自然蔓延伸展的那种"习惯"一样。亚里士多德本人有时用 *Hexis* 指生物天生的行为。如果我们将"习惯"的"拥有"、"条件"或"状态"以及"倾向"的意义整合起来，我们就会达到这一用语在美国实用主义传统中十分显而易见的那种意义。

当然，在一种创造性的意义上来理解习惯并非是反直觉的。大多数人会承认技艺对于艺术事业的特殊贡献。以一种风格化的方式在思想上解析并在实际上演奏音乐音调和和声，如果缺乏这种能力，无论是作曲还是演奏，都将是不可能的。作为一种前反思（pre‑reflextive）和气质性的东西，技艺将艺术家从表演和创造中解放出来。对于自发性来说，通过一个人的经验，这种同样的关系得以实现。审美经验的直接当下性（immediacy）——也就是说，其未经思虑营谋的（unmediated）特征——不容许发展那种以如何创造或经验新生事物为特征的各种规则和程序。它所允许的是对于各种条件的解释，在那些条件下，一种未经思虑营谋的经验可以是激发性的、多样性的、包含细微差异的，并且是持续被转化的。习惯是使得直接当下的经验得以可能的结构。

在中国的世界中，事物并不是具有习惯，事物就是习惯。习惯是一种存在的方式。因此，作为习惯性的行为，"礼"在拥有（having）和存有（being）之间建立了一种关系，这种关系涵容着审美感受性主导古代中国社会的那种方式。例如，研究中国思想的学者们常常指出：中国人缺乏一种作为"存在"（to exist）的"是"（to be）的联系性的意义。毋宁说，中文"有"意味着"拥有"、"现有"。在作为存在（existing）的being的联系性意义与作为拥有（having）的"有"的中文意义之间进行的这种区分，显示了两种现存存在方式之间的差异——既经思虑营谋的和未经思虑营谋的。

既经思虑营谋的经验承担着这样一种事实：在这样或那样的本质的模态中，存有（Being）通过世界的特定的个体得以体现。这种经验以实体主义者的本体论和宇宙论为特征，实体主义者的本体论和宇宙论则使得实体与形式成为根本性的东西。通过各种形式或概念，实体得以被认知。有关实体的知识便是那种既经思虑营谋的知识。

未经思虑营谋的经验要求各个个体自身成为知识的对象。在个体自身的经验只是被拥有这个意义上，这些个体当下直接地被掌握了。允许拥有经验的那些结构便是习惯，正是习惯驱使一个人倾向于那种经验。

作为一种涉及本质和存在之间对照的西方观念，"存有"将优先权赋予了反思，由此也赋予了概念性、一般性和本质性的知识。相对于一种理性和逻辑性的视角，一种审美性的视角则涉及以一种相对未经思虑营谋的方式来进行经验。既经思虑营谋的经验要求一个人去把握事物的本质。审美的经验则只是去拥有。将"有"理解为"拥有"，使我们看到了儒家社会中"有"和"礼"之间的密切关系。"有"和"礼"两者都是"拥有"的方式，也就是说，二者都是习惯。"有"和"礼"都是具有倾向性的，二者也都是通过赋予未经思虑营谋的经验以优先性而在一个过程的世界中来体现事物之道。

在此，与西方语言的对比是具有重要意义的。中国的语言不是一种有关反思的语言，在那种有关反思的语言中，事物的本质通过概念得到反省。中国的语言则是一种礼仪化的、具有倾向性的语言，这种语言通过聚焦于人伦日用的日常事物，而推动了对于未经思虑营谋的经验的"拥有"。

正如我们已然所见，切中日用伦常是一种尝试，为的是对人类社群的创造能力保持乐观，也为了将日常生活的模式转化成深刻的社会宗教性的实践。正是在这个意义上，"礼"常常被描述为"礼乐"的一种简称。"乐"及其同源字"乐"（"快乐"之"乐"）、"藥"，显示了"礼"是如何被理解的。为了将"沟通社群"和谐地安排，达到其最大程度的和谐共鸣，并伴随着恰当安置的成员在其社会交往的过程中富有成果地和谐共鸣，在关系和过程意义上被定义的"礼"以及对于日用伦常的切中，就是一种战略部署。就社群达到交响乐式的协调以及最少不谐音的程度而言，对处在社群之中的所有人来说，"礼"就不仅是治疗性的（"藥"），而且还是快乐的产物（"乐"）。就人们在那些使他们分别得到安置的不同的话语中追求精湛技艺的程度而言，他们产生了一种相互性的彼此依赖的和谐，在这种和谐之中，每一个人在合唱中都有其自己独特的声音。

事实上，通过以下这段话，曾子阐明了孔子的这样一种主张，即孔子之道是一以贯之的：

> 夫子之道，忠恕而已矣。[1]
> The way of the Master is doing one's utmost (*zhong* 忠) and putting oneself in the other's place (*shu* 恕), nothing more.

在一个人所有的交往活动中，"恕"不只是考虑周围其他人的情感、需要以及抱负的一种性情气质。它还涉及对于其他人所关注焦点的移情作用式的采纳。在此，沟通并非既经反省的概念的转移和传递，那些概念导致一种观念的共享。毋宁说，沟通是对经验和行为的礼仪化结构的一种回应，并且，这种回应所采取的方式，允许一个人享受那种公认的同样的未经反省的经验，那种经验是为另一个人所享有的。

关于"中庸"的中心性的论证，从礼仪在促进关注日用伦常的行为这一过程中的功能，通过警觉的关注，到达一个人独特的焦点，最终到达对所聚焦的环境场域的认可。在这一章的最后一部分，通过讨论根据

---

[1] 《论语》第4篇《里仁》第15章。

《中庸》中"教"的角色所表达的被聚焦的场域的扩展向度，我们应当考虑那种论证的最后部分。

2. "礼"和作为成长与延伸的"教"

"礼"的生活是一个持续成长（growth）和延伸（extension）的过程。通过在终其一生"达道"的过程中保持一种稳固的平衡，一个人使其经验的范围和强度得以扩张，而终生"达道"，则是在"礼"的各种间隙之内、在气质倾向的意义上被履行的。

用于描述儒家宗教经验的大部分用语，都明显地包含着这种成长与延伸的过程。正如我们已然所见，富有成果的家庭关系是"本"，正是在那种关系中，一个人的"道"得以产生和前进。① 在君子与小人之间的反复对照，"义"的包容性与"利"的排他性之间的对立，以及"仁"来自于"人"和"民"，所有这些都使得通过各种敬重方式而来的成长与延伸成为题中应有之义。"神"这个字甚至跨越了"人的精神性"与"神圣性"之间的区分。此外，"神"本来和"申"、"伸"就是同源字。

对于那些成为神明一般的祖先以及文化英雄，被用来描绘他们的一些比喻经常是具有神圣意义的，像"日月"、"天"、"北斗"以及诸如此类的一些说法。这些比喻性的说法以一种象征性的方式表达了那样一种人们所熟知的假定，即所谓"天人合一"。例如，《中庸》第30章指出：

> 仲尼祖述尧舜，宪章文武，上律天时，下袭水土；辟如天地之无不持载，无不覆帱。辟如四时之错行，如日月之代明。
>
> Zhongni（Confucius）… is comparable to the heavens and the earth, sheltering and supporting everything that is. He is comparable to the progress of the four seasons, and the alternating brightness of the sun and moon.

---

① 正如《论语》第1篇《学而》第2章所谓："其为人也孝弟，而好犯上者，鲜矣；不好犯上，而好作乱者，未之有也。君子务本，本立而道生。"（It is a rare thing for someone who has a sense of filial and fraternal responsibility（*xiaodi* 孝弟）to have a taste for defying authority. And it is unheard of for those who have no sense for defying authority to be keen on initiating rebllion. Exemplary persons（*junzi* 君子）concerntrate their efforts on the root, for the root having taken hold, the way（*dao*）will grow thereform. As for filial and fraternal responsibility, it is, I suspect, the root of authoritative conduct（*ren* 仁）.）

这种经验的强度是一个人个人成长的尺度。而这种经验的根源就是在其自身独特叙事之中的自我的创造性阐释。这种经验的成长与延伸就是"教"的成果。

在说明儒家"教"的观念时，英文字"education"的语源学是有所帮助的。"Education"有两个主要词根——"educere"和"educare"。第一个词根的意思是"引起"；第二个词根的意思是"培养"。作为被理性地加以规划的指南，"educare"是和"教"的意义相共鸣的，它是"教"的逻辑的模式以及被理性地加以安排的模式。另一方面，"educere"则提示了"教"的创造性的方面，这一方面与审美性的理解是相互配合的。首先被理解为"*educere*"的"教"向我们提示了这样一种意义：通过一种自我修养（self - cultivation 修身）的方式——事实上那是一种自我创造（self - creation），一个人扩展延伸了其内在的倾向（"性"）。

> 当仁，不让于师。①
>
> In striving to be authoritative in your conduct, do not yield even to your teacher.

如此理解的"教"是一种交往的过程，这一过程使连续性和创造性成为必要，而连续性和创造性既是这方面有能力的教师的成长，又是那方面有能力的学生的成长。在《中庸》"达道"的表达中所把握到的，② 正是"教"的这种意义。

让我们再次重温《中庸》开头那段重要的话：

> 天命之谓性，率性之谓道，修道之谓教。
>
> What *tian* 天③ commands is called natural tendencies (*xing* 性); drawing out these tendencies is called the proper way (*dao* 道); improving

---

① 《论语》第 15 篇《卫灵公》第 36 章。

② 参见《中庸》第 1 章和第 20 章。"达"的意思是"突破"，正如成长中的谷物破土而出。

③ 正如我们在第二章指出的，当代学者庞朴将"天"解释为影响人类发展的"社会力"。

upon this way is called education (*jiao* 教)

通过将"教"基本上界定为"道"的完善与推进,《中庸》说明了"教"的创造性的方面。但是,说"教"的功能首要的不是传播和训练,而是兴发和唤起,那将会是发生误导作用的。"教"的目标无疑是推动成长和延伸。不过,这样做涉及如何阐明那些个人的、社会的以及建制性的脉络,那些脉络构成一个人的礼仪生活,而礼仪生活能够兴发和唤起一种特别的未经思虑营谋的经验。例如,作为被践行的礼仪形式,其当下直接的意义只是一种所拥有的审美的经验。可是,没有这种礼仪形式,所有这种直接当下性将会既是偶然的,又是短暂的。

"教"的"educere"和"educare"两方面之间必要的平衡,在《中庸》第 21 章中得到了把握:

> 自诚明,谓之性。自明诚,谓之教。诚则明矣;明则诚矣。
>
> Understanding born of creativity (*cheng* 诚) is a gift of our natural tendencies (*xing* 性); creativity born of understanding is a gift of education (*jiao* 教). Where there is creativity, there is understanding; where understanding, creativity.

掌握这一章的内容,需要对其中的关键用语以及它们之间的关系保持一定的敏感。创造性(新生事物当下的自发产生)是一种导向理解的自然的(不是被强制的、不是被产生的)过程。在这种脉络中,当"某种东西被学到时","理解"首先意味着逻辑的、理性的领会(*educare*)。但是,当创造性再次从理解中产生时,周期性的过程就处在持续当中。在这种新的脉络之中,"理解"是被经验的内容的审美享受,那种被经验的内容是经由"教"而获得的。这样一来,"教"就成为"educere"————一种顾及到新生事物自发产生的过程。

发展到《中庸》,古典儒学庆幸于这样一种方式,在那种方式中,这种人的成长与延伸的"教"的过程既受到整体意义的塑造,同时又对整体意义的形成有所贡献。在探索儒学的这一向度时,我们必须考虑到:它既是非神论的(non‑theistic),又具有深刻的宗教性。它是一个没有上帝的传统,这一传统另外提供了一种以礼为中心的(li‑centered)宗教性,这种宗教性肯定累积性的人类经验本身。

根据对终极创造者的受造性的依赖来理解宗教，在儒家的世界中是无法获得共鸣的。儒家的宗教经验是一种社群成员之间相互依赖的产物，在社群之中，宗教生活的质量是公共生活质量的直接后果。宗教不是繁荣社群得以建立的基础，而是繁荣社群最为精致的开花结果。儒家的宗教性既不是救赎性的（salvific），也不是末世论的（eschatological）。尽管儒家的宗教性也需要某种转化，但儒家宗教性所涉及的转化却是生活质量的转化，这种转化是在日用伦常之中并通过日用伦常而实现的。

这种非神论的、以礼为中心的宗教性的定义，在《论语》中有所暗示，在《中庸》中则获得了更为明晰的表达。这种定义既挑战着为人所熟知的对于古典儒学的基督教化的诠释，同时也挑战着那种认为儒学只不过是一种世俗人文主义的主张。

对古典儒学来说，宗教性就是在事物的彼此关联中发现和投入，就是要觉察并论证事物的意义。同所有的事物相容共处，是通过在我们日常生活熟悉的经验中所获得的那种平衡来实现的。而我们那种日常的生活经验不需要将会损坏其多种可能性的任何强制性，允许每一个行为之中的最为适当的创造性。

我们已经说过，《中庸》的中心论题在于探讨由"命"赋予其规定性，"天"进行提升的"人之性"的诸种关系，对成"人"之"道"的追求，以及如何通过"教"来完善和发展这一"成人之道"。在阐明这一论证时，我们强调指出作为创造过程的"诚"对于阐明《中庸》主旨的重要性。通过"性"、"天"、"命"的相互作用，以及对"道"的反复体悟，创造性的人的创新贡献就是"人化"过程（process of personalization）的根本结果，而"人化"过程则是"教"（ritual education）的首要禀赋。

那些仍执迷于对儒家文本所做的一成不变、保守而陈腐的解读方式的人，代表了一种愚钝麻木的保守传统，这种传统无疑会认为，我们已经走得太远，将过程思想的自发性（spontaneity）和更新性（novelty）观念输入到了儒家经典之中。但是，我们只是想提醒：不懂得欣赏在《中庸》中得到充分展现的儒家思想的创造品格，是源于一种对模式化行为的不充分理解；这种模式化行为，不管是称之为"习惯"、"素质"、"技能"，还是"礼"，都是不断生成新的事物以及对这种承载丰富意蕴的"创新"产生兴趣的必要条件。

第三章 《中庸》重要观念通释

对于以下一些关键性的哲学术语,我们尝试提供解释;我们特定的翻译为的是使《中庸》这一文本在哲学上可以更加的切近。对此,我们以下也将提供一些论证。下面所包括的这些术语（例如"气"、"情"）,并非都是在《中庸》文本本身可以明确找到的,因为这些哲学术语事实上是为《中庸》的核心论证所预设（presupposed）的。

与我们在本书第二章重新诠释《中庸》的思想时讨论的"语言串"相应,我们使这些术语交互指涉（cross-referenced）,使之作为一种方式,为的是说明这些观念相互依赖的彼此共鸣是我们所认为的怎样一种状态。因此,我们希望鼓励读者去寻求对这些哲学术语的理解。这些哲学术语是动态的、隐喻性的（allusive）和理性的,而不是简单的指涉性的（simply referential）。每一个术语的交互指涉的术语我们标明在每一条解释最后的括号之中。

这一观念通释得益于安乐哲和郝大维、安乐哲和罗思文以往的著作。那些著作列于本书的参考文献书目之中。

一 诚

在以往英语世界的文献中,"诚"这个术语最为通常的翻译是"integrity"或"sincerity"。而在我们的翻译中,我们引入了"creativity",将其作为《中庸》中"诚"的最为重要的含义。"creativity"作为"诚"的英文翻译之所以恰如其分,在于作为《中庸》世界观之基础的过程性的假定（process assumptions）。在一个由变化着的各种事件所组成的世界之中,"integrity"提示着以一种有意义的方式将各种情况聚合在一起的积极过程,目标是获得一种蕴涵着丰富意义的一贯性。就其本身而言,"integrity"提示着一种创造性的过程。"sincerity"包含着情感的主体形式,随着这种情感形式，创造过程得以进行。那就是说，"sincerity"提示着一种心境或情调，这种心境或情调推动着成功的整合。

这一连串三个相互可以取代的翻译在语源学上获得的支持来自于这样的事实："诚"这个字的"创造"感反映在其同源字"成"之中。"成"意味着"完成"、"成就"、"实现"、"圆满"。"成"和"言"一道构成了"诚"这个字。因此，作为"真诚"的"sincerity"、作为"完整性"的"integrity"以及作为导向这种完整性的成就过程的"creativity"，在不同的语脉之中，都可以作为"诚"的行之有效的翻译。

主要作为"creativity"而非"sincerity"或"integrity"，"诚"注重于作为《中庸》重要主题的宇宙创造性的核心地位。显而易见的人类创造性在其广大的宇宙脉络之中所扮演的至关重要的角色，在《中庸》第20章中有如下的描述：

> 诚者天之道也，诚之者人之道也。
>
> Creativity is the way of *tian*（天之道）；creating is the proper way of becoming human（人之道）。

正如我们第一章提到的，基于这样一种语义推断的做法似乎是直接借自《孟子·离娄上》第12章的说法。如此一来，宇宙性共同创造性（cosmic co-creativity）的过程在《中庸》第25章中或许就得到了更为清晰和有力的阐发和描述。"诚"的意义从一种人类完整性的态度拓展到用来描述世界形成的过程。在这个过程中，作为共同创造者（co-creator），圣人发挥着关键的作用。由于所有的创造性都发生在关系性的脉络之中，"co-"这个限制前缀就可以抛开不计，"诚"在这里也就可以简单地翻译为"creativity"。

> 诚者自成也，而道自道也。诚者，物之终始，不诚无物。是故君子诚之为贵。诚者非自成己而已也，所以成物也。成己，仁也；成物，知也。性之德也，合外内之道也。故时措之宜也。
>
> Creativity (*cheng* 诚) is self-consummating (*zicheng* 自成)，and its way (*dao* 道) is self-directing (*zidao* 自道)。Creativity is a process (*wu* 物) taken from its beginning to its end，and without this creativity，there

are no events. It is thus that, for exemplary persons (*junzi* 君子), it is creativity that it is prized. But creativity is not simply the self – consummating of one's own person; it is what consummate events. Consummating oneself is authoritative conduct (*ren* 仁); consummating other events is wisdom (*zhi* 知). This is excellence (*de* 德) of one's natural tendencies (*xing* 性) and is the way of integrating what is more external and what is more internal. Thus, whenever one applies this excellence, it is fitting.

　　上面提到的"诚"的言说因素向我们提示：创造性涉及活生生的人类世界及其所在的各种自然、社会和文化脉络之间的一种动态的伙伴关系，那是通过在家庭和社群中的有效沟通所成就的一种圆满。正如我们在本书第二章曾经讨论过的，宇宙创造性受到圣人道德贡献的极大影响。

　　（参见"物"、"气"条）

二　道

　　"道"这个字出现在《中庸》各处。不但对于诠释《中庸》这一文本的思想，对于其他早期中国哲学的所有文献，"道"都具有核心的重要性。理解对于任何特定的哲学统系来说"道"的含义是什么，也就意味着对于那一种哲学具有一种至关重要的洞见。

　　就语源学而言，"道"这个字由两个因素构成。一个是"辵"，意思是"足"，其含义是"经过"、"走过"、"引导"。另一个是"首"，字面意思是包括头发和眼睛在内的"头"，也意味着"首先"。在"带头"这个意义上，"首"这个字有"领导"之意。"道"常常被作为"导"这个与其口语同源的字的同义语，意思是"带领"。因此，"道"这个字基本上是动词性的、过程性的以及动态的"带领"。"道"最早出现于《尚书》。在《尚书》的语脉中，"道"的意思是开渠并"引导"河流防止其冲决堤岸。

　　将"导"作为"道"的基本含义，从"引导"中出现几个衍生的意义，也就是很自然的了。这些衍生的含义包括："道路"、"方法"、"艺术"、"学说"、"解释"、"告诉"等。在其最为根本的层面上，"道"似乎表示一种"与世俱进"、"开辟道路"和"筑路"的工程。其言外之意则是建成并且可以旅行的道路。正是由于这种言外之意，通过 "the Way"
的翻译，"道" 常常有点成问题的被名词化了。

在 "仅仅在路上旅行" 以及 "开辟自己的旅程" 之间，我们必须做
出区分。实现 "道" 就是去经验、去诠释、去影响我们所在的世界，所
采取的方式是强化并拓展从我们的文化先驱那里继承而来的生活方式。
"道" 必然要求对那些来者呈现出真实，以能够被那些来者所信任的方式
生活在这个世界之中，在这种意义上，"道" 是 "真理"。正是由于这个
原因，我们通常将 "道" 翻译为 "the proper way"。

对孔子而言，在传统的早期，"道" 基本上即是 "人道"，也就是
"成为一个圆满而有权威的人的方法"（成人之道）。《中庸》多次提到
《论语》，将其作为经典的权威，也多次提到孔子本人，将其作为一个值
得效法的典范。通过这种方式，《中庸》阐明了这种儒家的成人之道。不
过，或许是受到道家的影响，肯定是受到孟子的影响，《中庸》强调圣人
对于其周遭世界的深远的转化效果。

通过创造性地参与转化和滋养世界的各种活动，诸如孔子那样的圣人
获得了一种真正的宇宙性的地位，成为天地完全的伙伴。界定繁荣社群的
那些既经修养了的道德的、审美的和宗教的感受性，受到自然环境韵律的
启发并有机地整合到自然环境的韵律之中。那些感受性具有一种升华灵性
的效果，那种升华灵性的效果给世界增添了意义和价值。

如同在许多经典文献中一样，在《中庸》一书中，对于 "天之道"
和 "人之道" 进行了区分。这两个范畴远不是将自身融化到那种排斥性
的 "自然／培养"（nature／nurture）的两分法之中，而是共生（symbiotic）
和彼此蕴涵的（mutually entailing），并且富有成果地聚合在 "君子之道"
之中并最终汇聚在 "圣人之道" 之中。这样一来，这种汇聚的工程就不
是将本来彼此独立的我们的生活经验的两个方面整合到一起，而是使他们
彼此关联和相互依赖的各种可能性达到最优化的状态。

（参见 "德"、"教"）

三　德

在早期的哲学文献中，"德" 具有一种强烈的宇宙论含义，意味着事
物持久的特性。正是由于这个原因，"德" 习惯的译法是 "virtue" 或

"power"，是将个体在其自身经验的场域内部定义为潜能的焦点。鉴于个体在存在的过程观念之中的这种内在相关性，"德"可以被描述为尚未完成的总体的任何特定的倾向。《道德经》的核心问题就是个体如何将其所在的场域最富有成效地加以聚焦。

最早的儒家文献意在将其关注限定在人类的经验。在人的经验之中，"德"的这一质的向度几乎意味着：如果当我们从自身作为一个特定社群的成员的个人生涯中最大限度地有所"实现"（"知"），那么，不论是"美德"（excellence）还是"成效"（efficacy），就都是作为我们真正能够的"所是"和"所为"（what we can truly be and do）。"德"的培养是通过完全参与到礼仪化的社群之中来寻求的。在一个礼仪化的社群中，一个人所成就的德行在构成其人格的各种角色和关系中使得该人成为其他人敬重的对象。

当在政治领域中来加以定位时，"德"描绘的是统治者和百姓之间最为恰当的关系。在这一脉络中，"德"具有广泛的意义范围，它反映境域相对于行为主体的优先性，既凸显"予"（giving），也凸显"取"（getting）。换言之，"德"既是从统治者推展到老百姓的"仁慈"（beneficence），同时也是老百姓回应统治者那种"慷慨"（largesse）的"感激之情"（gratitude）。

在承认一个有教养的君子所具有的意义创造（meaning-creating）和意义彰显（meaning-disclosing）的力量的同时，《中庸》强调君子之道超越于人类社群之外而充拓到了宇宙本身。作为"德"的典范，圣人在将人类经验与其环境之间的共生关系发挥到极致的时候，便具有了一种宇宙论的意义。正是在环境之中，人类与环境的关系被境遇化的。

（参见"道"、"圣人"）

四　和

"和"习惯被翻译为"harmony"。我们也沿用这种译法。"和"这个术语的语源是和烹饪有关的。它是一种将两种或两种以上的食品添加并混合在一起的一种艺术，为的是那些食品能够互相补充强化，同时又不丧失它们各自本来独特的风味。在早期中国的各种文献中，"和"的这种意义随处可见，就是用来说明那种优雅的和谐之意。如此理解的"和"所蕴涵的意思，既意味着特定构成要素彼此之间的有机完整性，同时也意味着其有机完整性进入一个更大整体的从容自在。这种"和"的联署（Signatory）是特定各个成分以及"和"的审美属性的持久。这种"和"是一种优雅的秩序，它来自于内在相关的各种细节之间的协作，为的是使每一个细节对于整个秩序的贡献都能得到润色。

在《论语》一书中，这种"和"的意思被奉为最高的文化成就。其中，"和"与"同"是完全不一样的两个概念。后者完全抹杀了每一个体对于其存在脉络的个性，前者则在由每一个体共同构成的有机整体脉络中同时肯定个体自身的意义。家庭的比喻在渗透于整个《论语》的文本，它是受到这样一种直觉的鼓舞，即：家庭是这样一种体制，在其中，通过礼义在不同境况下所主导的彼此之间的互动，所有家庭成员最为充分和毫无保留地将自己托付给这一团体的纽带。这种对于家庭的信托要求个体正直和真诚的充分表达，因此，它就构成一种脉络，在这种脉络之中，一个人能够最为有效地追求其个人的实现。

在《中庸》一书中，随着"中"和"庸"这两个概念的引入——所谓"中庸"即意味着在日用常行（"庸"）中切中伦常（"中"），这种儒家"和"的意义得到了进一步的说明。例如，在《中庸》第10章中当子路问孔子什么是"强"时，孔子区分了两种不同的"强"，即"宽柔以教，不报无道"的"南方之强"，以及"衽金革，死而不厌"的"北方之强"。正是使这两种不同的"强"达到"和"和"中"，所谓"和而不流"、"中立而不倚"，才界定了君子的品格并使之与小人区别开来。

（参见"中"、"中庸"）

五 教

"教"通常被翻译为"education"或"teaching"，其词源说明教育的过程直接在于家庭的内部。根据《说文》，"教"的意思是"先生施教，弟子是则"。由于由"孝"和"文"这两个部分构成，"教"本身也被解释为"上所施，下所效也"。

无论是"性"还是世界，"教"在其不断的创造性转化中，设定了《中庸》的主题。这一点，在《中庸》开篇的一章中讲得很明确：

天命之谓性，率性之谓道，修道之谓教。

What *tian* 天 1commands（*ming* 命）is called natural tendencies（*xing* 性）；drawing out these tendencies is called the proper way（*dao* 道）；improving upon this way is called education（*jiao* 教）.

正如在本书第二章中我们已经指出的，英文"education"的语源学的两个意思与《中庸》的讨论十分相关。来自于"educere"的第一个意思，意味着"引起"。来自于"educare"的第二个意思，意味着"培养"。教育的风俗、习惯和礼仪的方面，作为"educare"，倾向于修养（cultivation）和对于文化的适应（enculturation）。而"educere"的创造性和兴发性的意思，通过一个人修身模式的各种新颖的阐发——其本身就是自我创造的过程，则与该人内在的"性"的拓展彼此共鸣。

（参见"道"）

六　君子

我们将"君子"翻译为"exemplary person"。"君子"时常与"小人"相对。"小人"中"小"的字面意思是"small"，而"小人"在英文中意思是"petty and mean persons"。这种对照意味着：在一个人的个体人格中成为君子，是一个不断表达和成长的结果。和"仁"（authoritative person）一样，"君子"这个词是一个在最早的文献中与孔子本人密切相关而被重新界定的范畴。

在《说文》中，"君"与"尊"在发音上同韵，其含义首先意味"具有高位"，引申的含义则是"使荣耀"或""。在《说文》注释汇集的其他一些早期的来源中，"君"也由其同源字"群"来定义。"群"的意思是"聚合"。如此一来，就带来了这样一种含义，即"君子"是众人乐于趋向的人物。《说文》进而将"君"解释为一个"会意"字，将其两语源学的要素"尹"与"口"分别开来加以解释，前一个字意味着"管理、命令和调节"。因此，"君子"就是能够通过有效沟通带来社会政治秩序的这样一种人。正是由于"君子"的品行常常被社会性地描述为一种他人仿效的典范，我们才将"君子"翻译为"exemplary person"（典范人物）。

　　通常为人所注意到的是，在孔子之前的文献中，"君子"这一表述是"君"的一个变小了的形式，意思是"君"的"孩子"。其蕴涵着由于出生、血缘和等级的高贵性，并没有明确可见的意思来指那种品德的高贵性。正是由于孔子，"君子"这一政治范畴才拥有了并且被用来表达政治责任和个人道德增长之间的关系。这也就是说，一个人的修养必然包括了对于家庭和社会政治秩序两方面的积极参与。不仅仅是服务于他人，而且是作为一个场所，在那样一个场所中，导致一个人自身获得净化的同情与关怀得以表达。换言之，一个人不是首先成为一个君子，然后再进入到政治生活的领域，毋宁说，只有通过对于公共生活中出现的社会和政治义务的回应，一个人才能够成为君子。

　　在《中庸》一书中，君子扮演着一个极其重要的角色。事实上，君子正视那些能够做到"中庸"的人。也就是说，君子就是那些能够"切中日用伦常"的人。君子们通晓礼乐，其履行公共的功能不仅伴随着"善"，同时伴随着优雅、庄严和美丽。虽然君子们在家中仍然孝敬父母和尊长，但他们更是将"普天之下"作为其根源。在其各种角色和关系的行为中，君子们决然是得体的。尤有进者，君子们的行为不是被强制的，而是自然而然、自动自发以及富有创造性的。总之，君子们的生活和生命中具有一种很强的审美和伦理的向度。君子们是自身时空条件下的礼乐的新的作者，因此，君子们同时也是人道的令人尊敬的作者。

　　在《中庸》第 12 章中，君子之道被描述为"费而隐"，这种表面上看起来自相矛盾的说法令人想起《道德经》。君子之道"费"，意思是说，君子之道始于常人的日常生活，即使对于那些最为鲁钝的人来说，君子之道也是显而易见的，所谓"夫妇之愚，可以与知焉"。另一方面，君子之道又是"隐"的，意思是说，就其微妙与复杂而言，君子之道又是如此的高深，其极致即使圣人也不能测度，所谓"及其至也，虽圣人亦有所不知焉"。因此，《中庸》指出：

　　　　故君子语大，天下莫能载焉，语小，天下莫能破焉。

　　　　Thus, were exemplary persons to discourse on the profundity of their way, there is nothing in the empire that could take its weight; were they to discourse on its subtlety, there is nothing in the empire that could further refine it.

《中庸》第33章，也就是最后一部分，将其论述诉诸引自《诗经》的一系列段落，去解释在《中庸》开始部分看起来似乎自相矛盾的主张。开头部分的主张是这样的：

> 君子戒慎乎其所不睹，恐惧乎其所不闻。莫见乎隐，莫显乎微，
> …exemplary persons are so concerned about what is not seen, and so anxious about what is not heard. There is nothing more present than what is imminent, and nothing more manifest than what is inchoate.

通过再次诉诸关联性的一对一对的诗句，《诗经》将君子之道描述为既"近"且"远"，既"微"且"显"，既"敬"且"温"。正是在这个意义上，君子的典范，即"常"与"非常"之间的中道，预期并且蕴涵在个人修养的最高范畴——圣人的出现之中。

（参见"仁"、"圣人"）

七 礼

习惯上，"礼"一直被翻译为"ritual"、"rites"、"customs"、"etiquette"、"propriety"、"morals"、"rules of proper behavior"以及"worship"。如果放在恰当的语脉中，以上这些英文翻译的每一个单字，都能够表达"礼"某一种意思。但是，在古代汉语中，"礼"这个字在其使用的每一个场合，都同时带有所有那些英文单字的含义。这个合体字是一个会意字，意思是将牺牲呈献（"示"）给神坛上的最早的祖先这样一种祭祀行为，提示着这个字所蕴涵的深刻的宗教意义。在《说文》中，"礼"这个字按照同韵的方式被训为"履"，意思是"行路"以及"品行"、"行为"，也就是说，"如何殷荐神灵以求多福"。

我们选择将"礼"翻译为"ritual propriety"。和我们的其他翻译一样，这种选择也是经过深思熟虑的。在形式的方面，"礼"是那些注入了意义的（meaning-invested）角色、关系和制度，这些东西促进交流并加强一种社群感，所有形式性的品行都是"礼"，包括用餐方式、祝贺和告辞的模式、毕业典礼、婚礼、葬礼、尊敬的姿态、祖先祭祀，等等。"礼"是一种社会的语法，它为每一个社会成员在家庭、社群和政治活动

内部提供着一种确定了的场所和身份。作为意义的储藏器（repositories），"礼"是代代相传的生活方式，使得各个个体享有持久的价值，并使这些价值能够恰如其分地相关于他们自身的种种境遇。

在其非形式和个人化的方面，充分参与到一个礼仪构成的社群，需要将流行的各种习俗、制度和价值加以个人化。使"礼"深深的不同于法律和规范的东西，正是使传统成为一个人自己的东西这样一种过程。拉丁文的"*proprius*"，意思是"使某物成为一个人自己的"。这个字给了我们一系列的同源表达。在翻译一些关键的哲学术语以便掌握这种参与的意义时，这一系列的同源表达是很有帮助的。"义"不是"righteousness"，而是"appropriateness"，"a sense of what is fitting"。"正"也不是"rectification"或"correct conduct"，而是"proper conduct"。"政"不是"government"，而是"governing properly"。"礼"也不只是"what is appropriate"，而是"doing what is appropriate"。

和大部分儒家的事物一样，"礼"是始于家庭的。在将家庭界定为"礼"的起源时，《中庸》第 20 章讲得很清楚：

> 亲亲之杀，尊贤之等，礼所生也。
>
> The degree of devotion due different kin and the degree of esteem accorded those who are different in characters is what gives rise to ritual propriety.

如此理解的"礼"是在人类社群中累积的，它定义着当前的人群与其祖先之间的恰当的关系（《中庸》第 19 章），也定义着政治权威与受其统治者之间的恰当的关系（《中庸》第 20 章）。

或许，理解"礼"在孔子的世界中是什么意思的最大障碍，就是认为"礼"是我们自己的世界的一种熟知的向度，认为我们充分理解其蕴涵。在英文中，"礼"常常是贬义和带有轻蔑意味的，它意味着服从于空洞而无意义的社会习俗。但是，对儒家文献的细致解读，却揭示了一种生活方式。这种生活方式仔细设计到了恰当的各种面部表情和身体姿势。同时，对儒家文献的细致解读，还揭示了一个世界。在这个世界之中，生活是一种需要极大关注细节的表演。重要的是，这种由"礼"所构成的表演始于这样一种洞见：只有通过各种形式化了的角色和行为所提供的训练，个人的净化才是可能的。没有创造性的个体化，形式就是强制性（coercive）的和非人化的（dehumanizing）。没有形式的创造性的个体表达，其上焉者不过是随意，其下焉者必流于放肆。只有将形式与个体化恰当地结合起来，家庭和社群才能够得到自我调节和净化。

（参见"义"、"仁"）

八　命

"命"习惯上翻译为"to command, to order"（动词）或者"command, mandate"（名词）。就词源学而言，《说文》将这个字分为"令"和"口"两个部分，并将这个字的意思解释为"使"。在早期的文献中，关于"令"和"命"可以互换使用，有大量的例证。这一点表明，"命"所表达的根本的意思，就是"命令"（to command）、"使发生"（to cause to happen）。

"命"这个字的"口"的部分也是很有意义的，它将"命"与有效的沟通联系起来。在儒家的字汇中，许多核心的概念都与"口"字有关。例如，"知"、"君子"、"和"、"恕"、"信"、"诚"等。或许，最明显的是，"命"与"名"同音，有时也可以与"名"互换使用。因此，就"口"这一部分而言，"命"的基本含义就是"通过有效的沟通来实现"。

有时，"命"是指那些特定的条件。那些条件规定着世间诸如一个人的寿命、社会经济地位、身体健康状况，等等，不仅是一个人一生中的"命运"，也指一个人的生命本身。至少早在周朝，就其政治上的使用来说，"天命"这个概念的出现，是作为统治者执政的条件。

重要的是，在早期的文献中，"天"的这种"命"既不是武断的，也不是单向的。它更多地被描述为与统治权威的特定品格密切相关，依后者的具体情况而定，是对后者的一种回应。这样就使得我们在一种交互性的意义上来理解"天命"："天"对"君主"授予其不断的支持，而"君主"施行"天"对他的信任。在这个意义上，"天"和"君主"都是发"令"者。

当然，《中庸》最为重要的贡献之一，就是对于"诚"的阐发。《中庸》讲得很清楚，真正的"创造性"（诚）使自然而然的更新的出现成为必然。这样一来，"创造"就不能够被化约为某种决定机制的预先存在的原因的推演。这显然符合对于"命"的一种更为决定论的诠释。

（参见"诚"、"天"）

九 气

"气"这个字有各种不同的翻译，如"hylozoistic vapors"、"psychophysical stuff"、"vital energizing field"等。"气"最初出现于商代的甲骨和周代青铜器的铭文上时，其写法是平行的三横，很像现代中文中的"三"字，只不过这三横通常较短且有起伏。《说文》将"气"解释为象形字，代表生起的雾气，也将其定义为"云气"。它描绘了云气的升降的多种层次。

虽然阴阳五行宇宙论的系统化直到汉代才形成，世界及其现象源于并回归于被称为"气"的生命能量这样一种观念，却在公元前 4 世纪晚期和公元前 3 世纪早期已经广泛流行。无论在《中庸》、《道德经》还是《孟子》以及其他一些早期的文献中，都可以证明这一点。

"气"必须与"basic matter"和"animating vapors"区分开来。其原因在于："气"不会落于任何形式的精神—物质的两分（spiritual—material dichotomy）。"气"既是生命能量，又是被赋予生命能量的东西。不存在缺乏生气的东西，只有生命能量的场域及其焦点式的体现。转化的能力居于世界自身的内部，其表现正如《庄子》所谓的"物化"。正是这种有关宇宙变化过程的焦点——场域式的理解，隐含在《庄子》之中，被假定为一种常识。

（参见"诚"、"物"）

十 情

"情"常常被翻译为"emotions"、"passions"，有时也翻译为"feelings"。"情"往往出现在与"性"相连的那些哲学文献中。《说文》将"情"解释为"欲"（desire）。虽然"情"这个字并没有明确地出现于《中庸》之中，但是，在《中庸》第 1 章中关于"喜怒哀乐"的讨论中，"情"却隐含于其中。正如早期子思子文献中用来界定"情"字的情形一样。由于情感定义着一个人的互动的品质，在早期儒家关于人的概念中，这种情感的恰当表达就绝对是一种重要的因素。

未经调节的经验本身居于情感的交互之中，当归结为语言的认知结构时，这种情感的交互就变成有选择性的和抽象的。在这个意义上，"情"就是"情实"（what something really is）。正是针对情感经验的具体性，怀特海指出，"母亲可以在心里考虑许多语言所不能表达的东西"。在《中庸》中，"情"之所以重要，是由于其戏剧性的角色，所谓戏剧性的角色，意思是说：恰当聚焦的人类情感被假定为是基于宇宙秩序而具有的。正如《中庸》第 1 章讨论情感时所做出的结论："致中和，天地位焉，万物育焉。"

需要再次指出，在理解创造性本身的极端境遇化和视角化的性质的过程中，"情"是非常重要的。由于人们是由其各种关系所构成的，并且，由于这些关系是在其经验场域被聚焦的过程中得以稳定的，人与人之间创造性的互动才为对方以及周围的环境彰显其各自的情感。正是由于这个原因，我们提示，"诚"的"真诚"（sincerity）的向度发挥着很多"情"在《中庸》中的作用。

（参见"性"、"诚"）

十一　仁

"仁"是一个很简单的字。根据《说文》，"仁"是由"人"和"二"组成的。这种词源学上的分析强调这样一种儒家的假定：一个人自己不能够真正成为一个人。从有生以来，我们就无可化约的具有社会性。

大多数情况下，"仁"通常被翻译为"humanity"，偶尔也翻译成"humanheartedness"。对于将"仁"翻译为英文来说，虽然"benevolence"和"humanity"可能是更为让人感到舒服的两种选择，但是，我们却决定使用不那么优雅的"authoritative person"或"authoritative conduct"来翻译"仁"。首先，在古代中国过程性的世界中，人及其品行之间的区分是有待商榷的。并且，我们必须担忧的是，在将那些实际上最终是一个事件的东西具体化时，我们将物质性的人优先于其变化着的行为模式。

"仁"是孔子所使用的最重要的一个术语。在《论语》中，"仁"字的出现超过一百次。在孔子看来，"仁"人既是自我实现的典范，也是有效行为的模范，这种看法是理解整个儒家哲学大厦的基础。在我们对

《中庸》的解读中，我们从理解"仁"和"君子"这些术语在《论语》中的意思开始，这一点很重要，因为在《中庸》编辑的时候，这些术语已经成为儒家的核心词汇。于是，《中庸》的策略则是进一步扩展这些术语的含义。在早期儒家的文献如《论语》中，这两个术语重在强调个体和公共的修养。在《中庸》这里，则重在强调作为这种修养最终成果的圣人能够拥有整个世界。

"仁"是一个完整的人，包括一个人认知的、审美的、道德的以及宗教的感受性，这些感受性表现在一个人的礼仪化的各种角色和关系的生活实践中。这正是《中庸》第20章所谓："仁者，人也，亲亲为大。"因此，"仁"被理解为一个人的"自我的场域"（field of selves），一个将一个人建构为一个社会的人的各种富有意义的关系的汇集。"仁"同时具有身心两方面的含义。它是一个人的言行举止。因此，将"仁"翻译为"benevolence"，是将在一个并没有从心理学方面界定人的传统中的人的观念心理学化了。这样一种翻译忽视了"成人"的复杂性，仅仅将其中的某一方面抽离出来而忽略了其他的方面，因而也就将"仁"的内涵变得贫乏了。

最后我们要强调的是，"仁"提示着一种作为人类所共有的和本质性的条件。但是，"仁"却不是某种天赋的潜质。毋宁说，它是特定的人在具体的自然、社会和文化环境下所能够独特地成就者。"仁"并不容易获致。它不是某种"给定的东西"（given），而是一项长久的需要努力的计划。它是一种独特的成就，是一种需要来"做"的东西。人类不是我们所"是"者（what we are），而是我们所"做"和所"成"者（what we do and what we become）。或许，在英文中，"human becoming"比"human beings"更能够抓住"作为人意味着什么"的含义。

（参见"礼"、"义"）

十二　善

"善"字通常译为"good"，它由两个部分构成。在上面的"羊"这个偏旁部首与"牺牲"（sacrifice）有关。在其他一些类似构成的字如"义（義）"和"美"中，"羊"则意味着"吉利"（auspiciousness）。在下面的部分是"口"，根据《说文》，这个字的古体最初是两个"言"部首。正如其他许多包括"口"和"言"这两个部首的古代中国哲学术语一样，看起来作为"吉利"的"善"是有效沟通的结果。

尽管"善"常常译为"good"，但是，这种理解却有不利之处，即将关系性的东西本质化了。"善"在根本上是情境性的。它首先是"felicity"（恰当）或"efficacy"（效力）。它是"good to"、"good for"、"good with"、"good in"或"good at"。在翻译中，我们将其翻译为"felicity"或"efficacy"，是要努力保持"善"的这种关系性的意义。正如"义"一样，"善"的这种理解说明了古典儒学的审美属性。在古典儒学中，善的获得是在繁荣社群的富有成果的各种关系之中。人或者社群的品格或精神气质是一种不断的审美成就。

（参见"义"）

十三　圣

"圣人"（the sage）是《中庸》所尊奉的自我圆成（self—consummation）的过程的最高体现，"圣"（sagacity）则是圣人的首要的品质。作为一种品行的典范，"圣"是宇宙创造性的根本表达，那种宇宙创造性则是《中庸》的一个核心主题。

《中庸》第31章将"至圣"（the utmost sagacity）提升到可以和天相配（"配天"）的高度。所谓：

> 唯天下至圣，为能聪明睿知，足以有临也。宽裕温柔，足以有容也。发强刚毅，足以有执也。齐庄中正，足以有敬也。文理密察，足以有别也。溥博渊泉，而时出之。溥博如天，渊泉如渊。见而民莫不敬，言而民莫不信，行而民莫不说。
>
> 是以声名洋溢乎中国，施及蛮貊。舟车所至，人力所通，天之所覆，地之所载，日月所照，霜露所队，凡有血气者，莫不尊亲。故曰配天。

Only those of utmost sagacity (*zhisheng* 至圣) in the world: have the perspicacity and quickness of mind needed to oversee the empire; have the tolerance and flexibility needed to win them the forbearance of others; have the energy and fortitude needed to maintan their grasp; have the poise and impeccability needed to command respect; have the culture and discernment needed to be discriminating. So broad, expansive, and profoundly deep, in a timely way they express these virtues. So broad and expansive like the heavens themselves; so profoundly deep like a bottomless abyss: They appear and all defer to them; they speak and all have confidence in what they say; they act and all find pleasure in what they do.

It is for this reason that their fame spreads out over the Central states, extending to the Man and Mo barbarians in the south and north. Everywhere that boats and carriages ply, everywhere that human strength penetrates, everywhere that is sheltered by the heavens and is borne up by the earth, everywhere that is illumined by the sun and moon, everyahere that the frosts and dew settle——all creatures that have breath and blood revere and love them. Thus it is said that they are the complement of *tian* 天.

"圣"和"诚"几乎是同义的。"诚"或许是"圣"字最为准确的理解。它是一种即使在其与"天"的互动中也行之有效的品行的典范。因此，正是作为"天成"的"圣人"，最能够符合"天"的表面上的无情。

"圣"是"溥博渊泉"，因此，它是最为广阔的文化蕴涵的最强的焦点。进而言之，通过"时出"的方式来表达其德行，"圣"就始终能够构成那些无所不包的各种场域的焦点。

十四 圣人

"圣人"和"君子"所同者，就是二者都蕴涵着有效的沟通。对于古典儒学来说，繁荣的社群（flourishing community）就是一个沟通的社群（communicative community）。正如以上指出的，"君子"就是通过有效的沟通（"口"）来指导（"尹"）社群的人。而"圣人"则更是有效沟通的大师。"圣（聖）"这个字意味着"圣人""听"（"耳"）值得听的东西，进而在此基础上与他人交流或提出（"呈"）他们有关将会发生什么的看法。"圣人"的成功在于将人们的心愿和力量集合在一起，以便实现大家共同的计划，这种共同的计划提升净化着人之所以为人的东西。通过这一点，"圣人"的有效性得以衡量。作为大师，"圣人"吟唱着令世界陶醉

的歌曲。《论语》第16篇《季氏》第8章有云："君子有三畏：畏天命，
畏大人，畏圣人之言。"如果说"君子"敬畏"圣人"之言的话，那么，
"圣人"则处在比"君子"更高的层次。

在提升人类经验的过程中，有效沟通和交流的关键是孔子有关"正
名"的学说。这一学说断言，赋予事物恰当的名称（"名"），就会使
（"命"）一个恰当的世界得以形成。

《论语》中经常提到"圣人"，从中，我们可以学到很多东西。在
《述而》第34章中，孔子不敢以"圣人"自居。所谓："若圣与仁，则吾
岂敢。"在《述而》第26章中，孔子也感叹他从未遇到过"圣人"。所
谓："圣人，吾不得而见之矣。"诚然，根据《中庸》第29章，"圣人"
是百代才一遇的。所谓"百世以俟圣人"。不过，"圣人"的典范却是在
那里的。

孟子曾经用孔子来定义"圣人"意味着什么。在《论语》中，最谦
虚的孔子曾经对子贡将他与"圣人"相提并论表示不敢。子贡称孔子为
"天纵之圣"且"多能"，孔子则谦称自己只有"多能"，所谓："吾少也
贱，故多能鄙事。君子多乎哉？不多也。"将孔子的地位提高到"圣人"
的地步，并不是只有这一处明确的表示。《论语》最后五篇有很多诸如此
类的记载。其中，孔子被视为具有神圣的地位。譬如，《论语》第19篇
《子张》第24章是这样一段记载：

> 叔孙武叔毁仲尼，子贡曰："无以为也。仲尼不可毁也。他人之
> 贤者，丘陵也，犹可逾也。仲尼，日月也，无得而逾焉。人虽欲自
> 绝，其何伤于日月乎？多见其不知量也。"
> Shusun Wushu spoke disparagingly of Confucius. Zigong responded,
> "Do not do this! Confucius cannot be disparaged. The superior character of
> other people is like a mound or a hill, which can still be scaled, but Con-
> fucius is the sun and moon, which none can climb beyond. When people
> cut themselves off from the sun and moon, what danage would this do to the
> sun and moon? It would only demonstrate that such people do not know
> their own limits. "

在《论语》诸如此类的记载中，这段话很有代表性，它称颂一般意

义上的"圣人"和特定意义上的圣人孔子的宇宙形象（cosmic stature）。在《中庸》第 30 章中，也正是孔子被挑选出来并称颂为对于宇宙的意义作出了持续不断的人的贡献。所谓：

> 仲尼祖述尧舜，宪章文武，上律天时，下袭水土。辟如天地之无不持载，无不覆帱；辟如四时之错行，如日月之代明。
>
> Zhongni（Confucius）revered Yao and Shun as his ancestors and carried on their ways；he emulated and made illustrious the ways of Kings Wen and Wu. He modeled himself above on the rhythm of the turning seasons，and below he was attuned to the patterns of water and earth. He is comparable to the heavens and the earth，sheltering and supporting everything that is. He is comparable to the progress of the four seasons，and the alternating brightnesses of the sun and moon.

除了拥有"君子"所有的品质之外，"圣人"会在历史的意义上去看、去感受习俗、礼仪和传统，将其视为当前人类社群以及过去和将来的各种人类社群的聚焦与整合。"圣人"的这种"看"和"感受"可以被描述为一种觉悟，这种觉悟给予人以能力去超越我们所居于其中的特定的时空，产生一种连续性，这种连续性不仅仅是与其同时代人之间的，也是与其先人和后继者之间的。

用来描述"圣人"的比喻是宇宙性和神圣的。在这种罕见的人格之中发现其聚焦的文化，将人类经验提升到深刻的审美和宗教净化的高度，使得人类成为天地的有价值的同伴。"圣人"的典范跨越时代与地理的疆界，成为稳定和护持人类世界的一种手段，同时也成为一种文化滋养和灵感的持久的源泉。

（参见"君子"）

十五　天

"天"是一个我们不打算翻译的术语。作为其惯常的英文翻译，"Heaven"只是变幻出了我们犹太—基督教传统的令人误解的联想而已。那些神学的联想多半与中国的经验无关，却常常给中国文化的各种实践附加书写了一些与其自身相异的预设（presuppositions）。无论如何，如果我们能够发展一种对于"天"的理解的话，我们必须将这个术语从那些不幸的联想中解救出来。

首先，"天"常常被用作"天地"的简称，这一点说明，"天"与这个世界不是彼此独立的。"天"指示着我们周遭运行着的世界，它无穷无尽、不断进展、始终处在更新之中。正如《中庸》第 26 章所描述的：

> 天地之道，可一言而尽也："其为物不二，则其生物不测。"
>
> 天地之道，博也，厚也，高也，明也，悠也，久也。
>
> The way of heaven and earth can be captured in one phrase: Since events are never duplicated, their production is unfathomable.
>
> The way of heaven and earth is broad, is thick, is high, is brilliant, is far – reaching, is enduring.

《圣经》中的"God"（上帝），通常转喻为"Heaven"。"God"或"Heaven"创造了（created）世界。但是，古代中国的"天"，却不是世界的创造者，而就是（is）世界。"天"既是我们的世界之所是（what our world is），同时又是我们的世界之如何是（how our world is）。万事万物不是独立于其所制序（ordering）之外的一个"天"的受造物（creatures）。"天"既是"一"也是"多"。它既是各种过程和事件从中产生的单一的根源，又是由这些过程和事物构成的多种价值的场域（multivalent field）。

在此基础上，"天"可以被描述为由各个特定个体的各种倾向协调而出的必然发生的秩序（emergent order）。此外，"天"不只是自然世界，独立于人工。毋宁说，"天"是活生生的、累积性的人工产物。既包括自然，也包括人对它的养育。那种养育不但与人类经验不可分离，同时也在相当程度上恰恰是人类经验的表达。它是在一个特定的人类社群内部得以创造和传播的。

"天"常常是被人化的，这一点提示着它与一种独特的中国的神话即历史观（euhemerization）的密切关系。这种神话即历史观是基于祖先崇拜的。或许正是这种基于祖先崇拜的共同基础，说明了具有文化复杂性的商代的"帝"观念与周人"天"观念的合并。大约在公元前的第一个千年周人的部落征服了黄河流域。有很多很好的理由假定，对于中国"神灵"大体上都是已逝的祖先这样一种主张来说，"天"也并非例外。在缺乏某种超越的创造者（transcendent creator）的情况下，"天"可以被认为是代表着一种累积和持续的文化遗产，这种文化遗产由那些先人的神灵所聚焦。

"天"不说话，但是，通过人制的甲骨、气候的紊乱以及使人类世界境域化的自然条件的改变等，它却能够有效地与人进行沟通和交流。"天"参与着为人类社群中最为贤德的人们所共享的话语。鉴于界定儒学世界的各种秩序的关联性和相互依赖性，影响一件事物的东西同时也影响着所有的事物。有这样一种假定：人类世界的秩序的失败也会在自然世界中得到反映。

（参见"命"、"性"）

十六　物

"物"常常译为"things"。我们也遵从这种翻译，但是却有一个重要的附加条件。在《中庸》的宇宙论中，过程优于实体，连续性优于离散性。因此，"物"应该更恰当地被理解为不是静态的事物，而是动态的过程以及在"事件"（events）意义上这些过程的暂时的停顿。所以，我们必须将"物"理解为既是过程又是事件。

正是不断流动的过程进入特定事件这样一种停顿，使得世界得以确定和可以理解。"万物"的表达是指，当所有特定的过程和/或事件交互性地构成这个世界时，这些过程和/或事件的无法汇总的总体。庄子"物化"（transforming of processes and events）的表述提示着，当一个"事物"转化为另一个时，各种过程的所有形式之间的相互性和彼此渗透。

（参见"气"、"诚"）

十七　孝

"孝"直接的意思就是"filial piety"或"filial responsiblity"。鉴于家庭在儒学中的核心地位，恰当的亲情是一种"道"所由而"生"的"本"。正如《论语》第1篇〈述而〉第2章所谓："其为人也孝悌而好犯上者，鲜矣。不好犯上而好作乱者，未之有也。君子务本，本立而道生。孝悌也者，其为仁之本与？"在推动作为一种普遍的秩序典范的家庭的过程中，儒学的世界观并不接受这样一种看法：等级的社会制度必然是有害的，或者说，朴素的平均主义就应当是一种无虚批判的价值，意识到这一点很重要。因为当这样说时，很容易妨碍我们对于"孝"的理解，而这种妨碍来自于将"孝"简单地等同于服从。在家庭中的真正的"孝"，就像在朝廷中真正的"忠"一样，所需要的与其说是自动的顺服，不如说是劝谏。不过，这种质疑权威的责任是有其限制的，它不能成为将自己的意见强加于长者的一种担保。

在《中庸》第 19 章中，对于"孝"的界定很清楚，所谓：

> 夫孝者，善继人之志，善述人之事者也。
>
> Filial piety means being good at continuing the purposes of one's pre-decessors and at maintaining their ways.

在《中庸》第 15 至第 19 章中，一连串的历史人物和文化英雄对于这一段文字中关于教育的转化性力量的强调，都利用"教"与"孝"之间的同源关系。的确，正如家庭在儒学中是一种普遍性的隐喻，"孝"是儒学的核心。

（参见"教"）

十八　心

"心"这个字是心脏主动脉的象形字，它与"heart"及其所表示的情感的含义直接相关。我们翻译为"emotions"或"feelings"的"情"这个字，是这个"心"和音旁"青"这个字的复合。这一事实证明了以上的理解。事实上，有许多包含"情"的意义的中国字中都有"心"这个部首。

"心"常常译为"mind"。有许多指涉"思维"不同程态（modalities）的中国字中也都包含"心"的部首。的确，除非"心"既包含"思考"（thinks）的理智的向度，又包含"感受"（feels）的情感的向度，在英文中，许多中国古代文献中的文字是没有意义的。

　　当然，关键在于，在古代中国的世界观中，认知上的"心"（mind）不能与情感意义上的"心"（heart）相脱离。为了避免这种两分，我们宁可不那么优雅地将"心"翻译为"heart‑and‑mind"，意在提醒读者没有脱离情感的理性思考，也没有任何缺乏认知内容的原始情感。

　　在古代中国的世界观中，过程与变化优先于实体和持久。因此，经常可以看到的是，就人体而言，生理学（physiology）优先于解剖学（anatomy）。在这种情况下，或许可以很好地论证，"心"意味着"思与感"（thinking and feeling），并且，在引申的意义上和隐喻的意义上，通过"心"，"思"与"感"这两种经验得以联系起来。

　　（参见"情"）

十九　性

　　"性"或者更具体地说"人性"，习惯上被翻译为"human nature"。正如"天"被译为"Heaven"一样，通过将其与这种译法所带有的通常的一些假定分离开来，我们可以了解到许多东西。在英文中，"human nature"的含义所附加的东西并不比"Heaven"要少。尤其是就"人性"而言，如果我们无法明确我们并不是在将有关"human nature"的一种本质主义的理解附加到"人性"之上，那么，很可能我们的许多读者就会心照不宣地对这种理解不予理会。

　　一种固定不变的"human nature"的观念没有为创造性的社会理解力（social intelligence）留下空间，而在对古典儒学的仔细解读中，我们却能够发现那种创造性的社会理解力。将"性"理解为一种自发的过程，通过成长和拓展的各种变化着的模式，这种自发的过程不断得以改变，这样的理解要更好。这种理解将人性在一种过程或事件的宇宙论（process or event cosmology）中加以定位，而较之任何本质主义的解读，那种过程或事件的宇宙论与古典儒学都更为相干。

　　鉴于这种对"性"的过程性的理解，在一种始终是决定了的方式中，"人性"、"天"和"命"之间的关系一定是无法理解的。作为"性"的根源，"天"不能被理解为一种排斥性的自我决定（precluding self‑determination）。正如我们对"阴"和"阳"的理解一样，如果我们将"天"和"仁"理解为一种关联性的功能，这种功能表达了过程与事件的变化着的各种模式，这样的理解会更好。

在其各自的条目中，我们已经讨论了"天"和"命"的关联性。这种关联性是由古典儒学焦点—场域的定义性的特征所提示的，那种特征就是"天人合一"（the continuity of tian and the human experience）。虽然具有天赋，但如果"人"赋予"天"以内容的话，那么，至少在某种程度上（当然在圣人和君子这样的典范中），在与"做人意味着什么"进行不断协调的过程中，人就扮演着一个重要的角色。

（参见"命"、"情"、"天"）

二十　义

在字源学的意义上，"义（義）"是一幅暗示性的图画，一只"羊"在第一人称"我"之上。这个字的起源不明。不过，可以得到说明的是，在一个认为人具有不可化约的社会性的传统中，并没有显示英文中单数的"我"（I）和复数的"我们"（we）之间的那种区别。"我"和社会的脉络（social context）是反射性和彼此蕴涵的。

《说文》可以证明，在其许多早期的表象中，"我"的形象是一个"人"持"戈"而力。"羊"是在大的公共集会上被定期用来进行祭祀的，如果我们记得这一点，那么，我们就可以将"义"解释为一个人在准备杀羊以为礼仪活动之用时所采取的姿势。

这种恭敬的姿势不仅使一个人成为社群的神圣代表，同时也使得祭祀的动物变得净化和具有恰当的神圣性。如果的确如此，那么，"义"就不能为翻译为"righteous"或"moral"。对"义"而言，"appropriate"或"fitting"或许是更为贴近的英文对应物。这里，我们就是用"appropriate"或"fitting"来翻译"义"的。

于是，"义"是一个人关于恰当、得体的感觉，这种感觉使一个人能够在具体的境况下以一种恰当和得体的方式去行为。当其居于一个人的品行之中时，"义"是对一种意义的肯定。事实上，在《中庸》第 20 章中，恰恰以同音字互训的方式对"义"的这种含义进行了界定：

> 义者，宜也，尊贤为大。
> Appropriateness（yi 义）means doing what is fitting（yi 宜），wherein

esteeming those of superior character is most important.

通过扩展，它还具有一种礼仪形式下的累积性的传统所赋予的意义。这种意义可以通过一个人的礼仪活动以及社会角色的履行来获得。正是因为"义"意味着恰当、得体，才使得一个相互信赖的社群中的各种关系富有意义。正如《论语》第1篇《学而》第13章所谓："信近于义。"（参见"仁"、"礼"）

二十一 智

无论是否有下面的"曰"这个部首，"智"（或"知"）通常都译为"knowledge"、"wisdom"或"to know"。不过，我们常常将"智"翻译为"to realize"。在英文中，"to realize"具有和"to know"、"knowledge"同样强度的认识论意义上的内涵。你可以说你"相信"你所喜欢的任何东西，但是，在最为真实的意义上，你只能说"know"或"realize"某种东西。此外，"realize"强调"智"的实行性的意义（performative meaning），即需要去创造一种境况并"使之成为真实"（make it real）。进而言之，将"智"翻译为"realize"，我们认为我们恰当地注意到了通常被描述为"知行合一"这一儒家的格言。古代汉语"知"中这种实践的蕴涵排除了我们所熟悉的那种在英文中可以发现的知识（knowledge）和智慧（wisdom）之间的区分。

当"智"名义上作为"wisdom"或"the wise"出现时，《中庸》继续着那种在《论语》中被大量运用的语义学的思想关联（semantic association）。在儒家的文献中，"智"反复与"仁"相并列，这一点排除了任何事实与价值的区分（fact/value distinction）。认识一个世界并在其中保持明智，也就是以与"那种"相对的"这种"方式来托付这个世界。因此，认知具有非常真实的规范性的含义（normative implication）。在界定这种创造性的过程时，《中庸》第5章的观察是这样的：

> 诚者非成己而已也，所以成物也。成己，仁也；成物，知也。
> But creativity is not simply the self-consummating of one's own person; it is what consummates events. Consummating oneself is authoritative conduct (*ren* 仁); consummating other events is wisdom (*zhi* 知).

这一段话让我们想起《论语》第 6 篇《雍也》第 23 章，其中，"知"和"仁"也被作为世界形成过程中（world—making）的共生的成就（symbiotic achievements）。《论语》中的这段话是这样的：

子曰："知者乐水，仁者乐山；知者动，仁者静；知者乐，仁者寿。"
The Master said, "The wise (*zhi* 知) enjoy water; those authoritative in their conduct (*ren* 仁) enjoy mountains. The wise are active; the authoritative are still. The wise find enjoyment; the authoritative are long—enduring. "

"智"始终蕴涵着恰如其分和恰到好处（appropriateness to context）。因此，一个人在实现自我的过程中，同时也就是在实现其境况。
（参见"圣人"）

二十二　中

在《中庸》中，"中"字频繁出现，一直被译为"focus"和"equilibrium"。譬如，在《中庸》第 1 章中，便解释了"和"的不断协调与"中"所提供的这种和谐的稳定之间的关系。所谓：

喜怒哀乐之未发谓之中，发而皆中节谓之和。中也者，天下之大本也；和也者，天下之达道也。致中和，天地位焉，万物育焉。
The moment at which joy and anger, grief and pleasure, have yet to a-rise is called a nascent equilibrium (*zhong* 中); once the emotions have arisen, that they are all brought into proper focus (*zhong* 中) is called harmony (*he* 和). This notion of equilibrium and focus (*zhong* 中) is the great root of the world; harmony then is the advancing of the proper way (*dadao* 达道) in the world. ① When equilibrium and focus are sustained

----

① 卡尔格伦（Bernhard Karlgren）将"达道"中的"达"定义为"突破"（就像谷物破土而出）。参见其《新编中国文法》（*Gramata Serica Recensa*. Stockholm：The Museum of Far Eastern Antiquities, 1957），第 29 页。这是我们想到《论语》中的这段话："人能弘道，非道弘人。"（It is the person who is able to broaden the way, not the way that broadens the person） and harmony is fully realized, the heavens and earth maintain their proper places and all things flourish in the world.

在使世界成为富有意义的"中"的过程中,有人的参与;在保持这种"中"的过程中,有人的贡献,正是由于这一点,才使得人成为塑造自然、社会以及文化环境的其他各种力量的伙伴。由于"聚焦"("中")和"平衡"("中")的状态排除了强制,对于将在构成任何特定环境的关系的模式中的各种创造性的可能性加以最大化来说,"中"就是一个至关重要的条件。并且,作为一种决定性的因素,真正的更新(novelty)在潜在的意义上是去稳定化的(destabilizing)。因此,创造性本身的质量有赖于圣人最佳效果地安顿世界和谐并根据变化的环境来随时调整它的能力。《中庸》第20章用如下的术语解释了这种创造性:

> 诚者,天之道也;诚之者,人之道也。诚者不勉而中,不思而得,从容中道圣人也。诚之者,择善而固执之者也。
>
> Creativity (*cheng* 诚) is the way of *tian* (天之道); creating is the proper way of becoming human (人之道).[1] Creativity is achieving equilibrium and focus (*zhong* 中) without coercion; it is succeeding without reflection. Freely and easily traveling the center of the way——this is the sage (*shengren* 圣人). Creating is selecting what is efficacious (*shan* 善) and holding on to it firmly.
>
> (参见"中庸")

二十三 中庸

"中庸"这一表述意味着,获得和谐与平衡的关键在于"庸"。"庸"即"日用伦常"之意。使人类经验礼仪化,使那些普通的、例行的、具体的、当下的东西变得富有魅力,这一工作要求一种不懈的关注,去富有成果地训练和运用那些在我们日常经验中涌现的自发的新生事物。将人类

---

① 《孟子》第4篇《离娄上》中,有"思诚者,人之道也"(neflecting on creativity is the proper way to becoming human)的话。

经验礼仪化既要求一种对于持久生活形式的欣赏，更要求我们想象力的充分运用，为了我们自己的时空去创造它。

（参见"中"、"礼"、"和"）

第四章 《中庸》的英文新译^①

第 1 章

天^②命之谓性,^③ 率^④性之谓道,^⑤

---

① 关于"中庸",以往有各种不同的译法。理雅格(James Legge)译为"The Doctrine of the Mean",E. R Hughes 译为"The Mean – in – Action",辜鸿铭译为"Central Harmony",Ezra Pound 译为"The Unwobbling Pivot",杜维明译为"Centrality and Commonality"。汉代《论语》的注解者郑玄将"庸"解释为"用"。朱熹则将"庸"解释为"常"。我们的翻译结合了郑玄、朱熹和杜维明的精神。"focusing"("中")即指郑玄的"用",而所"中"者,我们则根据朱熹的提示,用"familiar"("常")来表示。

② 正如我们在第二章指出的,当代学者庞朴将"天"解释为影响人类发展的"社会力"(《中国社会科学》1998 年第 5 期,第 88—95 页)。尽管强调敬祖中人的内容,他却将这些影响视为超出任何特定的人的控制。在这里,庞朴的解读和杜维明的更为人所熟知的说法是一致的。杜维明认为,这一章肯定了"古代中国人将天作为人事的终极仲裁者这样一种信念"(杜维明:《论中庸:儒家宗教性研究》,第 9 页)。王安国(Jeffrey Riegel)则对"性"予以形而上学的诠释,将人性理解为一种既定的人性。他说:"由于人性是给定的,是由天给定的,那么,人就有对于天的义务去修养它。"(参见王安国《〈礼记〉中子思四章的分析与翻译》(*The Four "Tzu Ssu' Chapters of the Li Chi*: An Analysis and Translation of the Fang Chi, Chung Yung, Piao Chi and Tsu I." Ph. D. dissertation, Stanford University, 1978),第 208 页,注 3。在庞朴对"天"的解读中,显然存在一定的紧张。

③ 在《孟子》第 7 篇第 22 章,同时使用了"命"和"性"。孟子在二者之间做出了重要的区分。对孟子来说,"命"包括人类那些更为动物性的条件,而"性"则意味着人类那些经过修养了的道德、审美、宗教和认知方面的成就,这些成就合在一起,使得人成其为人而有别于动物。鉴于"命"是反映人类世界和周遭环境之间关系的一个概念,它经常被重新加以协调。

④ 在词源学上,"率"和"帅"是同一个字。"帅"既意味着"领导",也意味着"服从"。因此,"率"也具有"领导"和"服从"两层意思。"率"更多地强调处境而非行为主体。

⑤ 在《淮南子》中,有一段类似的话,也许是故意模仿《中庸》这段文本。这段话使用类似的语汇,但含义却显然是反儒家的。这段话是这样的:"率性而行谓之道,得其天性谓之德。性失然后贵仁,道失然后贵义。是故仁义立而道德迁矣。礼乐饰则纯朴散矣。"(Drawing out these natural tendencies and putting them into practice is called the proper way; realizing one's natural tendencies is called excellence. Authoritative conduct is exalted only when we have lost these natural tendencies; appropriateness is exalted only when we have lost our proper way. For this reason, authoritative (转下页)

修^①道之谓教。^②道也者，不可须臾离也，可离非道也。^③是故君子戒慎乎其所不睹，恐惧乎其所不闻。莫见乎隐，莫显乎微，^④故君子慎其独也。^⑤

（接上页）conduct and appropriateness having a place means that the proper way and excellence have been dislodged. If ritual propriety and the playing of music adorn our lives, then our pure simplicity has been compromised.）

　　① 除了"修养"之外，"修"的意思还有"改善、装饰、整理、修理、致力于"。当它指"修养"时，其含义是人类的文化活动，而不是促进已经预先决定了的某种东西的成长。汉朝的经学家郑玄将"修"解释"治而广之，人放效之"，也许是表达《论语》第 15 篇第 29 章中"人能弘道"的意思。重要的是，郑玄的注释所提示的意义，与其说只是"重修一条既存的道路"，不如说是"开辟一条新的道路"。

　　② 正如庞朴（《孔孟之间——郭店楚简的思想史地位》，《中国社会科学》1998 年第 5 期，第 95 页）指出的，在人性实现的过程中，关键的决定因素是教育。在教育的基础之上，人们才能发挥控制作用；对于教育，人们负有责任。在《论语》第 20 篇第 3 章中，有一段类似的文字，所谓"子曰：'不知命，无以为君子也。不知礼，无以立也。不知言，无以知人也。'"这段话指出，"命"、"礼"和"言"这些术语都要被更多地理解为要求参与，而不是被当做决定性的事物强加到人的经验中去。同样，"性"、"道"和"教"在此处并提，正挑战着人们所假定的"性"的"给定性"。这种并立结构清楚地显示了这样一种期望：人们必须修筑成为真正的人的道路。说明特定的老师和特定的学生之间合作关系的理想的篇章，是《论语》第 9 篇第 11 章。其中，颜回描述了孔子是如何"循循然善诱人"的。关于"educare"和"edcere"的区别，参见本书第二章和第三章中"教"条。

　　③ 这段话和《道德经》第 1 章开头的话在结构上类似。

　　④ 比较杜威以下这段话："可见者处于不可见者之中。最终，不被见到者决定被见者中发生何事。可掌握者不安定地基于不可触及者和不可把握者之上。"见杜威：《经验与自然》（*Experience and Nature.* New York：Dover, 1958），第 43—44 页。

　　⑤ 一个人的特性必须被理解为一种交互性的成就，这种成就同时蕴涵着两个方面，既包括一个人为环境所做者，也包括环境为这个人所做者。它是指一个人自己各种特定关系的特性，当这些特定的关系对一个繁荣社群有所贡献时。杜威的"个体性"（individuality）是一个类似的观念，它是通过社会交往的行为而获得的。这一段话也使我们想起了怀特海的这段话："宗教是那种个体在其孤独状态中所做者。"见怀特海：《形成中的宗教》（*Religion in the Making.* New York：Meridian Books, Inc., 1960），第 16 页。

　　"慎独"也曾经出现于《荀子·不苟》之中。所谓"夫此顺命以慎其独者，善之为道者：不诚则不独，不独则不形，不形则虽作放心，见于色，出于言，民犹若未从也，虽从必疑。"（This is because according with the propensity of circumstances they are ever concerned about their uniqueness. For persons effective in advancing the proper way, if they do not have integrity, they are not unique; if they are not unique, they will not take shape; if they do not take shape, even though they initiate something in their hearts – and – minds, it is manifest in their countenance, and it is expressed in what they say, still

喜怒哀乐之未发谓之中，发而皆中节谓之和。中也者，天下之大本也；和也者，天下之达道也。致中和，天地位焉，万物育焉。

What *tian* 天 commands (*ming* 命) is called natural tendencies (*xing* 性); drawing out these tendencies is called the proper way (*dao* 道); improving upon this way is called education (*jiao* 教). As for this proper way, we cannot quit it even for an instant. Were it even possible to quit it, it would not be the proper way. It is for this reason that exemplary persons (*junzi* 君子) are so concerned about what is not seen, and so anxious about what is not heard. There is nothing more present than what is imminent, and nothing more manifest than what is inchoate. Thus, exemplary persons are ever concerned about their uniqueness.

The moment at which joy and anger, grief and pleasure, have yet to arise is called a nascent equilibrium (*zhong* 中); once the emotions have arisen, that they are all brought into proper focus (*zhong* 中) is called harmony (*he* 和). This notion of equilibrium and focus (*zhong* 中) is the great root of the world; harmony then is the advancing of the proper way (*dadao* 达道) in the world.[1] When equilibrium

---

（接上页）the common people will not follow them, and even if they do follow them, they are certain to be distrustful.）《荀子》所使用的这一段话让我们想起《中庸》，并且似乎是基于《中庸》的进一步阐发。

另外一个有关这种表述的例子是在《大学》。其中，使用了类似于以上《荀子》中的话，所谓："此谓诚于中，形于外。故君子必慎其独也。"（This is what is meant by the saying："Integrity within will shape one without."）Thus, exemplary persons are necessarily concerned about their uniqueness.）在《庄子·大宗师》中有这样一段话："朝彻而后能见独，见独而后能无古今。"（Having attained the brightness of dawn, he was then able to see his own uniqueness; seeing his own uniqueness he was then able to set aside past and present.）"独"的这种用法常常被解释为"一"。这使我们想到《道德经》第25章中的这段话："独立而不改，周行而不殆。"（Solitary, it is neither changed by anything nor complete. Pervading everywhere, it does not pause.）王安国根据马伯乐的说法，将"慎其独"翻译为"guards his uniqueness"（维护其特性）。参见王安国《〈礼记〉中子思四章的分析与翻译》（The Four "Tzu Ssu′ Chapters of the *Li Chi*: An Analysis and Translation of the Fang Chi, Chung Yung, Piao Chi and Tsu I."Ph. D. dissertation, Stanford University, 1978），第208页。马伯乐（Henry Maspero）：《古代中国》（*La Chine Antique*, Paris：DeBoccard, 1927. Translated by F. A. Kierman, Jr. as *China in Antiquity*, Amherst：University of Massachusetts Press, 1978），第456页。

[1]　卡尔格伦（Bernhard Karlgren）将"达道"中的"达"定义为"突破"（就像谷物破土而出）。参见其《新编中国文法》（*Gramata Serica Recensa*. Stockholm：The Museum of Far Eastern Antiquities, 1957），第29页。这是我们想到《论语》中的这段话："人能弘道，非道弘人。"（It is the person who is able to broaden the way, not the way that broadens the person.）

and focus are sustained and harmony is fully realized, the heavens and earth maintain their proper places and all things flourish in the world.

第 2 章

仲尼曰:"君子中庸,小人反中庸。君子之中庸也,君子而时中;小人之中庸也,小人而无忌惮也。"

Confucius said, "Exemplary persons (junzi 君子) focus (zhong 中) the familiar affairs of the day; petty persons distort them. Exemplary persons are able to focus the affairs of the day because, being exemplary, they themselves constantly abide in equilibrium (*zhong* 中). Petty persons are a source of distortion in the affairs of the day because, being petty persons, they lack the requisite caution and concern. "

第 3 章

子曰:"中庸其至矣乎! 民鲜能久矣。"①

The Master said, "Focusing the familiar affairs of the day is a task of the highest order. It is rare among the common people to be able to sustain it for long. "

第 4 章

子曰:"道之不行也,我知之矣。知者过之,愚者不及也。道之不明也,我知之矣。贤者过之,不肖者不及也。人莫不饮食,鲜能知味也。"

The Master said, " I know why this proper way (*dao* 道) is not

---

① 这段话是《论语》第6篇《雍也》第29章类似一段话的缩写。所谓:"子曰:'中庸之为德也,其至矣乎! 民鲜久矣。'"《中庸》给"民鲜久矣"加入了"能"这个字,改变了这句话的读法。而《中庸》这句话让人想起了《论语》中其他相关的一些话。如第4篇《里仁》第5章"君子无终食之间违仁"。第6章"有能一日用力于仁矣乎?"《雍也》第7章"回也其心三月不违仁,其余则日月至焉而已矣"。

traveled: The wise stray beyond it while the simple - minded cannot reach it. I know why this proper way is not evident: Those of superior characters stray beyond it while those who are unworthy cannot reach it. Everyone character eats and drinks, but those with real discrimination are rare indeed. "

第 5 章

子曰:"道其不行矣夫!"

The Master said, "This proper way (*dao* 道), alas, is not being traveled at all!"

第 6 章

子曰:"舜其大知也与。舜好问而好察迩言,① 隐恶而扬善, 执其两端, 用其中于民。② 其斯以为舜乎!"

The Master said, "This man, Shun, was a person of the greatest wisdom. Shun loved to ask questions and loved to examine familiar words, passing over what was unhelpful to expand upon those ideas that had merit. Grasping these ideas at both ends, he would exercise impartiality (*zhong* 中) in governing his people. " It was this that made him a shun.

---

① "迩"字一般都解为"近"。"好察迩言"中的"迩"字意思并不明确。

② 郑玄将这一章与第 4 章关联起来, 解"两端"为"过"与"不及"。《论语》第 9 篇《子罕》第 8 章有这样的话:"子曰: '吾有知乎哉? 无知也。有鄙夫问于我, 空空如也, 我叩其两端而竭焉。'"(The Master said, "Do I possess wisdom? No, I do no. But if a simple peasant puts a question to me, and I come up empty, I attack the question from both ends (*liangduan* 两端) until I have gotten to the bottom of it. ") 王安国 (Jeffrey Riegel) 将"隐恶而扬善, 执其两端"翻译为"Others either hid the evil or displayed the good. He held fast to both ends." 参见其《〈礼记〉中子思四章的分析与翻译》(The Four "*Tzu Ssu*' Chapters of the *Li Chi*: An Analysis and Translation of the Fang Chi, Chung Yung, Piao Chi and Tsu I. " Ph. D. dissertation, Stanford University, 1978), 第 212—213 页。

第 7 章

子曰:"人皆曰'予知'。驱而纳诸罟擭陷阱之中,而莫之知辟①也。人皆曰'予知',择乎中庸,而不能期月守也。"

The Master said, "Everyone is saying, ''I am wise (*zhi* 知),' but being driven forward they run headlong into nets, traps, and pitfalls without any of them knowing how to avoid them. Everyone is saying, 'I am wise,' but having chosen to focus the familiar affairs of the day (*zhongyong* 中庸), they are not able to sustain this for even the duration of a month."

第 8 章

子曰:"回之为人也,择乎中庸,得一善,则拳拳服膺而弗失之矣。"

The Master said, "Yan Hui chose the path of focusing the familiar affairs of the day (*zhongyong* 中庸), and on gaining something worthwhile from doing so, would clasp it tightly to his breast and not lose it—such was the likes of Yan Hui."

第 9 章

子曰:"天下国家可均也;② 爵禄可辞也;白刃可蹈也;中庸不可能也。"

The Master said, "Even the world, its states, and its clans can be pacified, even ranks and emoluments can be declined, and even flashing blades can be trodden underfoot, but focusing the familiar affairs of the day (*zhongyong* 中庸) —this is no easy matter."

---

① "辟"此处读为"避"。
② 这段话可能暗指《大学》。

第 10 章

子路问强。① 子曰："南方之强与？北方之强与？抑而强与？宽柔以教，不报无道，南方之强也；君子居之。衽金革，死而不厌，北方之强也；而强者居之。故君子和而不流，强哉矫！中立而不倚，强哉矫！国有道，不变塞焉，强哉矫！国无道，至死不变，强哉矫！"

Zilu asked about proper strength. The Master replied, "Are you asking about the strength of the southerners, the strength of the northerners, or what you yourself would consider strength? Tolerance and flexibility in the education (jiao 教) of others and not retaliating against those who have lost the proper way (dao 道) is the strength of the southerners. Exemplary persons (junzi 君子) certainly live by this. Sleeping on one's shield and sword and meeting one's death without remorse is the strength of the northerners. And the strong certainly live by this. Thus, exemplary persons in bringing these different senses of 'strength' into harmony (he 和) are not moved by the common flow. Such is their tenacity. Having established their focus (zhong 中) they do not waver for mit. such is their tenacity. When the proper way prevails in the state, they do not change from what they are; when it does not, they remain themselves to the death. Such is their tenacity."

---

① 子路是孔子另一个最著名和最为孔子喜爱的弟子之一。显然，正是子路在追求"强"。子路是一个有勇气和敢做敢为的人。有时，孔子会批评他失之于鲁莽。当子路问孔子"勇"是否是一种最高的德行时，孔子回答说："君子有勇而无义为乱，小人有勇而无义为盗。"（《论语》第17篇《阳货》第23章）孔子这样回答，是希望子路有所收敛。

孔子对子路的情感是复杂的。一方面，他经常批评子路的鲁莽以及对于书本学习的不耐烦。另一方面，孔子又很欣赏子路的忠诚与直率。子路对于自己的承诺从不含糊。

不过，作为与孔子年龄相近且具有尚武精神的子路，并不是一个毫无保留地接受批评的人。在一些场合，尤其是在可疑的文献中，譬如，卫灵公的夫人南子是一个品行不好的政治人物，当孔子去见南子时，子路就曾经向孔子表示了不满，孔子则极力向子路加以表白和解释。在晚年，孔子似乎对勇于直言的子路流露了更多的关爱。

第 11 章

子曰："素隐行怪，后世有述焉，吾弗为之矣；① 君子遵道而行，② 半途而废，吾弗能已矣；君子依乎中庸，遁世不见知而不悔，③ 唯圣者能之。"

The Master said, "There are those who hide themselves away and practice their esoteric arts to win a reputation from later ages. I am not willing to do this. There are exemplary persons (*junzi* 君子) who set out to live by walking the proper way (*dao* 道), but who quit it halfway. I am not able to stop. And then there are exemplary persons who are given to focusing the familiar affairs of the day (*zhongyong* 中庸), and who withdraw from the world to live out their lives in obscurity without the least regret—only the sages (*shengzhe* 圣者) are able to do this. "

第 12 章

君子之道费而隐，④ 夫妇之愚，可以与知焉，及其至也，虽圣人亦有

---

① 《论语》第 7 篇《述而》第 21 章记载："子不语怪、力、乱、神。"此外，在《论语》第 2 篇《为政》第 16 章，孔子也警告说："攻乎异端，斯害也矣。"

② "遵"的另一种直接的表述是"沿着"、"跟着"的意思。

③ "遁"意味着"隐遁"。乍一看，这似乎更像是道家，让人想起《论语》第 18 篇《微子》第 5 章到第 8 章中孔子遇到几个隐士的记载。但是，《论语》也有很多孔子主张退隐的记载，如第 5 篇《公冶长》第 2 章所谓："邦有道，不废；邦无道，免于刑戮。"第 5 篇《公冶长》第 21 章所谓："宁武子，邦有道，则知；邦无道，则愚。其知可及也，其愚不可及也。"尤其是第 8 篇《泰伯》第 13 章所谓："天下有道则见，无道则隐。"

④ "费"的意思是"扩大"，提示着一种广度。这一段话可以作为《论语》第 9 篇《子罕》第 11 章的注解。这段话是这样的："颜渊喟然叹曰：'仰之弥高，钻之弥坚，瞻之在前，忽焉在后。夫子循循然善诱人，博我以文，约我以礼。欲罢不能，既竭吾才，如有所立卓尔。遂欲从之，末由也已。'"（ Yan Hui, with a deep sigh, said, " The more I look up at it, the higher it soars; the more I pnetrate into it, the harder it becomes. I am looking at it in front of me, and suddenly it is behind me. The Master us good at drawing me forward a step at a time; he broadens me with cultue and disciplines my behavior through the observance of ritual propriety. Even if I wanted to quit, I could not. And when I have exhausted my abilities, it is as though something rises up right in front of me, and even though I want to follow it, there sis no road to take. "） 每一个人在道上或多或少都有所把握，这样一种观念是

所不知焉；夫妇之不肖，可以能行焉，及其至也，虽圣人亦有所不能焉。天地之大也，人犹有所憾。

故君子语大，天下莫能载焉，语小，天下莫能破焉。诗云：鸢飞戾天，鱼跃于渊。言其上下察也。君子之道，造端乎夫妇，及其至也，察乎天地。

The proper way of exemplary persons (*junzi* 君子) is both broad and hidden. The dullest of ordinary men and women can know something of it, and yet even the sages (*shengren* 圣人) in trying to penetrate to its furthest limits do not know it all. The most unworthy of common men and women are able to travel a distance along it, yet even the sages in trying to penetrate to its furthest limits are not able to travel it all. As grand as the world is, people are still never completely satisfied.

Thus, were exemplary persons to discourse on the profundity of their way, there is nothing in the empire that could take its weight; were they to discourse on its subtlety, there is nothing in the empire that could further refine it. The *Book of Songs* says: "The hawks soar to the limits of the heavens; the fishes plunge to the furthest depth." This passage gives expression to its height and its depth. The proper way of exemplary persons has at its start the simple lives of ordinary men and women, and at its furthest limits sheds light upon the entire world.

（接上页）《论语》第 19 篇《子张》第 22 章的主题。这一段话是这样的："卫公孙朝问于子贡曰：'仲尼焉学？'子贡曰：'文武之道，未堕于地，在人。贤者识其大者，不贤者识其小者，莫不有文武之道焉，夫子焉不学，而亦何常师之有！'"（Gongsun Chao of Wei asked Zigong, "With whom did Confucius study?" Zigong replied, "The way of King Wen and Wu has not collapsed utterly—it lives in the people. Those of superior character have grasped the greater part, while those of lesser quality have grasped a bit of it. Everyone has something of Wen and Wu's way in them. Who then does the Master not learn from? Again, how could there be a single constant teacher for him?"）

第 13 章

子曰："道不远人，人之为道而远人，不可以为道。①《诗》云：'伐柯，其则不远。'② 执柯以伐柯，睨而视之，③ 犹以为远。故君子以人治人，改而止。

忠恕违道不远。④ 柯伐施诸己而不愿，亦勿施于人。⑤

君子之道四，丘未能一焉：所求乎子，以事父，未能也；所求乎臣，以事君，未能也；所求乎弟，以事兄，未能也；⑥ 所求乎朋友，先施之，未能也。⑦

庸德之行，庸言之谨，有所不足，不敢不勉。有余，不敢尽。言顾

---

① "道不远人"的说法也见于《论语》第 8 篇《泰伯》第 7 章。所谓："曾子曰：'士不可以不弘毅，任重而道远。仁以为己任，不亦重乎？死而后已，不亦远乎？'"（Master Zeng said, "Scholar – apprentices (*shi* 士) cannot but be strong and resolved, for they bear a heavy charge and their way (*dao* 道) is long. Where they take authoritative conduct (*ren* 仁) as their charge, is it not a heavy one? And where their way ends only in death, is it not indeed long?"）另外，这一段话还使我们想起《论语》第 7 篇《述而》第 30 章的这段话："子曰：'仁远乎哉？我欲仁，斯仁至矣。'"（The Master said, "How could authoritative conduct (*ren* 仁) be at all remote? No sooner do I seek it than it has arrived."）

② 这里"伐柯"的比喻让人想到《论语》第 6 篇《雍也》第 30 章中的话，所谓："能近取譬，可谓仁之方也已"。（correlating one's conduct with those near at hand can be said to be the menthod of becoming an authoritative person.）在《论语》第 12 篇《颜渊》第 1 章中，对于成为君子来说，同样这样一种策略再次出现，所谓"克己复礼为仁"（Through self – discipline and observing ritual propriety one becomes authoritative in one's conduct）。

③ 朱熹解"睨"为"斜视"。

④ 参见《论语》第 4 篇《里仁》第 15 章："曾子曰：'夫子之道，忠恕而已矣。'"（Master Zeng said, "The way of the Master is doing one's best by others (*zhong* 忠) and putting oneself in their place (*shu* 恕), nothing more."）

⑤ 《中庸》这里"己所不欲，勿施于人"的话，出自《论语》第 12 篇《颜渊》第 2 章和第 15 篇《卫灵公》第 25 章。

⑥ "兄"、"弟"的表述具有广泛的社会应用，远远超出了严格血缘意义上的"兄弟"。

⑦ 这种用法是"金律"（the Golden Rule）的积极表达，孔子通常将其表述为："己所不欲，勿施于人。"对于这种关系的复杂性，《荀子》第 20 篇《乐论》曾经有所探讨。对于将"孝"或"忠"理解为服从（obedience）的任何解读，荀子的讨论都对其构成挑战。有时候，不孝或不忠事实上反而符合长辈或上级的要求。

行，行顾言，君子胡不慥慥尔。"

The Master said, "The proper way (*dao* 道) is not at all remote from people. If some someone one takes as the way that which distances them from others, it should not be considered the proper way. " In the *Book of Songs* it says:

> In hewing an axe handle, in hewing an axe handle——
> The model is not far away.

But in grasping one axe handle to hew another, if one never looks directly at the axe handle in one's hand, the handles still seem far apart. Thus, the exemplary person (*junzi* 君子) uses one person to mold others properly, and having thus improved upon them, goes no further.

Putting oneself in the place of others (*shu* 恕) and doing one's best on their behelf (zhong 忠) does not stray far from the proper way. "Do not treat others as you yourself would not wish to be treated. "

Of the four requirements of the exemplary person's proper path, I am not yet able to satisfy even one. I am not yet able to serve my father as I would expect a son to serve me. I am not yet able to serve my lord as I would expect a minister to serve me. I am not yet able to serve my elder brotheras I would expect a younger brother to serve me. I am not yet able to first treat my friends as I myself would wish them to treat me.

Wherein in everyday moral conduct and in everday attention to proper speech I am lacking in some respect, I must make every effort to attend to this; where there is excess in some respect, I must make every effort to constrain myself. In speech pay attention to what is done, and in conduct pay attention to what is said. How could the exemplary person not but earnestly aspire to behave in such a manner?

第 14 章

　　君子素其位而行，不愿乎其外。① 素富贵，行乎富贵。素贫贱，行乎贫贱。素夷狄，行乎夷狄。素患难，行乎患难。君子无入而不自得焉。②

　　在上位不陵下，在下位不援上。正己而不求于人，则无怨。③ 上不怨天，下不尤人。④ 故君子居易以俟命，小人行险以徼幸。

　　子曰:"射有似乎君子，失诸正皓，反求诸身。"⑤

Exemplary persons (*junzi* 君子) conduct themselves according to their station, and do not venture beyond it. Dwelling amidst wealth and honor, they act accordingly; dwelling amidst poverty and commonness, they act accordingly;

---

　　① 比较《论语》第 14 篇第 26 章:"子曰:'不在其位，不谋其政。'曾子曰:'君子思不出其位。'"(The Master said, "Do not plan the policies of an office you do not hold." Master Zeng commented, "The thoughts of exemplary persons do not wander beyond their station.") 尽管这一段话似乎有悖于思想和言论的自由，但是，这与孔子不愿将理论和实践、权利与义务分开的一贯主张是吻合的。

　　② 虽然君子的外部行为可以根据不同环境而改变，但是，其人品却是稳定有常的。王安国 (Jeffery Riegel) 曾经将这种品行与《论语》第 17 篇第 13 章中的 "乡愿" 联系起来。参见其《〈礼记〉中子思四章的分析与翻译》(*The Four "Tzu Ssu' Chapters of the Li Chi*: An Analysis and Translation of the Fang Chi, Chung Yung, Piao Chi and Tsu I." Ph. D. dissertation, Stanford University, 1978)，第 221 页，注释 62。而在《孟子》第 7 篇《尽心下》中，对 "乡愿" 有进一步的说明。事实上，无论孔子还是孟子都是谴责 "乡愿" 的。其原因恰恰在于:"乡愿" 只是完全根据外部环境行为，表里不一。与此相对，这一点说明，君子则表里如一，并非只是服从于外部的环境。《论语》第 14 篇《宪问》第 24 章对此有极为警策的说明，所谓:"子曰:古之学者为己，今之学者为人。"(The Master said, "Scholars of old would study for their own sake, while those of today do so to impress others.")

　　③ 这一段让人联想起《论语》第 15 篇《卫灵公》第 15 章:"子曰:'躬自厚而薄则于人，则远怨矣。'"(The Master said, "To demand much from oneself personally, and not overmuch from others, will keep ill will at a distance.") 还有《论语》同样是第 15 篇的第 21 章:"子曰:'君子求诸己，小人求诸人。'"(The Master said, "Exemplary persons make demands on themselves, while petty persons make demands on others.")

　　④ 比较《论语》第 14 篇《宪问》第 35 章:"子曰:'不怨天，不尤人。'"(The Master said, "I neither hold any ill will against *tian* nor blame other people.")

　　⑤ 比较《孟子》第 2 篇《公孙丑上》第 7 章:"射者正己而后发，发而不中，不怨胜己者，反求诸己而已矣。"(The archer adjusts himself and then lets the arrow fly. When it fails to hit its mark, he does not bear ill will against the winner, but looks for the reason within himself.)

dwelling among the Yi and Di tribes, they act accordingly; eduring grief and hardship, they act accordingly. Wherver they go, they are self – possessed.

When occupying a high station, they are not abusive; when in a low station, they do not cling to those above them. Adjusting their own conduct and not making demands on others, they do not incur ill will. They do not hold any ill will against (*tian* 天) above, nor do they blame other people below. Thus, exemplary persons stay on level ground in awaiting what is to come, while petty persons walk along the precipice hoping to get lucky.

The Master said, "As in archery, so in the conduct of the exemplary person: In failing to hit the bull's – eye, look for the reason within oneself."

第 15 章

君子之道，辟如行远，必自迩；辟如登高，必自卑。① 《诗》曰："妻子好合，如鼓瑟琴，兄弟既翕，和乐且耽。宜尔室家，宜尔妻孥。" 子曰："父母其顺乎！"

In traveling a long way, one must set off from what is near at hand, and in climbing to a high place, one must begin from low ground: such is the proper way (*dao* 道) of exemplary persons (*junzi* 君子). The *Book of Songs* says:

> The loving relationship with wife and children,
> Is like the strumming of the zither and the lute:
> In the harmonious relationship between older and younger brothers
> There is an abundance of enjoyment and pleasure.
> Be appropriate in your house and home
> And bring joy to your wife and progeny.

The Master said, "And how happy the parents will be."

---

① 《孟子》第 4 篇〈离娄上〉有类似的话，所谓："道在迩"，是鼓励人们从切身求道。

第 16 章

子曰:"鬼神之为德,其盛矣乎。视之而弗见,听之而弗闻,体物而不可遗。① 使天下之人,齐明盛服,以承祭祀。洋洋乎如在其上,如在其左右。诗曰:'神之格思,不可度思,矧可射思。'夫微之显,诚之不可揜如此夫!"②

The Master said, "The efficacy (*de* 德) of the gods and spirits is profound. Looking, we do not see them; listening, we do not hear them. And yet they inform events (*wu* 物) to the extent that nothing can be without them. Because of them, the people of the world fast, purify themselves, and put on their finest clothes in carrying out the sacrifices to them. It is as though the air above our heads is suffused with them, and as though they are all around. The *Book of Songs* says:

> The descent of the gods
> Cannot be fathomed
> How much less can it be ignored.

Such is the way that the inchoate becomes manifest and creativity (*cheng* 诚) is irrepressible. "

第 17 章

子曰:"舜其大孝也与! 德为圣人,尊为天子,富有四海之内,宗庙飨之,子孙保之。故大德必得其位,必得其禄,必得其名,必得其寿。故

---

① 郑玄将"体物而不可遗"中的"体"训作"生",将其中的"可"训作"所"。

② 认为第 15 章和第 17 章应该是连续的,这两章都明显地提到,这与《论语》中的孔子是不相吻合的。因此,在重新确定篇章的顺序时,武内义雄将这两章归于子思。因为子思和孔子不同,他常常提到"诚"。参见武内义雄"易と中庸の研究",《武内义雄全书》卷三,东京:角川书店 1979 年版,第 37 页。

天之生物，必因其才而笃焉。① 故栽者培之，倾则覆之。② 《诗》曰：'嘉乐君子，宪宪令德，宜民宜人，受禄于天，保佑命之，自天申之。' 故大德者必受命。"

The Master said, "Now Shun—there was person of great filiality (*xiao* 孝)! His excellence (*de* 德) was that of a sage (*shengren* 圣人), he was venerated as the Son of *tian* (*tianzi* 天子), and his wealth encompassed everything in the world. In the ancestral hall he received sacrifices, and generation after generation of progeny preserved his name. Thus, those of the great excellence (*dade* 大德) are certain to gain status, emoluments, reputation, and longevity. For the generosity of *tian* 天 in engendering and nurturing things is certain to be in response to the quality of things themselves. It is thus those trees that are planted properly are given nourishment while those that are not are uprooted." The *Book of Songs* says:

> So good and happy is the ruler (*junzi* 君子):
> Such an abundant display of illustrious excellence (*de* 德).
> He treats the common people appropriately;
> He treats his clansmen appropriately.
> He receives his emoluments from *tian*;
> *Tian* protects him in office and bestows on him its charge (*ming* 命).
> It is from *tian* that all of this is redoubled.

Those of the greatest excellence are thus certain to receive *tian's* charge.

第 18 章

子曰："无忧者其唯文王乎！以王季为父，以武王为子，父作之，

---

① 这一章表明，事物的成长具备一定的自然条件，这一点是对事物自身不断持续的价值的回应。而事物自身的价值与其说只是某种最初的天赋，不如说是事物与"天"的终生的合作关系的产物。

② 这里的类比好像是"天"对应于天子的成长，"栽者"对应于庇荫于其下的树木的成长。武内义雄认为，这一章中自"故大德必得其位"以下，是引入原始文本的注释。参见武内义雄《易と中庸の研究》，《武内义雄全书》卷三，第 37 页。

子述之。①

武王攒大王、王季、文王之绪，一戎衣而有天下，身不失天下之显名，② 尊为天子，富有四海之内，宗庙飨之，子孙保之。

武王末受命，周公成文武之德，追王大王、王季，上祀先公以天子之礼。斯礼也，达乎诸侯大夫及士庶人。父为大夫，子为士，葬以大夫，祭以士；父为士，子为大夫，葬以士，祭以大夫。期之丧，达乎大夫；三年之丧，达乎天子；父母之丧，无贵贱，一也。"③

The Master said, "It was only King Wen who suffered no grief. He had King Ji for a father and King Wu for a son. His father forged the path, and his son continued along the proper way.

King Wu continued the endeavors of King Dai, King Ji, and King Wen. Even in slaying the great Yin and taking control of the empire, he did not personally lose the illustrious reputation of his lineage throughout the world. He was venerated as the Son of *tian* (*tianzi* 天子) and his wealth encompassed everything in the world. In the ancestral hall he received sacrifices, and generation after generation of progeny preserved his name.

King Wu received the mandate late in life, and the Duke of Zhou carried on the excellent ways of King Wen and Wu. He revered as kings Kings Dai and Ji, and from his lower satation used the rites of the Son of *tian* to sacrifice to their noble ancestors. He then extended the use of these same rites to the various vassals, the high ministers, the scholar – officials, and the common people. If the father was a high minister and the son a scholar – official, the father would be buried as a high minister but would receive sacrifices according to the rites appropriate for a scholar – official. But if the father was only a scholar – official and the son a high minister, the father would be buried as a scholar – official, but would receive sacrifices according to the rites appropriate to a high minister. The one – year mourning period of blood relatives was extended to the high min-

---

① 这一章的语言是暗示《论语》第 7 篇第 1 章的《述而不作》（following the proper way, I do not forge new paths）。

② 这并非武王自身的声名，而是其家族的声名。

③ "孝"起初是朝廷的组织原则，但在周初，则广泛地宽展到了老百姓之中。武内义雄认为，这一章中自"斯礼也，达乎诸侯大夫及士庶人"以下应该是后来的注释。

isters, and the three - year mourning period was extended to the Son of *tian*. The mourning period for parents was the same, regardlees of noble or common status. "

第 19 章

子曰：“武王、周公其达孝矣乎！① 夫孝者，善继人之志，善述人之事者也。春秋，修其祖庙，陈其宗器，设其裳衣，荐其时食。②

宗庙之礼，所以序昭穆也。序爵，所以辨贵贱也；序事，所以辨贤也；③ 旅酬下为上，所以逮贱也；燕毛，所以序齿也。

践其位，行其礼，奏其乐，敬其所尊，爱其所亲，事死如事生，事亡如事存，孝之至也。

郊社之礼，所以事上帝也；祖庙之礼，所以祀乎其先也。明乎郊社之礼，谛尝之义，治国，其如示④诸掌乎？”⑤

The Master said, " King Wu and the Duke of Zhou——there indeed were two thoroughly filial exemplars (*xiao* 孝)! Filial piety means being good at continuing the purposes of one's predecessors and at maintaining their ways. In the proper season, they made repairs to the ancestral temple, laid out the sacrificial vessels of their ancestors, exhibited the robes used in funerary observances, and sacrificed from the newly harvested crops.

They used ritual proprieties (*li* 礼) in the ancestral temple as their way of arranging the tablets of the departed generations appropriately on the left and right sides of the temple; they deferred to the titles of office as their way of recognizing degrees of nobility; they used the sequence of the services as their way of distinguishing those most worthy; they used the drinking pledges in which inferiors toast superiors as their way of reaching down to include the lowliest, and they took into consideration the color of the hair as their way of seating participants according to their seniority.

---

① 朱熹解“达孝”中的“达”为“广为人知”。
② 这里，“荐”显然是指新鲜的果蔬祭品。
③ 所谓“辨贤”是指与“不肖”相别。
④ 郑玄训“示”为“置”。
⑤ 这一章显示，行礼成为一种认识世界的方式。

Taking up the places of their forebearers, carrying out their ritual observances (*li* 礼), playing their music (*yue* 乐), showing respect to those whom they esteemed, extending their affections to those of whom they were fond, serving their deads as though they were living, and serving those who are long departed as though they were still here——this then is filial piety at its utmost.

The sacrificial observances to (*tian* 天) at the winter solstice in the southern suburbs of the capital and to the earth (*di* 地) at the summer solstice in the northern suburbs are ways of serving the high ancestors. Ritual observances performed in the ancestral temple are ways of making sacrifices to one's forbearers. For one who has a clear understanding of the sacrificial observances to *tian* and earth, and the vavious. cevemonies suchas the Gvand *di* sacrifice and the autumnal chang sacrifice performed in the ancestral temple, the governing of the empire is as easy as placing something in the palm of one's hand.

第 20 章

哀公问政，子曰："文武之政，布在方策。其人存，则其政举。其人亡，则其政息。人道敏政，地道敏树。① 夫政也者，蒲庐也。②

故为政在人，取人以身，修身以道，修道以仁。仁者，人也，③ 亲亲

---

① 这里的"树"字是动词，意为"种植和生长"。

② 郑玄解"蒲庐"为"蜾蠃（螺）"，即细腰蜂。《诗经》记载："螟蛉有子，蜾蠃负之。"螟蛉是青桑虫，蜾蠃运泥作蜂房时背负桑虫纳其中，咒咀曰："类我类我。"七日后真的化为其子。朱熹则据沈括解"蒲庐"为"蒲苇"，以其草易生，成长尤速，举以为政治易见成效的比喻。《孔丛子》第 17 篇则有这样的话："天道敏生，人道敏帧。夫政也者，犹蒲庐也，待化以成。"(The way of *tian* encourages proper living, the proper way of human beings encourages proper governning, and the way of earth encourages planting and growing. Governing properly then, is like the silkworm wasp that is formed through a process of transformation.) 武内义雄认为，这一章中自"人道敏政"到"蒲庐"，是一段插入的注释，武内义雄《易と中庸の研究》，《武内义雄全书》卷三，第 39 页。

③ 比较《孟子》第 7 篇〈尽心下〉第 16 章："孟子曰：'仁也者人也。合而言之，道也。'" (Mencius said, "Authoritative conduct is conducting oneself like a human being. When these two are spoken of together, they mean the proper way.") 看起来，这似乎意味着，当做为人的这两种意义之间没有质的分离时，道即流行天下。或许，《论语》第 3 篇第 3 章有助于对孟子这段话的理解："人而不仁，如礼何？人而不仁，如乐何？" (What has a person who is not authoritative got to do with observing ritual propriety? What has a person who is not authoritative got to do with the playing of music?)

为大。义者，宜也，尊贤为大。亲亲之杀，尊贤之等，礼所生也。① 在下位，不获乎上，民不可得而治矣。② 故君子不可以不修身，思修身不可以不事亲，思事亲不可以不知人，思知人不可以不知天。③

天下之达道五，④ 所以行之者三。曰君臣也，父子也，夫妇也，昆弟也，朋友也，五者天下之达道也。知、仁、勇三者，天下之达德也。所以行之者一也。⑤

或生而知之，或学而知之，或困而知之，⑥ 及其知之一也。或安而行之，或利而行之，或勉强而行之，及其成功一也。"

子曰："好学近乎知，力行近乎仁，知耻近乎勇。知斯三者，则知所以修身，知所以修身，则知所以治人，之所以治人，则知所以治天下国家矣。"

凡为天下国家有九经，曰：修身也，尊贤也，亲亲也，敬大臣也，体群臣也，子庶民也，来百工也，柔远人也，怀诸侯也。修身则道立，尊贤则不惑，亲亲则诸父昆弟不怨，敬大臣则不眩，体群臣则士之报礼重，子庶民则百姓劝，来百工则财用足，柔远人则四方归之，怀诸侯则天下畏之。

---

① 《孔子家语》第 17 篇有一段话可以对这句话构成补充："亲亲之教，尊尊之等，礼所以生也。礼者，政之本也。"（The lessons of loving kin and the degree of esteem accorded those who are different in character is what gives rise to ritual propriety. The observance of ritual propriety is the root of proper governing.）

② "在下位，不获乎上，民不可得而治矣"这句话郑玄认为是重复的，应该省略。在《孔子家语》同样的篇章中没有这句话。

③ 这一段"身"、"亲"、"人"是押韵的。"思"则是起韵的有一个字。这让我们想起《孟子》第 7 篇《尽心上》的这段话："尽其心者，知其性也。知其性，则知天矣。"（To make the most of one's heart – and – mind is to realize one's natural tendencies, and if one realizes one's natural tendencies, one is realizing *tian*.）

④ "达道"一说也见于第 1 章。

⑤ 朱熹认为这里的"一"是指"诚"。参见《论语》第 15 篇《卫灵公》第 29 章："子曰：'人能弘道，非道弘人。'"（The Master said, "It is the person who is able to broaden the way, not the way that broadens the person."）第 6 篇《雍也》第 23 章："子曰：'知者乐水，仁者乐山；知者动，仁者静；知者乐，仁者寿。'"（The Master said, "The wise enjoy water; those authoritative in their conduct enjoy mountains. The wise are active; the authoritative are still. The wise find enjoyment; the authoritative are long – enduring."）

⑥ 比较《论语》第 16 篇《季氏》第 9 章："孔子曰：'生而知之者上也，学而知之者次也，困而学之，又其次也。困而不学，民斯为下矣。'"（Confucius said, "Knowledge acquired through a natural propensity for it is its highest level; knowledge acquired through study is the next highest; something learned in response to difficulties encouraged is again the next highest. But those common people who do not learn even when vexed with difficulties—they are the bottom of the heap."）

齐明盛服,① 非礼不动,所以修身也。去谗远色,贱货而贵德,所以劝贤也。尊其位,重其禄,同其好恶,所以劝亲亲也。官盛任使,所以劝大臣也。忠信重禄,② 所以劝士也。时使薄敛,所以劝百姓也。日省月试,既禀称事,所以劝百工也。③ 送往迎来,嘉善而矜不能,所以柔远人也。继绝世,举废国,治乱持危,朝聘以时,厚往而薄来,所以怀诸侯也。凡为天下国家有九经,所以行之者一也。

凡事豫则立,不豫则废。言前定则不跲,事前定则不困,行前定则不疚,道前定则不穷。

在下位,不获乎上,民不可得而治矣。④ 获乎上有道,不信乎朋友,不获乎上矣。信乎朋友有道,不顺乎亲,不信乎朋友矣。顺乎亲有道,反诸身不诚,不顺乎亲矣。诚身有道,不明乎善,不诚乎身矣。

诚者,天之道也;诚之者,人之道也。⑤ 诚者不勉而中,不思而得,从容中道圣人也。诚之者,择善而固执之者也。

博学之,审问之,慎思之,明辨之,笃行之。有弗学,学之弗能弗措也。有弗问,问之弗知弗措也。人一能之,己百之,人十能之,己千之。果能此道矣,虽愚必明,虽柔必强。

Duke Ai of Lu asked about the governing properly. The Master replied, "A record of the governing of Kings Wen and Wu is preserved on the wooden slats and bamboo strips. When they were alive, proper governing prevailed, but when they were gone, it ceased with them. The proper way of human beings (*rendao* 人道) encourages proper governing; the proper way of the earth (*didao* 地道) encourages planting and growing. Governing properly then, is the silkworm wasp transforming the larva of the silkworm into one of its own."

---

① 同样的话也出现于第 16 篇。

② 一些诠释者将"忠信"作为那些当权者的品质。但是,对于描述君主的行为来说,这并不是一个恰当的词汇。

③ 同样的词汇也见于《孟子》第 1 篇《梁惠王上》。

④ 这一段话与《孟子》第 4 篇《离娄上》第 12 章类似。对此的相关讨论,参见郝大维、安乐哲《由汉而思:中西文化中的自我、真理与超越性》(David L. Hall and Roger T. Ames, *Thinking from the Han: Self, Truth, and Transcendence in Chinese and Western Culture*, Albany: State University of New York Press, 1998),第 162—163 页。

⑤ 在《孟子》第 4 篇《离娄上》中,这句话作"思诚者,人之道也"(reflecting on creativity is the proper way of becoming human)。

Thus, governing properly lies in securing the right people. One gets the right persons with one's own character, cultivates one's own character with the proper way (*dao* 道), and cultivates the proper way with authoritative conduct (*ren* 仁). Authoritative conduct means conducting oneself like a human being (*ren* 人), wherein devotion to one's kin is most important. Appropriateness (*yi* 义) means doing what is fitting (*yi* 宜), wherein esteeming those of superior character is most important. The degree of devotion due different kin and the degree of esteem accorded those who are different in character is what gives rise to ritual propriety (*li* 礼). (When those in inferior positions do not gain the support of their superiors, they will not be able to bring order to the common people.)

Thus, exemplary persons (*junzi* 君子) cannot but cultivate their persons.

In cultivating their persons, they cannot but serve their kin.

In serving their kin, they cannot but realize human conduct.

And in realizing human conduct, they cannot but realize (*tian* 天).

There are five ways forward (*dadao* 达道) in the world, and three methods of advancing on them. Ruler and minister, father and son, husband and wife, older and younger brother, friend and mentor——these are the five ways forward in the world. Wisdom (*zhi* 知), authoritative conduct (*ren* 仁), and courage (*yong* 勇) ——these are the three methods of excelling (*dade* 达德) in character. How one advances along the way is one and the same.

For some, wisdom is acquired through natural propensity, for others, through study, and for others, in response to difficulties encountered. And yet in attaining wisdom, they are one and the same. Some advance along the way with ease, others are in search of personal profit, and others must exert enormous effort in doing so. And yet in their achievement, they are one and the same. "

The Master said, "Being fond of learning is close to acting wisely (*zhi* 知); advancing in the way with enthusiasm is close to acting authoritatively (*ren* 仁), and having a sense of shame is close to acting with courage (*yong* 勇). Those who realize these three realize how to cultivate their persons; those who realize how to cultivate their persons realize how to bring order to others; those who realize how to order others properly realize how to bring order to the world, the state, and the family. "

In general there are nine guidelines in administering the empire, the state, and the family: Cultivate one's person, esteem those of superior character, be devoted to one's kin, respect the high ministers, be inclusive of the whole assembly of ministers, treat the common people as one's children, attract the various artisans, be tolerant of those from afar, and cherish the various nobles. If one cultivates one's person, the way will be estalilshed there from; if one esteems those of superior characters, there will be no confusion; if one treats one's kin as kin, one's many uncles and brothers will harbor no ill will; if one respects the high ministers, there will be no deception; if one is inclusive of the whole assembly of ministers, the scholar – officials will repay one's courtesies twofold; if one treats the common people as one's children, the various clans will be much encouraged; if one attracts the various artisans, materials and the skills needed to use them will be sufficient; if one is tolerant of those from afar, people from distant quarters will flock to one; if one cherishes the various nobles, the world will hold one in awe.

Fasting, purifying oneself, putting on one's finest clothes and not making a move that violates ritual propriety is the way to cultivate one's person; dismissing flatters and distancing enticing faces, making light of riches and honoring excellence, is the way to encourage those of superior character; esteeming their status, being generous with emoluments, and shaving their likes and dislikes is the way to encourage kinship among kin; providing an abundance of officers to carry out their charges is the way to encourage the high ministers; being generous in emoluments where people do their utmost (*zhong* 忠) and live up to their word (*xin* 信) is the way to encourage scholar – officials; limiting corvee labor to the appropriate times and keeping taxes to a minimum is the way to encourage the hundred clans; on the basis of daily scrutiny and monthly examinations to give everyone their due is the way to encourage the various artisans; to send off those who are leaving and welcome those who are arriving, to commend the skillful and to show compassion to the incompetent, is the way to be tolerant to those from afar; to continue lieages that have been broken, to revive states that have collapsed, to restore order where there is chaos and to take control where there are crises, to fix the times for vassals to present themselves at court and for court envoys to be dispatched, sending the envoys with generous bounty but expecting only token tribute on the arrival of vassals——this is the way to cherish the various nobles. In general there are nine guidelines in administering the empire, the state, and the family, yet the way of implementing them is one and the same.

Generally speaking, preparation means success, a lack of preparation means failure. To speak only after having determined one's course will prevent stumbling; to proceed only after having determined one's course will prevent difficulties; to take action only after having determined one's course will prevent distress; to make one's way only after having determined one's course will prevent coming to a dead end.

When those in inferior positions do not gain the support of their superiors, they will not be able to bring order to the common people. There is a way of gaining the support of one's superiors: If one does not have the confidence of one's friends, one will not gain the support of one's superiors. There is a way of winning the confidence of one's friends: If one does not get on well with one's kin, one will not gain the trust of one's friends. There is a way of getting on will with one's kin: If on introspection one finds a lack of creativity (*cheng* 诚) in one's person, one will not get on well with one's kin. There is a way of being creative in one's person: If does not understand efficacy (*shan* 善), one will not find creativity in one's person.

Creativity (*cheng* 诚) is the way of (*tian* 天之道); creating is the proper way of becoming human (人之道). Creativity is achieving equilibrium and focus (zhong 中) without coercion; it is succeeding without reflection. Freely and easily traveling the center of the way——this is the sage (*shengren* 圣人). Creating is selecting what is efficacious (*shan* 善) and holding on to it firmly.

Study the way broadly, ask about it in detail, reflect on it carefully, analyze it clearly, and advance on it with earnestness. Where there is something that one has yet to study or that, having studied it, has yet to master, do not stop; where there is something that one has yet to ask about or that, having asked about it, has yet to understand, do not stop; where there is something that one has yet to reflect upon or that, having reflected on it, has yet to grasp, do not stop; where there is something that one has yet to analyze or that, having analyzed it, is still not clear about, do not stop; where there is the proper way that one has not yet advanced on or that, having advanced on it, has yet to do so with earnestness, do not stop.

While others can accomplish this with just a single try, I will try a hundred times; while others can accomplish this with just ten tries, I will try a thousand times. If in the end people are able to advance on this way, even the dull are sure to become bright; even the weak are sure to become strong.

第 21 章

自诚明，谓之性；自明诚，谓之教。诚则明矣，明则诚矣。

Understanding[①]born of creativity (*cheng* 诚) is a gift[②]of our natural tendencies (*xing* 性); creativity born of understanding is a gift of education (*jiao* 教). Where there is creativity, there is understanding; where understanding, creativity.

第 22 章

唯天下之至诚，为能尽其性，能尽其性，则能尽人之性，能尽人之性，则能尽物之性，能尽物之性，则可以赞天地之化育，可以赞天地之化育，则可以与天地参矣。

Only those of utmost creativity (*zhicheng* 至诚) in the world are able to

---

① 参见怀特海对于 "understanding" 的定义，见其《思想的模式》（*Modes of Thought*. New York: The Free Press, 1968），第 57—58 页。也参见本书第二章的相关讨论。

② 我们这里用 "is a gift" 来翻译 "谓之"（字面意思是 "is called"），为的是避免陈荣捷（Wing - tsit Chan）的翻译 "result from" 所蕴涵的因果性的内涵（causal connotations）。直接的因果关联的含义之所以是不恰当的，恰恰是由于创造性的过程在相当程度上作为 "gift" 在本质上并不是被决定的。理雅格（James Legge）的翻译虽然也含有很大的因果性的意味，但比陈荣捷的翻译要稍微细腻一些。他对这段话的整个翻译是这样的："When we have intelligence resulting from sincerity, this condition is to be ascribed to nature; when we have sincerity resulting from intelligence, this condition is to be ascribed to instruction."

make the most out of their natural tendencies. Only if one is able to make the most of one's own natural tendencies (*xing* 性) is one able to make the most of the natural tendencies of others; only if one is able to make the most of the natural tendencies of others is one able to make the most of the natural tendencies of processes and events (*wu* 物); only if one is able to make the most of the natural tendencies of processes and events can one assist in the transforming and nourishing activities of heaven and earth; and only if one can assist in the transforming and nourishing activities of heaven and earth can human beings take their place as members of this triad.

第 23 章

其次致曲,① 曲能有诚。诚则形,形则著,著则明,明则动,动则变,变则化。② 唯天下至诚为能化。

Next one cultivates these processes and events with discretion so that each aspect of them is able to realize its own creativity (*cheng* 诚). When there is creativity there is something determinate; when there is something determinate, it is manifest; when it is manifest, there is understanding; when there is understanding, others are affected; when others are affected, they change; when they change, they are transformed. And only those of utmost creativity (*zhicheng* 至诚) in the world are able to effect transformation.

第 24 章

至诚之道,可以前知。国家将与,必有祯祥;国家将亡,必有妖孽。

---

① "曲" 的意思是 "某一方面"。许多注家认为,相对于第 22 章中对于修养功夫的描述,这句话描述的是较低层面的修养功夫。但是,这一章的结论最后仍然以 "至诚" 为归结。鉴于第 22 章的表述更多地是在一般意义上来说的,这里的讨论就较为具体和特定。此外,《荀子》第 3 篇《不苟》中也有对于 "至诚" 君子的描述,可以与此处的文字相对比。

② 这种感化他人的观念在《孟子》第 4 篇《离娄上》也有类似的表述:"至诚而不动,未之有也。不诚,未能动者也。"(There has never yet been a case in which those of utmost creativity have failed to influence things, while those lacking in creativity have never been able to do anything at all.)

见乎蓍龟，动乎四体。① 祸福将至，善，必先知之，不善，必先知之。故至诚如神。②

The way of utmost creativity (*zhicheng* 至诚) entails foreknowledge. When the state and family are about to flourish, there are bound to be auspicious omens and signs; when they are about to perish; there are bound to be ominous portents and auguries. These will be manifest in the milfoil and turtle plastron divinations, and will affect the movements of the four limbs. When a change in fortune is about to happen, either for good or for bad, it is bound to be known in advance. Thus utmost creativity is numinous.

第 25 章

诚者，自成也，而道自道也。诚者物之终始，不诚无物。是故君子诚之为贵。诚者非成己而已也，所以成物也。成己，仁也；成物，知也。③性之德也，合外内之道也。④ 故时措之宜也。

Creativity (*cheng* 诚) is self – consummating (*zicheng* 自成), and its way (*dao* 道) is self—directing (*zidao* 自道). Creativity is a process (*wu* 物) taken from its beginning to its end, and without this creativity, there are no e-

---

① 各种注释对"四体"有不同的解释："龟之四脚"（the four feet of the turtle）、"人体的四肢"（the limbs of the human body）、"整个身体本身"（the whole body itself）。"四体"这一表述同样出现于《论语》第 18 篇《微子》第 7 章，所谓"四体不勤"，以及《孟子》第 4 篇《离娄上》，所谓"士庶人不仁，不保四体"，特别是第 7 篇《尽心上》，所谓："君子所性，仁义礼智根于心，其生色也，睟然见于面，盎于背，施于四体，四体不言而喻。"在这些话语中，"四体"都是指人的四肢。

② 在神秘性（numinosity）和直觉洞察力（clairvoyance）之间的这种关系，在《易传》中是经常被引用的句子。

③ 这一段话让我们想到《论语》第 6 篇《雍也》第 23 章："子曰：'知者乐水，仁者乐山；知者动，仁者静；知者乐，仁者寿。'"（The Master said, "The wise (*zhi* 知) enjoy water; those authoritative in their conduct (*ren* 仁) enjoy mountains. The wise are active; the authoritative are still. The wise find enjoyment; the authoritative are long – enduring."）智慧要求得体和恰如其分。因此，在实现自我的过程中，一个人有必要将这种实现落实于其境遇。

④ 一个人是其他诸多事件之中的一个事件。自我的圆成（consummation）是指人品（character）的发展。人品是内外的关联，所谓"表里如一"。重要的是，这里的"内"、"外"之分和"阴"、"阳"一样，是一对两极相关而非二元对立的观念。内在的人品（character）和外在的行为（conduct）不能被视为两个互相排斥的区分。

vents. It is thus that, for exemplary persons (*junzi* 君子), it is creativity that is prized. But creativity is not simply the self – consummating of one's own person; it is what consummates events. Consummating oneself is authoritative conduct (*ren* 仁); consummating other events is wisdom (*zhi* 知). This is the excellence (*de* 德) of one's natural tendencies (*xing* 性) and is the way of integrating what is more internal and what is more external. Thus, whenever one applies excellence, it is fitting.

第 26 章

故至诚无息，不息则久，久则征，征则悠远，悠远则博厚，博厚则高明。博厚所以载物也，高明所以覆物也，悠久所以成物也。博厚配地，高明配天，悠久无疆。

如此者，不见而章，不动而变，无为而成。

天地之道，可一言而尽也："其为物不二，则其生物不测。"

天地之道，博也，厚也，高也，明也，悠也，久也。

今夫天，斯昭昭之多，及其无穷也，日月星辰系焉，万物覆焉。

今夫地，一撮土之多，及其广大，载华岳而不重，振河海而不泄。

今夫山，一拳石之多，及其广厚，草木生之，禽兽居之，宝藏兴焉。

今夫水，一勺之多，及其不测，鼋鼍蛟龙鱼鳖生焉，货财殖焉。

《计》曰："维天之命，于穆不已。"盖曰天之所以为天也。"于乎不显？文王之德之纯。"盖曰文王之所以为文也，纯亦不已。①

Thus, the utmost creativity (*zhicheng* 至诚) is ceaseless. Unceasing, it is enduring; enduring, it is effective; effective, it reaches far into the distance; reaching far into the distance, it is broad and thick; being broad and thick, it is high and brilliant. Its breadth and thickness enable it to bear up everything; its height and brilliance enable it to envelope everything; veaching far in the distance enables it to realize all events. Broad and thick, it is companion to the earth; high and brilliant, it is companion to the heavens; far – reaching and en-

---

① 这些征引《诗经》中的话，以具体的自然的以及历史的例子来继续讨论"诚"的理论或宇宙论。

during, it is without limit.

This process of utmost creativity is in full display without manifesting itself, changes without moving, and realizes without doing anything.

The way of heaven and earth can be captured in one phrase: Since events are never duplicated, their production is unfathomable.

The way of heaven and earth is broad, is thick, is high, is brilliant, is far - reaching, is enduring.

Now, the firmament (*tian* 天) is just an accummulation of light, but given its boundlessness, the sun, moon, stars, and constellations are all woven through it, and all things are covered by it.

As for the earth, it is just an accummulation of pinches of dirt, and yet given its expance and thickness, it bears up the mountains of Hua and Yue without feeling their weight, circulates the waters of the rivers and seas without any leakage, and bears up all things.

As for mountains, they are just an accumulation of handfuls of stone, and yet given their expanse and size, grass and trees grow on them, birds and beasts find refuge in them, and deposits of precious resources are replete within them.

And as for the waters, they are just an accummulation of spoonfuls of water, and yet given their bottomlessness, giant tortoises, alligators, a variety of dragons, fishes, and turtles live in them, and precious goods and commodities are reproduced within them.

The *Book of Songs* says:

> Ah! What *tian* promotes——
> So profound and unceasing.

This may describe what makes *tian tian*.
The *Book of Songs* says:

> So magnificent!
> The purity of King Wen's exellence!

This may describe what makes King Wen "cultured (*wen* 文) ." His purity too was unceasing.

第 27 章

大哉圣人之道，洋洋乎发育文王，峻极于天。优优大哉，礼仪三百，威仪三千，待其人而后行。故曰：苟不至德，至道不凝焉。

故君子尊德性而道问学，致广大而尽精微，极高明而道中庸，温故而知新，[①] 敦厚以崇礼。是故居上不骄，[②] 为下不倍。国有道，其言足以兴，国无道，其默足以容。[③]《诗》曰："既明且哲，以保其身。"其此之谓与？

---

① 参见《论语》第2篇《为政》第11章："子曰：'温故而知新，可以为师矣。'"（The Master said, "Revising the old as a means of realizing the new—such a person can be considered a teacher.")

② 比较《论语》第13篇《子路》第26章："子曰：'君子泰而不骄，小人骄而不泰。'"（The Master said, "The exemplary persons (*junzi* 君子) are distinguished but not arrogant; petty persons are arrogant.")

③ 比较《论语》第5篇《公冶长》第2章："子谓南容：'邦有道，不废，邦无道，免于刑戮。'"（The Master remarked, "As for Nanrong, when the way prevails in the world, he does not go unemployed, but when it does not prevail, he avoids punishment and execution.") 第5篇《公冶长》第21章："子曰：'宁武子，邦有道，则知，邦无道，则愚。其知可及也，其愚不可及也。'"（The Master said, "As for Ning Wuzi, when the way prevailed in the world, he was wise; when it was without the way, he was stupid. Others might attain his level of wisdom, but none could attain his stupidity.") 第8篇《泰伯》第13章："子曰：'笃信好学，守死善道。危邦不入，乱邦不居，天下有道则见，无道则隐。邦有道，贫且贱焉，耻也。邦无道，富且贵焉，耻也。'"（The Master said, "Make an earnest commitment to the love of learning (*haoxue* 好学) and be steadfast to the death in service to the efficacious way (*shandao* 善道). Do not enter a state in crisis, and do not tarry in one that is in revolt. Be known when the way prevails in the world, but remain hidden away when it does not. It is a disgrace to remain poor and without rank when the way prevails in the state; it is a disgrace to be wealthy and of noble rank when it does not.") 第14篇《宪问》第3章："子曰：'邦有道，危言危行，邦无道，危行言孙。'"（The Master said, "When the way prevails be periously high-minded in your speech and conduct; when it does not prevail, be periously high-minded in your conduct, but prudent in what you say.") 第15篇《卫灵公》第7章："子曰：'直哉史鱼。邦有道如矢，邦无道如矢。君子哉遽伯玉。邦有道则仕，邦无道则可卷而怀之。'"（The Master said, "How true was Shiyu! When the way prevails in the state, he was as true as an arrow; when it did not, he was still as true as an arrow. And Qu Boyu was indeed an exemplary person! When the way prevailed in the state, he gave of his service, and when it did not, he rolled it up and tucked it away.")

Great indeed is the sage's proper path (*shengren zhi dao* 圣人之道). So vast and expansive, it propagates and nurtures all things; so towering, it reaches up to the skies. So great indeed! The rites and ceremonies number fully three hundred, the rules of observance fully three thousand, and only the sage can carry them out. Thus it is said : "If persons are not of the utmost excellence (*zhide* 至德), the utmost path (*zhidao* 至道) will not take shape under their feet. "

Thus exemplary persons (*junzi*) prize their natural tendency towards excellence (*dexing* 德性) and go the way of study and inquiry. Extending this path to the futherest quarters and exhausting its every detail, they reach to the highest and brightest limits, and make focusing the familiar (*zhongyong* 中庸) their way. They revise the old in order to realize the new, and with real solemnity celebrate the rites and ceremonies (*li* 礼). It is for this reason that in achieving high status they are not arrogant, and when in lowly circumstances they are not disloyal. When the proper way prevails in the world, their words will enable them to flourish; when it does not, their silence will win them forbearance. The *Book of Songs* says :

> Enlightened, and also wise——
> Thus he guards his person.

Is this not what this passage means?

第 28 章

子曰："愚而好自用，贱而好自专，生乎今之世，反乎古之道。如此者，灾及其身也。"①

非天子，不议礼，不制度，不考文。今天下，车同轨，书同文，

---

① 朱熹认为，只有第一句话是孔子说的，其余是子思说的。但是，郑玄则认为整个都是孔子的话。这一段话对那些认为孔子一味"法古"的注家是一个挑战。

行同伦。① 虽有其位，苟无其德，不敢作礼乐焉。虽有其德，苟无其位，亦不敢作礼乐焉。

子曰："吾说夏礼，杞不足征也；吾学殷礼，有宋存焉；吾学周礼，今用之，吾从周。"②

The Master said, "Being foolish and yet insisting on depending upon themselves, being base and yet insisting on taking charge of themselves, being born into the present generation but returning to the ways of old——such people as these will bring down calamities on their own persons."

No one but the Son of *tian* (*tianzi* 天子) can preside over rites and ceremonies, make the laws, and determine the written script. Today in the empire our carriages have axles of the same width, in our writing we use a standard script, and in our conduct we accept the same norms. Even if one has ascended the throne, if ha has not achieved the necessary excellence (*de* 的), he dare not initiate ceremonies and music (*liyue* 礼乐) for the court. If he has achieved excellence but does not occupy the throne, he also dare not initate ceremonies and music for the court.

The Master said, "I can explain the ritual observances of the Xia dynasty, even though its descendent state, Qi, does not provide adequate evidence. I have studied the ritual observances of the Shang dynasty, and moreover, its descendent state, Song, has preserved them. I have studied the ritual observances of Zhou dynasty that we presently use. I follow the Zhou."

---

① 度量衡的统一是在秦始皇时期。司马迁的《史记》对此有明确的记载。

② 比较《论语》第 3 篇《八佾》第 9 章："子曰：'夏礼吾能言之，杞不足征也。殷礼吾能言之，宋不足征也。文献不足故也。足，则吾能征之矣。'"（The Master said, "I am able to speak on the ritual observances during the Xia dynasty, but its descendent state, Qi, does not provide adequate evidence. I am able to speak on the ritual observances during the Yin (Shang) dynasty, but its descendent state, Song, does not provide adequate evidence. It is because these states have inadequate documentation and few men of letters. If there were adequate in these respects, I would be able to give the evidence for what I say."）这里的矛盾或许反映这样一个事实：子思本人是宋国人。将本章的结尾与《论语》第 3 篇《八佾》第 14 章的这段话比较："子曰：'周监于二代。郁郁乎文哉，吾从周。'"（The Master said, "The Zhou dynasty looked back to the Xia and shang dynasties. Such a wealth of culture! I follow the Zhou."）

第 29 章

王天下有三重焉，其寡过矣乎!① 上焉者，虽善无征；无征不信；不信，民弗从。下焉者，虽善不尊;② 不尊不信；不信，民弗从。

故君子之道，本诸身，征诸庶民，考诸三王而不缪，建诸天地而不悖，质诸鬼神而无疑，百世以俟圣人而不惑。③

质诸鬼神而无疑，知天也；百世以俟圣人而不惑，知人也。是故君子动而世为天下道，行而世为天下法，言而世为天下则。远之则有望，近之则不厌。《诗》曰:"在彼无恶，在此无射，庶几夙夜，以永终誉。"君子未有不如此而誉于天下者也。

For the person who would be the true king over the empire, attention to three important matters will minimize errors. With respect to the ritual observances that were practiced by those who came before the Zhou Kings, however efficacious (*shan* 善) they might have been, they cannot be corroborated (*zheng* 征), and since they cannot be corroborated, they lack credence (*xin* 信), and lacking credence, the common people will not follow them. As for those ritual observances practiced by those who came later, however efficacious they might be, they are not held in high esteem (*zun* 尊), and without esteem they lack credence, and lacking credence, the common people will not follow them.

Thus, the proper way (*dao* 道) of this ruler (*junzi* 君子) is rooted in his own person, is corroborated by the ordinary people, and is compared with the

---

① 有些注家认为，这句话是指前一章中提到的"王"的"议礼、制度、考文"这三种权利。所谓"非天子，不议礼，不制度，不考文"。另一种可能是，它也可能指这一章本身的"善"、"征"和"信"或善、"尊"和"信"。

② 这里的"上"和"下"既不是单指时间上的前后，也不是单指地位上的高低，而是两方面兼指。正如一些注家，这一点是不寻常的。

③ 比较《孟子》第 2 篇《公孙丑上》第 2 章中对孔子的如下描述:"子贡曰:'见其礼而知其政，问其乐而知其德，由百世之后，等百世之王，莫之能违也。自生民以来，未有夫子也。'"（Zigong said, "In seeing the ritual he can identify the government; in hearing the music he can identify its excellence. If a hundred generations hence we were to critque the kings of these hundred generations, none would be able to abandon the way of Confucius. From the dawn of humankind, there has yet to be his equal."）

way of the Tree Kings so there is no mistake. Established between the heavens and the earth, this way does not run contrary to their operations. Confirmed before the gods and spirits, no doubts attend it. Having waited one hundred generations for the appearance of the sage (*shengren* 圣人), there are no second thoughts.

Confirming this way before the gods and spirits so there is no doubt about it, is to know (*tian* 天); having waited one hundred generations for the appearance of the sage so there are no second thoughts, is to know the human (*ren* 人). It is for this reason that this ruler moves and generations take his conduct as a way for the world, acts and generations take his actions as a model for the world speaks and generations take what the says as the novm for the world. Those at a distance look to him in expectation; those close by never weary of him. The *Book of Songs* says:

> Over there no one dislikes him,
> Here no one tires of him;
> Let's continue night and day
> To extend our praises to him.

There has never been a ruler who distinguished himself throughout the empire at an early age who was not as good as this.

第 30 章

仲尼祖述尧舜，宪章文武，上律天时，下袭水土。辟如天地之无不持载，无不覆帱；辟如四时之错行，如日月之代明。

万物并育而不相害，道并行而不相悖。小德川流，大德敦化。此天地之所以为大也。

Zhongni (Confucius) revered Yao and Shun as his ancestors and carried on their ways; he emulated and made illustrious the ways of Kings Wen and Wu. He modeled himself above on the rhythm of the turning seasons, and below he was attuned to the patterns of water and earth. He is comparable to the heavens and the earth, sheltering and supporting everything that is. He is comparable to the progress of the four seasons, and the alternating brightnesses of the sun and moon.

All things are nurtured together and do not cause injury to one another; the various ways are traveled together and are not conflicted. Their lesser excellences are to be seen as flowing streams; their greater excellences are to be seen as massive transfromations. This is why the heavens and earth are so great.

第 31 章

唯天下至圣，为能聪明睿知，足以有临也。宽裕温柔，足以有容也。发强刚毅，足以有执也。齐庄中正，足以有敬也。文理密察，足以有别也。溥博渊泉，而时出之。溥博如天，渊泉如渊。见而民莫不敬，言而民莫不信，行而民莫不说。

是以声名洋溢乎中国，施及蛮貊。舟车所至，人力所通，天之所覆，地之所载，日月所照，霜露所队，凡有血气者，莫不尊亲。故曰配天。

Only those of utmost sagacity (*zhisheng* 至圣) in the world:

> have the perspicacity and quickness of mind needed to oversee the empire;
> have the tolerance and flexibility needed to win them the forbearance of others;
> have the energy and fortitude needed to maintan their grasp;
> have the poise and impeccability needed to command respect;
> have the culture and discernment needed to be discriminating.

So broad, expansive, and profoundly deep, in a timely way they express these virtues. So broad and expansive like the heavens themselves; so profoundly deep like a bottomless abyss: They appear and all defer to them; they speak and all have confidence in what they say; they act and all find pleasure in what they do.

It is for this reason that their fame spreads out over the Central states, extending to the Man and Mo barbarians in the south and north. Everywhere that boats and carriages ply, everywhere that human strength penetrates, everywhere that is sheltered by the heavens and is borne up by the earth, everywhere that is illumined by the sun and moon, everywhere that the frosts and dew settle——all creatures that have breath and blood revere and love them. Thus it is said that they are the complement of (*tian* 天).

第 32 章

唯天下至诚，为能经纶天下之大经，立天下之大本，知天地之化育。夫焉有所倚！肫肫其仁，渊渊其渊，浩浩其天。苟不固聪明圣知达天德者，其孰能知之！①

Only those in the world of utmost creativity (*zhicheng* 至诚) are able to separate out and braid together the many threads on the great loom of the world. Only they set the great root of the world and realize the transforming and nourishing processes of heaven and earth.

> How could there be anything on which they depend?
> So earnest, they are authoritative (*ren* 仁);
> So profound, they are a bottomless abyss (*yuan* 渊);
> So pervasive, they are *tian* 天.

Only those whose own capacities of discernment and sagely wisdom extend to the powers of *tian* could possibly understand them.

第 33 章

诗曰："衣锦尚炯。"恶其文之著也。

---

① 在这种以人为中心的宗教感受性（human - centered religious sensibility）中，证明那些文化上的英雄豪杰人物使得天成为决定性的和富有意义的。

故君子之道，黯然而日章；小人之道，的然而日亡。君子之道，淡而不厌，简而文，温而理，知远之近，知风之自，知微之显，可与入德矣。

《诗》云："潜虽伏矣，亦孔之昭。"故君子内省不疚，无恶于志。君子之所不可及者，其唯人之所不见乎！"

《诗》云："相在尔室，不愧屋漏。"故君子不动而敬，不言而信。"

《诗》曰："奏假无言，時靡有争。"是故君子不赏而民劝，不怒而民威于斧钺。

《诗》曰："不显惟德，百辟其刑之。"是故君子笃恭而天下平。"

《诗》云："子怀明德，不大声以色。"子曰："声色之于化民，末也。"

《诗》曰："德遒如毛。"毛犹有伦，"上天之载，无声无臭，"① 至矣！

The *Book of Songs* says:

> Over her brocade skirts
> She wears a plain robe.

This means she hates to make a display of her refinement.

Thus, the ways of exemplary persons (*junzi* 君子) while hidden, day by day become more conspicuous; the way of petty persons while obvious, day by day disappear.

> The ways of exemplary persons are plain and not wearisome,
> Simple and refined,
> Amicable and coherent
> Those who know the nearness of what is distant,
> The source of what is customary,

---

① 比较《论语》第 17 篇《阳货》第 19 章："子曰：'予欲无言。'子贡曰：'子如不言，则小子何述焉？'子曰：'天何言哉。四时行焉，百物生焉。天何言哉！'"（The Master said, "I think I will leave off speaking." "If you do not speak," Zigong replied, "how will we your followers find the proper way?" The Master responded, "Does (*tian* 天) speak? And yet the four seasons turn and the myriad things are born and grow within it. Does *tian* speak?"）

And the conspicuousness of what is subtle—
Such persons can enter the gates of excellence.

The *Book of Songs* says:

Although having dived down to lie on the bottom,
The fish is still highly visible.

Thus exemplary persons on introspection are not dissatisfied, and find no fault in their purposes. It is precisely what is truly exceptional about exemplary persons, that others cannot see.

The *Book of Songs* says:

Being seen as you dwell in your own residence,
Be without shame even in the most secluded corner.

Thus, exemplary persons are respected without lifting a hand, and are credible without having spoken a word.

The *Book of Songs* says:

Approaching and presiding at the sacrifice in silence,
At such a time there is no contention.

It is for this reason that exemplary persons offer no reward and yet have the best efforts of the common people; show no anger and yet the people stand in awe of their symbols of sovereignty. The *Book of Songs* says:

Without making a show of his excellence,
The various vassals model themselves after him.

It is for this reason that exemplary persons are earnest and reverential, and the world is at peace.

The Book of the Songs says:

> Harboring the highest ecellence in your breast,
> You have no need of loud words or intimidating looks.

The Master said, "Loud words and intimidating looks are of little use in transforming the common people."

The Book of the Songs says:

> The influence of excellence is as light as a feather.
> But even a feather is too heavy in the comparison.
> The natural world around us goes about its work without using sound or scent.

It is indeed superlative.

附录一："礼"与古典儒家非神论的宗教性

一 引论

古典儒学一方面是非神论的（a - theistic），一方面又具有深刻的宗教性。它是一种没有上帝的宗教，是一种肯定累积性人类经验自身的宗教。儒学颂扬这样一种方式：人的成长和拓展的过程既为意义总体所塑造，同时又对意义总体有所贡献，而这个意义总体，我将称之为"共同创造性"（co - creativity）。在古代文献中，"共同创造性"有许多彼此相关的表述（"仁"、"君子"、"圣人"、"和"、"中庸"），而用杜威的话来说，所有这些都是在努力中"行动与经历"（doing and undergoing），这种努力为的是从一个人的各种经验中最大限度地有所取益。

在这种类型的宗教性与亚伯拉罕传统之间，存在着一些深刻的区别，后者规定了西方文化经验中宗教的意义。在这篇论文中，我将论证：西方的"崇拜"模式遵从有关于某种时间上在先的、独立的以及外在的力量（agency）的终极意义（ultimate meaning）——施莱尔马赫（Schleiermacher）称之为"绝对的依赖"（absolute dependence），而与这种模式不同的是，儒家的宗教经验本身是繁荣社群（flourishing community）的产物，在那种繁荣社群中，宗教生活的质量直接取决于公共生活的水准。宗教不是繁荣社群的根源，也不是繁荣社群赖以建立的基础，毋宁说，宗教是繁荣社群的产物，是繁荣社群结出的花朵。

第二个重要的区别是，儒家的宗教既不是救赎性的（salvific），也不是末世论的（eschatological）。尽管它的确承担了某种类型的转化，然而，这是一种特殊的转化，是在日常事务中一个人生活质量的转化。

对于这种"非神论的"，以礼为中心的（li - centered）宗教性，我想试图依据《论语》以及将其表达得更为清楚的《中庸》来加以阐述。这样一种儒学宗教性的定义,既将挑战那种人们熟悉的以"天"为中心的对古典儒学的"基督教化"诠释,同时也将挑战那种认为儒学只不过是一种世俗人文主义的缺乏根据的主张。我相信,这种讨论与我们当代的世界尤具相关性,因为它向我们提供了一种非神论的宗教性"人文主义"的精致的范例。这种非神论的宗教性人文主义,或者我们可以更好地称之为"自然主义"。20 世纪早期,包括费利克斯·阿德勒(Felix Adler)、柯梯斯·利斯(Curtis W. Rees)、查尔斯·弗兰西斯·波特(Charles Francis Potter)以及约翰·杜威等人在内的一场美国运动曾经提倡过这种人文主义,但是后继乏人。① 这些哲学家认为,晚近以来人类文化特别是科学的发展,将人性置于十字路口,使得诸如有神论的"上帝"这样的宗教实践的超自然向度(supernatural dimension)不仅荒废而且退化了,因此,就需要大规模地修正那种颂扬人类社群无条件价值的宗教感受性(religious sensibilities)。这种宗教人文主义之所以未能赢得听众,在相当程度上既是由于表述中掺杂了种种稀奇古怪的想法,也是因为绝大部分人执著于主流有神论宗教的超自然主义,不能接受新的说法。也许,古代中国人的经验将会使我们能更好地理解这些宗教改革家。

　　为了集中讨论古典儒家的宗教性,我将从区分儒家意义上的"共同创造性"("中庸")的观念与西方的"作为强力的创造"(creation – as – power)的观念入手。"共同创造性"强调充分利用人们的经验,"作为强力的创造"则基本上要在那种诉诸于一种超越的、超自然的意义根源的宗教语境中来理解。"创造性"与"强力"之间这种根本性的区别,使我们能够产生替代的语汇,以说明儒家的宗教性,并更好地理解日常的人类经验如何能够成为强烈宗教经验的创造性根源,而那种日常的人类经验,是通过家庭和社群中的各种角色与关系所达成的礼仪化的生活。我将探讨,作为一种能动的社会基本法则,礼的过程是如何不仅确定并且创造出有意义的人类,他们能够过着一种具有深刻宗教性的生活。我将提出这样的主张:礼确实是人的"教育"过程,它将不完善的人扩展(*extends*)

---

　　① 尽管杜威自己确实有时使用"人文主义"(humanism)这个词,他的"自然的虔敬"(natural piety)的主张最好描绘为"自然主义",因为他的思想决不是人类中心主义的。相反,他的环境论(contextualism)将人类完全置于自然界之中,人类社群在其中与自然的律动与章奏协动。

为具有丰富灵性经验（spiritual experience）的中心。

二　创造性与强力

为了更清楚、更集中地分析晚近以来有关"创造性"的那种怀特海式的过程概念，郝大维（David Hall）诉诸于那种"以无为形式"（wu - form）的道家感受性（无为，无知，无欲）。他说：

> 创造性是这样一个概念，它只能根据自我实现（self - actualization）来加以把握，它与强力（power）的关系不同，后者要求对于不同要素之间的张力以有利于其中的某一个这种方式来解决，而在创造性所规定的关系中，没有他者（otherness），没有分离或疏离，没有什么要克服。①

对创造性的这样一种规定是不可能与诉诸外部动因的决定作用的绝对主义宗教理论相调和的。实际上，郝大维担心的是他所认为的一种持久的混乱。这种混乱伴随着除最近以外的几乎所有存在于西方宗教文化所熟悉的创世论中的有关宗教体验的思想："就像人们通常理解的那样，无中生有（creatio ex nihilo）的创世论实际上是所有强力关系（power relationship）的范型，因为这种关系的"创造"成分完全由它的"对立面"（other）所支配，而它的"对立面"本身却什么都不是（nothing）。② 正是这种强力的关系引出了实在与现象，一与多之间本体论的区分，这种区分将"创造性"化约为"强力"（这是指一个事物规定另一事物的力）；如此也就排除了那种作为自我实现的"创造"的任何一点可能性，如查拉图斯特拉（Zarathustra）所说："如果已有诸神，那末创世又

---

①　参见郝大维（David L. Hall）《不定的凤凰》（*The Uncertain Phoenix*. New York：Fordham University Press，1982），第 249 页。要了解关于这些观念的更新的讨论，参见郝大维、安乐哲《由汉而思：中西文化中的自我、真理与超越性》（David L. Hall and Roger T. Ames，*Thinking from the Han：Self，Truth，and Transcendence in Chinese and Western Culture*，Albany：State University of New York Press，1998）。

②　参见郝大维《不定的凤凰》，第 249 页。

意味着什么呢?"①

　　在宇文所安（Steve Owen）看来，这种"强力/创造性"的区别是个问题。这表现于他很不情愿地用英语中"poem"这个词来翻译"诗"这个中文字。他说：

　　　　我们将"诗"译成"poem"，仅仅是由于这样译起来比较方便。"诗"并不是"poem"，"诗"不是像我们做一张床、刷油漆、做鞋子那样"做出来的东西"（thing made）。当然，一首"诗"要经由构思、揣摸，独具匠心的表达，但这些都与一首"诗"在本质上"是什么"毫不相关。"诗"不是其作者的"对象"，它就是作者本人，是内在性的外在化。②

　　宇文所安的意思，诗歌（poem）不是那种创造出某种异己之物的艺术性的"强力"；它是自我实现的创造性过程。宇文所安恐怕会将"诗"从亚里士多德的"生产科学"（*poietike techne*）——科学中最低的一等——中分离出来。而事实上，在亚里士多德那里，"诗学"却被当做"生产科学"最好的例证。

　　归根结底，只有"共同创造"的过程才能够被合理地解释为"创造"，在"共同创造"的过程中，本体论上的区别被舍弃了，代之以一切事物之间在宇宙论上的平等地位（cosmological parity），并且，在"共同创造"的过程中，独特的个体及其环境被看做是相互塑造的。换言之，"创造"始终是"共同创造"，因为不可能有一种创造不是交互性的、过程性的以及合作性的努力。事实上，作为自发性地涌现新生事物，这种创造的过程性概念在西方哲学思维中的发展是如此地晚近，以至于直到

---

　　① 《查拉图斯特拉如是说》II，第 2 页。参见西谷启治《虚无主义的自我克服》（*The Self—Overcoming of Nihilism*，Trans. Graham Parkes with Setsuko Aihara. Albany：State University of New York Press，1990），第 49 页。

　　② 宇文所安（Stephen Owen）：《中国文学思想资料》（*Readings in Chinese Literary Thought*，Cambridge，Mass.：Council on East Asian Studies，Harvard University，1992），第 27 页。宇文所安对"诗"的思索的唯一问题是，他似乎倾向于将他的眼光只限于诗歌，认为它与别的艺术形式截然不同。正如 A. N. 怀特海所说："艺术是大自然的教育"。这与以下这些看法成为对照：艺术是对大自然的形式（柏拉图）或作用（亚里士多德）的模仿，或艺术是大自然的转换（存在主义者，浪漫主义者），或是大自然的升华（弗洛伊德）。

1971 年版的《牛津英语辞典》这一权威性的西方文明的记录，才在其"补编"中将这个新条目包括在内，它附有三条例证，其中两条明确地指导有兴趣的读者阅读怀特海的《形成中的宗教》（1926 年）。

与此形成对照，在中国的非宇宙起源论（noncosmogonic）传统——儒家以及道家——中，这种"共同创造"的观念即使不是决定性的，也是人们所熟悉的感悟方式。在道家哲学中，它存在于"无为"的观念中，而在儒学中，它有许多表达方式。例如，在《论语》第 6 篇《雍也》中，孔子说：

> 夫仁者，己欲立而立人，己欲达而达人。能近取譬，可谓仁之方也已。
>
> Authoritative persons establish others in seeking to establish themselves and promote others in seeking to get there themselves. Correlating one's conduct with those near at hand can be said to be the method of becoming an authoritative person (ren). （仁者在设法确立自己的时候也把别人确立起来，在达到自己目的的时候也促进别的人，把自己的行为与身边的人们联系起来，这可以说是成为仁者的方法。）

三 共同创造（诚）与叙述的独特性

"诚"——"共同创造"——常常被译为"sincerity"或"integrity"。Integrity 这一观念至少有两种极不相同的意思，它们是区分强力与创造的必然结果。第一种意思属于那种作为统一体的客体，这是"创造即强力"的世界观中的客体。第二种则是指"共同创造"模式中变化着的事件的持续性和连续性，这些事件塑造了它们的环境，也为它们的环境所塑造。因此，它同时既是完整（integrity），又是整合（integration）。

由于没有现象与实在这两个世界的区别，古典儒家传统没有产生二元论的世界观，对于主张作为客观性（objective）的实在这样一种的观念来说，那种二元论的世界是必要的。客观性的观念提供了一种外在于"客体"的视角，并由此而把它们作为对象创造了出来（它们的"对象"）。

没有了这种客观性的观念，就只可能存在匆匆而过的环境之流。没有了客观性，客体就溶解于我们周遭的变化不定之流之中。它们不是物体，而是事件。并且，作为事件，它们与别的事件之间存在着连续性，这样也就融入到我们经验的交互性过程之中。一种去客体化的（deobjectified）、去事实化的（defactualized）话语（discourse），就是过程性的语言，并且，言说和聆听这种语言，也就是去经验事物之流。

客体由于其所禀有的本质而成为完整的个体，在这样的客体世界之中，一体性（integrity）是各类自然品种所共有的、完全相同的特征，这种特征使这些品种中的任一个都成其为共性品种的一个。它们自身因此而具有意义。

那么，"诚"就是这种本质概念的过程性的类似物，它是由定义一种特定"事件"的构成关系的独特性和持续性所规定的。"事件"是一个比"客体"或"事物"更为恰当的术语，因为它意味着这样的经验是"某一类中的一个"（one - of - a - kind）。在这样一种世界中，事件的意义是在它们的关系之中获得的某种东西。《中庸》第 25 章直接讲到这个问题：

> 诚者自成也，而道自道也。诚者物之终始，不诚无物。是故君子诚之为贵。诚者非自成己而已也，所以成物也。成己，仁也；成物，知也。① 性之德也，合外内之道也，故时措之宜也。

> Creativity is self - consummating, and its way is self - directing. Creativity is a process taken from its beginning to its end, and without this creativity, there are no events. It is thus that, for exemplary persons it is creativity that is prized. But creativity is not simply the self - consummating of one's own person; it is what consummates events. Consummating oneself is authoritative conduct; consummating other events is wisdom. This is the

---

① 这一段文字使人想起《论语》第 6 篇第 23 章："子曰：'知者乐水，仁者乐山；知者动，仁者静；知者乐，仁者寿。'"（The Master said, "The wise enjoy water; those authoritative in their conduct enjoy mountains. The wise are active; the authoritative are still. The wise find enjoyment; the authoritative are long - enduring."）智慧要求适合于环境（见《论语》第 6 篇第 22 章）。智慧要求得体和恰如其分。因此，在实现自我的过程中，一个人有必要将这种实现落实于其境遇。

* 中译者注：amor fati 是尼采的用语，意为"命运之爱"（love of fate），人们接受已被决定的东西。尼采称它为"说明人的伟大的公式"（formula for man's greatness）。

excellence of one's natural tendencies and is the way of integrating what is more internal and what is more external. Thus, whenever one applies excellence, it is fitting.（共同创造就是自我实现，其方式是自我推进。共同创造乃是一个事件由始至终，没有共同创造，就没有了事件。因此，对于君子而言，要褒赞的就是共同创造。但共同创造并非一个人的自我实现，而是使事件得以实现的东西。实现自我是仁，实现事件则是智慧。这是一个人的自然趋向中最为卓越之处，也是将更加内在和外在的东西统合起来的方式。因而无论何时运用这种至德都是适宜的。）

诚的观念并不承担创世说上的谬误，在那种谬误中，假定有一种根本的、不变的成分，这种成分贯穿于任何一个特殊事物的叙述（narrative）之中。共同创造就是叙事本身的连贯性，它的持久性和连续性。这种叙述塑造着不断变化着的环境，同时也为环境所塑造。

如果改用比较具体的语言来表述这种形而上的区别的话，那就是说，将人性定义为过程，即人类经验的积聚，是对哲学上那种将人性物化和将它视为是现成不变的倾向的挑战。社群的基础不是那种哲学上相同的、预先设定的思想（mind），而是"功能性的"、"工具性的"的原初之心（inchoate heart–mind）。它以关系语言来表达，通过交流产生目的、信念、志向和知识，而这对于建立具有共识的有效的社群是必需的。人性的实现不是通过全心全意参与公共生活的各种形式，而是通过社群之中的生活，正是那种生活全然造就了人性。

这种以社会的相互作用和有效的交往来构造人的思维的表述，显示了诚的一个更为深刻的维度。用"integrity"来翻译"诚"，是不能充分表达这一维度的，翻译为"co–creativity"，也不能明确地表达。正如我们所知，"诚"的另一种，也许人们更加熟悉的译法是"sincerity"（"真诚"）。"Sincerity"这个词的好处在于描述了一种对目的的信守，一种行动的品质，一种对自我实现过程的庄严确认，一种"*amor fati*"的儒家表述。

四   中庸：在日常事务中持守中道

除了"仁"之外，早期儒家用以表达"共同创造"（我在此文中集中讨论这一观念）的另一个词是"中庸"，它最初出现于《论语·雍也》：

> 子曰："中庸之为德也，其至矣乎！民鲜久矣。"①
>
> The Master said: "The excellence required to focus the familiar is of the highest order. That it is rare among the people is an old story." （孔子说："由在日常事务中守中道而得来的德性是最高的。能够长期这么做的人太少了。"）

　　作为人，我们的叙述从其性质来看，是不断发展的，是汇聚而成的，因此，在其人生旅途中，那些想显达于世的人会义不容辞地对这种叙述作出适当的调整。实际上，正是由于始终坚持注意在其人生的日常事务中持守中道、以求得平衡（equilibrium），一个人才会最终获得一种宗教体验，并且从中获益。平衡（中庸）是通过学习而获得的、在塑造人的自然、社会和文化环境中守中道的能力，它是一种富有意义、充满生机的和谐，"和"则是通过各种样式的敬（patterns of deference）而达到的。随着人们通过这些样式的敬在世界上日益扩展自己时，这种"中"就使他们能够参与天地之化育，最终成为宇宙万物的共同创造者：

> 致中和，天地位焉，万物育焉。
>
> When equilibrium and focus are sustained and harmony is fully realized, the heavens and earth maintain their proper places and all things flourish in the world. （当平衡和和谐得到了充分的实现，天与地各得其所，而万物在世间繁荣滋长。）

> 唯天下至诚，为能经纶天下之大经，立天下之大本，知天地之化育。夫焉有所倚？肫肫其仁！渊渊其渊！浩浩其天！②

---

① 这个版本的《中庸》使人们想到《论语》第 12 篇第 1 章："一日克己复礼……"第 4 篇第 5 章："君子无终食之间违仁，"第 4 篇第 6 章："有能一日用其力于仁矣乎？"以及第 6 篇第 7 章："回也，其心三月不违仁，其余则日月至焉而已矣。"

② 《中庸》第 1、32 章。

Only those in the world of utmost creativity (*zhicheng* 至诚) are able to separate out and braid together the many threads on the great loom of the world. Only they set the great root of the world and realize the transforming and nourishing processes of heaven and earth. How could there be anything on which they depend? So earnest, they are authoritative (*ren* 仁); So profound, they are a bottomless abyss (*yuan* 渊); So pervasive, they are (*tian* 天). (只有那些最能共同创造者能够在世界这台大织机上穿梭自如，只有他们确立了世界的根本并实现了天地转化滋长的过程。他们又会有什么要凭借的呢？他们是诚挚的仁者；他们就像不可测度的深渊一样深沉；他们就像天一样包容宽广。)

五　教育的过程：是引出还是引导

源自这些崇敬方式的成长和扩展是教育的结果。"Educate"（意为"教育"）这个英文词的词源给我们提供了有用的区别，这种区别也是区别"强力/创造性"的必然结果。"Educate"可以表示"*educare*"（此为拉丁文，意为"引导"——译者）："培养、培植、使成长"，意指发现过程的意义上的成长，实现一种既定的潜在可能性，在这个意义上，教师的作用像《美诺篇》（此为以苏格拉底为主角的柏拉图的一篇对话体著作——译者）中的苏格拉底，只是促使已经在那儿存在的某个东西出现。然而"educate"（教育）也能表示"*educere*"（此为拉丁文，意为"引出"——译者）："引出、诱导出、唤起、引导"，是指导师与学生的共同努力，其中有对此关系的特定条件和他们创造的可能性的特别关注。第一种意义也许在西方的用法中更加常见，它求助于对理想典型的表达，而第二种意义有"引出"之意，是指通过示范和仿效的过程帮助他人"弘道"，而这种示范和仿效必须符合这个人自身的特定条件：

当仁，不让于师。[①]

In striving to be authoritative in your conduct, do not yield even to

---

① 《论语》第15篇、第36章。

your teacher. （在使你自己的行为能当得上仁时，即使是你的老师也不要输给他。）

教育经过这样的解释就是一个相互作用的过程，既有连续性，又有创新性，即所谓的教学相长。正是这种意义上的教育才是《中庸》中的"达道"所表达的意思。①

《论语》第9篇第11章的一段话是对"引导"、"弘道"这第二种意义的经典表述，在这段很精彩的话中，颜回描述了他在孔子引导下一步一步向前迈进的过程。就在这个行进过程中，他开拓了自己的道路：

颜渊喟然叹曰："仰之弥高，钻之弥坚；瞻之在前，忽焉在后。夫子循循然善诱人，博我以文，约我以礼，欲罢不能，既竭吾才，如有所立卓尔。虽欲从之，末由也已。Yan Hui, with a deep sigh, said, "The more I look up at it, the higher it soars; the more I penetrate into it, the harder it becomes. I am looking at it in front of me, and suddenly it is behind me. The Master is good at drawing me forward a step at a time; he broadens me with culture and disciplines my behavior through the observance of ritual propriety. Even if I wanted to quit, I could not. And when I have exhausted my abilities, it is as though something rises up right in front of me, and even though I want to follow it, there is no road to take." （颜回深深地叹息说："我越仰头看它，它就越高；我越深入它，它就越坚硬。我正看着它在我前面，忽然又到了我的后面。老师善于把我引向前；他以文化来开阔我，以礼节来约束我。我欲罢不能。当我才力已竭时，在我前面像是耸立起来了什么东西，而当我想要追随它时，却又无路可寻。"）

六　作为主导隐喻的家庭

作为一种社会组织形式，一个规定礼之内容的仪式化的角色和关系的辐射中心，家庭为最有效地拓展人生道路提供了模式，即在人生体验中最

---

① 参见《中庸》第1、第20章。"达"字意为"突破"，就像谷粒萌芽生长，破土而出。

大限度地给予和获取。

> 君子务本，本立而道生。孝弟也者，其为仁之本与！①
> Exemplary persons (*junzi* 君子) concentrate their efforts on the root, for the root having taken hold, the proper way (*dao* 道) will grow therefrom. As for filial and fraternal responsibility, it is, I suspect, the root of authoritative conduct (*ren* 仁). （君子要致力于根本，抓住了根本，道就会随之而来。孝和慈爱的责任感，我想就是仁的根本吧。）

这个说法表明，将家庭与人类其他组织相比，人更可能完全地、无条件地献身于家庭。将家庭关系提升到中心地位，其意图是将人的整个身心毫无保留地投入到他的每一个行动中。

家庭力量的作用是作为辐射中心促进人的成长。当自然的家庭和社群关系不被看做与更高的、超自然的关系相竞争、相冲突，或者不被看做是依赖这种超自然的关系之时，家庭的这种力量就会极大地增强。正是由于从家庭向外的扩展，个人就作为社群的、文化上的，最终是宗教上被敬仰的对象出现了。君子在他们生活的日常经验中获得强烈的宗教感受，并逐渐升华为他们的家庭和社群的先人，对祖先的传统（"天"，它在更宽泛意义上界定了中国文化）作出了自己的贡献。

中文"教"这个词大多译为"education"（意为"教育"）或"teaching"（意为"教学"、"教导"），字源学的分析表明，教育过程主要是在家庭背景下进行的。根据《说文解字》，"教"意为："上所施，下所效也，从文从孝。"应当注意，这同一个"教"字在中国传统的早期带有浓厚的宗教含义，它与道教和作为国家的意识形态儒教相联系时就更其如此。②

一般地说，是各种样式的敬构成了家庭本身，是家庭成员相互之间适宜的举止行为产生和规定了特定的、合乎礼的身份和关系，并赋予其权威性。教化的过程就是通过这些身份和关系而进行的。就像《中庸》第20

---

① 《论语》第1篇第2章。
② "儒教"这个词早在司马迁的《史记》中就已经出现，见《史记》，中华书局1959年版，第3184页。

章所说:

> 亲亲之杀, 尊贤之等, 礼所生也。①
>
> The degree of devotion due different kin and the degree of esteem ac-
> corded those who are different in character is what gives rise to ritual pro-
> priety. (由不同亲缘关系而来的爱的等级, 以及由品格上质的差异而
> 来的不同程度的尊重, 导致了对礼的遵守。)

是以下这一事实使礼仪化的身份和关系根本不同于法规或法律: 它们
不仅必须落实到具体的人, 而且遵从礼的特殊的个人品质是它们的效验的
最终标准。②

七　教育的过程和内容

最近, 罗思文与我在翻译定州本《论语》时讨论了如何理解礼, 我
们提出这样一种批评性的看法:

> 也许, 对于弄清孔子世界中的礼是什么这个问题, 其最大障碍是
> 这样一种看法: 以为礼是我们自己的世界所熟悉的东西……［因而］
> 我们充分地了解它所涵衍的内容。(第 52 页)

《说文解字》一语双关地将礼规定为"履"(有行路之意)。③ 人们读
《论语》时有一种忽视中间部分第 9 至第 11 篇的倾向。它们主要是一组

---

① 我们根据《孔子家语》(《索引》17. 1/34/14) 中的文字作这样的修改: "亲亲之教,
尊贤之等, 礼所以生也。礼者政之本也。"孔子反复申明这样一种观点: 礼作为一种文饰, 是稍
后的事情, 见《论语》第 3 篇第 8 章: "子夏问曰: '巧笑倩兮, 美目盼兮, 素以为绚兮'。何谓
也? 子曰: '绘事后素。'曰: '礼后乎?'子曰: '起予者商也! 始可与言《诗》已矣'。"又见
《论语》第 3 篇第 4 章, 第 6 篇第 27 章, 第 12 篇第 15 章。

② 见《论语》第 3 篇《八佾》第 3 章: "人而不仁, 如礼何? 人而不仁, 如乐何?" (What
has a person who is not authoritative got to do with observing ritual propriety? What has a person who is not
authoritative got to do with the playing of music?)

③ 卡尔格伦 (Bernhard Karlgren) 在其《新编中国文法》 (*Gramata Serica Recensa*. Stock-
holm: The Museum of Far Eastern Antiquities, 1957) 中提出这两个字在古代的发音相同。

描绘孔子这一历史人物的个人生活的写照。然而正是这些章节最充分地显示了一个士大夫在参与日常朝政时，其行为之得当所达到的程度。其行为举止是如此设计的：极其谦卑的姿态，衣服的式样，其步伐的节奏，还有他的姿势和面部表情，他讲话的音调，甚至呼吸的起伏：

> 入公门，鞠躬如也，如不容。
> 立不中门，行不履阈。
> 过位，色勃如也，足躩如也，其言似不足者。
> 摄齐升堂，鞠躬如也，屏气似不息者。
> 出，降一等，逞颜色，怡怡如也。
> 没阶近趋，翼如也。
> 复其位，踧踖如也。[①]

> On passing through the entrance way to the Duke's court, he would bow forward from the waist, as though the gateway were not high enough.
>
> While in attendance, he would not stand in the middle of the entranceway; on passing through, he would not step on the raised threshold.
>
> On passing by the empty throne, his countenance would change visibly, his legs would bend, and in his speech he would seem to be breathless.
>
> He would lift the hem of his skirts in ascending the hall, bow forward from the waist, and hold in his breath as though ceasing to breathe.
>
> On leaving and descending the first steps, he would relax his expression and regain his composure.
>
> He would glide briskly from the bottom of the steps, and returning to his place, he would resume a reverent posture.

（在走到进入公庭的入口时，他会弯下腰，像是门不够高一样。在进去后，不站在过道中间。在走时，不会踩门槛。在走过空着的宝座时，脸色的变化让人看得见，腿弯曲着，讲话时像是没有呼吸一样。在上厅堂时会把衣摆提着，弯下腰，屏住呼吸，像是不吸气了一样。在退出下台阶时，他让自己的表情松弛下来，泰然自若。他很快地走下台阶底部，回到自己位置上，又恢复了恭恭敬敬的姿态。）

---

① 《论语》第 10 篇第 4 章。

从这一篇和其他类似的文字，人们应该能够清楚地看到，礼不能归结为一般的、形式上规定的"仪式"（rites）和"礼仪"（rituals），它们在规定的时间举行，宣布人们生活的位置，标示人生的某些时光。与此相比，礼的内容更多，而且多得多。必须从体现每个参与者的独特性、从成为人这样一项具有深刻的审美意义的工程这一角度来看行礼的行为。礼是个人完美的过程，这种完美表现为一种养成的性情、一种态度、一种姿势、一种特征、一种身份。礼蕴涵了一组同词根的概念：合适、适当、得体（proper，appropriate，propriety）、"成为自己的"，因而它必定是个人化的行为，显示了某人对于自己和他的社群的价值。礼既是个人的、又是公共的话语，一个人通过它从品质上将他自己确立起来，显示为一个独特的个体，一个完整的人。重要的是，这里没有休止；礼要求一个人在任何时候，做任何事时，都要最大程度地注意这件事的每一个细节，从最高的御前会议上的戏剧性场面，到睡觉的姿势；从接待不同的宾客，到某人独处时的适当举止；从一个人在正式的进餐场合中的举动，到仓促中的一次得当的随意动作。对这种高度集中的注意力的一种表达是"慎其独"：

　　　是故君子戒慎乎其所不睹，恐惧乎其所不闻。莫见乎隐，莫显乎微，故君子慎其独也。[①]

----

　　① 一个人的特性必须被理解为一种交互性的成就，这种成就同时蕴涵着两个方面，既包括一个人为环境所做者，也包括环境为这个人所做者。它是指一个人自己各种特定关系的特性，当这些特定的关系对一个繁荣社群有所贡献时。杜威的"个体性"（individuality）是一个类似的观念，它是通过社会交往的行为而获得的。这一段话也使我们想起了怀特海的这段话："宗教是那种个体在其孤独状态中所做者。"见怀特海：《形成中的宗教》（*Religion in the Making*. New York：Meridian Books，Inc.，1960），第 16 页。

　　"慎独"也曾经出现于《荀子·不苟》之中。所谓："夫此顺命以慎其独者，善之为道者：不诚则不独，不独则不形，不形则虽作放心，见于色，出于言，民犹若未从也，虽从必疑。"（This is because according with the propensity of circumstances they are ever concerned about their uniqueness. For persons effective in advancing the proper way, if they do not have integrity, they are not unique; if they are not unique, they will not take shape; if they do not take shape, even though they initiate something in their hearts—and—minds, it is manifest in their countenance, and it is expressed in what they say, still the common people will not follow them, and even if they do follow them, they are certain to be distrustful.）《荀子》所使用的这一段话让我们想起《中庸》，并且似乎是基于《中庸》的进一步阐发。

　　另外一个有关这种表述的例子是在《大学》。其中，使用了类似于以上《荀子》中的话，所谓："此谓诚于中，形于外。故君子必慎其独也。"（This is what is meant by the saying："Integrity

It is for this reason that exemplary persons (*junzi* 君子) are so concerned about what is not seen, and so anxious about what is not heard. It is because there is nothing more present than what is hidden, and nothing more manifest than what is inchoate. Thus, exemplary persons are ever concerned about their uniqueness.

“礼”既是认知的，又是审美的，既有道德性，又有宗教性，既关涉身体，又关涉精神。作为孔子这一特定的人的叙述，礼是独一无二的，然而，作为构成日常事务的许多完整的事件来说，它又是多样的。礼由个人高雅地实行的，是由学习而产生的各种样式的敬。它们是表现价值的生活方式，这些方式吸引人们去仿效，鼓舞人们作出具有宗教性的奉献，从而培养产生繁荣昌盛的社群所必需的认同感。礼与“体”的同源关系（两个字的繁体分别为“礼”与“體”——译者）从庄严的宗教礼仪，到形体的表现，从天到地，表明礼普遍存在于人的特殊的经验之中。由于没有预先形成的本质，因而人最终是经验的聚集，而礼是一种手段，保证这种积累起来的经验是精致而实在的。①

八　成长和延伸

“礼”的生活是一个持续成长（growth）和延伸（extension）的过程。

（接上页）within will shape one without. ” Thus, exemplary persons are necessarily concerned about their uniqueness.）在《庄子·大宗师》中有这样一段话：“朝彻而后能见独，见独而后能无古今。”（Having attained the brightness of dawn, he was then able to see his own uniqueness; seeing his own uniqueness he was then able to set aside past and present.）“独”的这种用法常常被解释为“一”。这使我们想到《道德经》第25章中的这段话：“独立而不改，周行而不殆，”（Solitary, it is neither changed by anything nor complete. Pervading everywhere, it does not pause.）王安国 Jeffrey Riegel 根据马伯乐的说法，将“慎其独”翻译为“guards his uniqueness”（维护其特性）。参见王安国《〈礼记〉中子思四章的分析与翻译》（*The Four “Tzu Ssu' Chapters of the Li Chi*: An Analysis and Translation of the Fang Chi, Chung Yung, Piao Chi and Tsu I.” Ph. D. dissertation, Stanford University, 1978），第 208 页。马伯乐（Henry Maspero）：《古代中国》（*La Chine Antique*, Paris: De Boccard, 1927. Translated by F. A. Kierman, Jr. as *China in Antiquity*, Amherst: University of Massachusetts Press, 1978），第 456 页。

① 芬格莱特（Herbert Fingarette）在其《孔子：即凡而圣》（*Confucius: The Secular as Sacred*, New York: Harper Torchbooks, 1972）中着重论述了礼如何成为孔子表达其宗教情感的手段。

　　通过在终其一生"达道"的过程中保持一种稳固的平衡，一个人使其经验的范围和强度得以扩张，而终生"达道"，则是在"礼"的各种间隙之内、在气质倾向的意义上被履行的。

　　用于描述儒家宗教经验的大部分用语，都明显地包含着这种成长与延伸的过程。正如我们已然所见，富有成果的家庭关系是"本"，正是在那种关系中，一个人的"道"得以产生和前进。① 在君子与小人之间的反复对照，"义"的包容性与"利"的排他性之间的对立，以及"仁"来自于"人"和"民"，所有这些都使得通过各种敬重方式而来的成长与延伸成为题中应有之义。"神"这个字甚至跨越了"人的精神性"与"神圣性"之间的区分。此外，"神"本来和"申"、"伸"就是同源字。

　　对于那些成为神明一般的祖先以及文化英雄，被用来描绘他们的一些比喻经常是具有神圣意义的，像"日月"、"天"、"北斗"以及诸如此类的一些说法。这些比喻性的说法以一种象征性的方式表达了那样一种人们所熟知的假定，即所谓"天人合一"。例如，《中庸》第30章指出：

　　　　仲尼祖述尧舜，宪章文武，上律天时，下袭水土；辟如天地之无不持载，无不覆帱。辟如四时之错行，如日月之代明。

　　　　Zhongni (Confucius) revered Yao and Shun as his ancestors and carried on their ways; he emulated and made illustrious the ways of Kings Wen and Wu. He modeled himself above on the rhythm of the turning seasons, and below he was attuned to the patterns of water and earth. He is comparable to the heavens and the earth, sheltering and supporting everything that is. He is comparable to the progress of the four seasons, and the alternating brightnesses of the sun and moon.

---

　　① 正如《论语》第1篇〈学而〉第2章所谓："其为人也孝弟，而好犯上者，鲜矣；不好犯上，而好作乱者，未之有也。君子务本，本立而道生。"（It is a rare thing for someone who has a sense of filial and fraternal responsibility (*xiaodi* 孝弟) to have a taste for defying authority. And it is unheard of for those who have no sense for defying autority to be keen on initiating rebellion. Exemplary persons (*junzi* 君子) concentrate their efforts on the root, for the root having taken hold, the way (*dao*) will grow therefrom. As for filial and fraternal responsibility, it is, I suspect, the root of authoritative conduct (*ren* 仁).）

　　* 中译者按：文言文中"情"字除表示"感情"外，还意为"真实的情况"，如《左传》"庄公十年"："小大之狱，虽不能察，必以情。"《庄子·人间世》："吾未至乎事之情。"

这种经验的强度是一个人个人成长的尺度。而这种经验的根源就是在其自身独特叙事之中的自我的创造性阐释。这种经验的成长与延伸就是"教"的成果。

九　儒家的命运之爱：和谐之情

对这一自我实现的过程中成为动力的自我肯定的方面，往往论述不够。《中庸》将"和"本身规定为情感达到适当的程度，以保持平衡，并且在此世界上推进他的道：

> 喜怒哀乐之未发，谓之中；发而皆中节，谓之和。中也者，天下之大本也；和也者，天下之达道也。致中和，天地位焉，万物育焉。
>
> The moment at which joy and anger, grief and pleasure, have yet to arise is called a nascent equilibrium (*zhong* 中); once the emotions have arisen, that they are all brought into proper focus (*zhong*) is called harmony (*he* 和). This notion of equilibrium and focus (*zhong*) is the great root of the world; harmony then is the advancing of the proper way (*dadao* 达道) in the world. When equilibrium and focus are sustained and harmony is fully realized, the heavens and earth maintain their proper places and all things flourish in the world.

近年来从马王堆和郭店地下发掘出的儒家文献《子思子》中有一个字占有特别突出的地位，那就是"情"。实际上，这些新发现的文本不仅重新指明"情"（emotions）是自我实现中的重要因素，而且有助于解决关于这一复杂难解的术语的长期争论。

葛瑞汉（A. C. Graham）将"情"定义为"事物与情境的本然状态，不依赖于我们如何把它们称呼或描绘"为"事实"或"实质"，并且争辩说，荀子最早将这个词用来表示"强烈的情感"（passions）。① 在早期的典籍中，"情"字常常与"性"字（意为自然倾向）一起出现，正是在这样

---

① 参见葛瑞汉（A. C. Graham）《辨道者》（*Disputers of the Tao: Philosophical Argument in Ancient China*, La Salle, Ill.: Open Court, 1989），第 97—100、242—245 页。

的语境中，它似乎意为"事物的本然状态"。然而，问题是这样的：同一个
词怎么能同时表示一个情境中的事实与伴随它出现的情感这两者？怎么能
同时表示事实与价值这两方面？葛瑞汉的回答显然是不正确的，他说从时
间顺序上来说，它首先意为"事物的状态"，只是在其后表示"情感"。

　　古典儒学由于缺少"客观性"（观念）而长期保持的一个特征是不愿
将描绘与规定（description and prescription）、实在与对它的解释分离开
来。一切事物总是从这个或那个视角被体验，在这种情况下，体验者与经
验这两者统一于事件之中。除了所有那些据以解释其世界的特殊视角的总
和以外，就没有别的总体眼光了。传统的这一规定性特征在"是非"的
用法中直接地显示了出来，"是非"的意思既有"此/非此"（事实），又
有"赞同/不赞同"（价值）。这样，"情"就不只是"事物的本然状态"，
而且涵衍了情境的情感方面和人们在其中的作用。重要的是，情感是在事
件本身之中，而不只是对某种外在的事物的反应。如果这些情感是和谐
的，如果一个人完全是个共同创造者，最大地投入人生体验中并从中获取
最大的收益，这就体现了儒家的命运之爱（amor fati）：即对事实存在本
身的无条件的肯定。① 尼采称 amor fati 是"我内心深处的本性"，"观察时
高瞻远瞩的眼光"。② 共同创造（诚）作为一种相互作用的、持续进行的、
合作的努力，总是具有肯定事物自身的状态和参与"引出"过程的成分。
个体不能推陈出新，新是由协力合作造成的。如同"自然"一样，"不知
其然"。③ 这种感悟方式正是宗教体验的本质。

　　与《子思子》不同，《中庸》提到"情"之处是如此地少，以至于出
现了这样的问题：《中庸》是否属于同一个系统？我想说的是，《中庸》明
确地提到"情"的地方比较少，正是由于"诚"具有重要的情感因素，这
又表明，把它译成"sincerity"（意为"真诚"、"诚意"）也是有道理的。

十　对《中庸》的再思考

　　正是对中庸是"共同创造"这一思想的详尽讨论，阐明了《中庸》

---

　　① 西谷启治对 amor fati 有详尽的讨论。参见其《虚无主义的自我克服》，第 45—68 页。

　　② 《权力意志》，第 1004 页，以及《尼采反瓦格纳》，转引自西谷启治《虚无主义的自我
克服》，第 50—51 页。

　　③ 《庄子·齐物论》。

的含义模糊的开头一段，这一段由于提供了人成长的方法而极其重要，它为这篇著作定下了篇名。对于对诸如"天"、"道"和"性"这些主要的哲学术语的不加质疑的解释，让人们感到失望，这些术语通常分别被翻译为"Heaven"、"the Way"、"inborn nature"，这样的翻译会形而上学地将这些理念解释为固定的、决定性的法则，这样做恰恰阉割了共同创造的观念，而这个观念是中国古代哲学最基本的特征。

对《中庸》第一段通行的翻译是个恰当的例子，它是由理雅格（James Legge）翻译的，还附有更早的耶稣会传教士的译文。理雅格的译文如下：

> What Heaven has conferred is called THE NATURE, an accordance with this nature is called THE PATH of duty; the regulation of this path is called INSTRUCTION.
>
> （"天命之谓性，率性之谓道，修道之谓教。"）

儒家传统高度评价《中庸》，将它定为四书之一，理雅格以自己的认真的保留看法来抵消这种评价：

> 《中庸》有着出色的开篇，但是作者很难清楚地阐明他的基本论点。当他的语言模糊之时，我们很难去理解，而当我们走出它的晦涩之时，对于他有关圣人般完美的那种华而不实的描述，我们又会感到不知所措。他很成功地赋予其国人以自豪感。他将他们的圣人抬高到超过上帝的地位，并且教导众人丝毫不假外求。同时，它和基督教处于敌对的状态。但是，当基督教逐渐盛行于中国之时，人们在提到《中庸》之时，就会把它作为父辈们凭借自己的智慧却既不认识上帝也不认识他们自己的惊人证据。①

理雅格的评价中最引人注目的东西是，尽管他对开头这段文字有意作出基督教式的解释，然而他完全明白，这种神学解释与这部著作余下的部

---

① 理雅格（James Legge）：《中国经书》第一卷（*The Chinese Classics*, Vol. I，香港大学出版社 1960 年版），第 55 页。

分所显示的以人为中心的思想倾向是不一致的。理雅格虽然希望《中庸》原本的意思应当与此倾向不同，但他对这篇著作的解释不仅表明，人不求助于某种超越的神也具有（人性的）实现所必需的一切，而且也说明世界本身由于有了人的创造就足够了，这种创造不需要超越人自身的神的干预。

我们可以作出选择。我们可以采纳以下这种注释家的看法：他们在理学和基督教教义的影响下，认为开头这段文字与它之后的文本是相矛盾的。① 或者，我们也可以努力根据这篇著作作为一个整体所显示出来的哲学倾向，来理解开头这段文字。对这段话的理解作一些细微的修正，这样既可以突出共同创造，而又不致违背原文，译文应是这样的：

What *tian* promotes②is called natural tendencies;③ tutoring④those

---

① 王安国提出，《中庸》中的这些矛盾可以用以下这一事实来解释：即它原先是汉朝宫廷中的辩论的记录，包含了相互驳难、不能两立的部分。他认为开头这段文字实际上是确立辩论的论题，另第 3 至第 5 段论证难以实行这样一种哲学。参见《〈礼记〉中子思四章的分析与翻译》（*The Four "Tzu Ssu' Chapters of the Li Chi*：An Analysis and Translation of the Fang Chi, Chung Yung, Piao Chi and Tsu I."Ph. D. dissertation, Stanford University, 1978），第 207—211 页。

② 庞朴将"天"规定为"社会环境"、"社会条件"、"社会力"，它们对人的发展产生决定性的影响。重要的是，虽然这些力量就其根源来看，是属于人的，但是庞朴将这些力量视为不能为任何一个特殊的人所控制。参见庞朴《孔孟之间——郭店楚简的思想史地位》，《中国社会科学》1998 年第 5 期，第 88—95 页。庞朴的理解与杜维明所主张的、人们更熟悉的一个见解完全不同。杜维明认为，这段文字肯定了"古代中国人将天作为人事的终极仲裁者这样一种信念"。见杜维明《中庸：论儒学的宗教性》，第 9 页。王安国提出，"由于一个人的性是固定的，而且是由天固定的，因此，他有对天的义务来修养它"。参见其《〈礼记〉中子思四章的分析与翻译》（*The Four "Tzu Ssu' Chapters of the Li Chi*：An Analysis and Translation of the Fang Chi, Chung Yung, Piao Chi and Tsu I."Ph. D. dissertation, Stanford University, 1978），第 208 页，注释 3。

③ 这段话中同时使用"命"与"性"。在《孟子》第 7 篇《尽心下》第 24 章讨论修养时，孟子同样同时使用了"性"和"命"。不过，孟子在"命"和"性"之间做出了重要的区分："命"更多地与感官欲望的实现相关，而"性"则是与人的道德联系在一起。

④ 从词源上来看，"率"同于"帅"，后者意为"领导"（一支军队）以及"服从这种领导，听从"。这就是说，"帅"兼有"服从"与"领导"的意义。因此，"率"也具有"领导"和"服从"两层意思。"率"更多地强调处境而非行为主体。这在中国文言文中并非罕见，如"明"既意为观看者的眼光敏锐，又指所见者的光亮、光明的境地。至于"tutoring"（意为"指导"、"约束"），见下面对 *educere* 与 *educare* 之间区别的讨论。

natural tendencies is called advancing the way;① improving②this roadway is called education. ③

（"天命之谓性，率性之谓道，修道之谓教。"）

十一 结论：共同创造的宗教性

对于古典儒学来说，"宗教性"从其根本意义来看，是指一个人清楚、充分地体悟到整个领域中现存事物的复杂的意义和价值，这是此人以作为共同创造者自己参与的身份，通过内省的觉悟，产生敬畏之心而获得的。只是由于发现和赋予事物的种种联系，人们才认识到、或添加了事物的意义。之所以能够与所有的事物"站在一起"，是因为在我们日常生活的普通经验中获得了一种持续的平衡，这样做由于没有减损生活的种种可能性的强制，能够在每一个行动中发挥最大的创造性。孔子在回首自己的人生历程时所要指明的，就是这种性质的自我肯定的宗教性：

---

① 在《淮南子》中，有一段相似的文字（见《引得》11/93/20），也许是故意模仿《中庸》这段文本。这段话使用类似的语汇，但却含义显然是反儒家的。这段话是这样的："率性而行谓之道，得其天性谓之德。性失然后贵仁，道失然后贵义。是故仁义立而道德迁矣。礼乐饰则纯朴散矣。"王安国指出，《后汉书》引用《淮南子》这段文字时，前面加上了"子思曰"这三个字。参见王安国《〈礼记〉中子思四章的分析与翻译》（*The Four "Tzu Ssu' Chapters of the Li Chi*: An Analysis and Translation of the Fang Chi, Chung Yung, Piao Chi and Tsu I." Ph. D. dissertation, Stanford University, 1978），第 205 页，注释 5。

② 除了"修养"之外，"修"的意思还有"改善、装饰、整理、修理、致力于"。当它指"修养"时，其含义是人类的文化活动，而不是促进已经预先决定了的某种东西的成长。汉朝的经学家郑玄将"修"解释"治而广之，人放效之"，也许是表达《论语》第 15 篇第 29 章中"人能弘道"的意思。重要的是，郑玄的注释所提示的意义，与其说只是"重修一条既存的道路"，不如说是"开辟一条新的道路"。

③ 庞朴指出，在人性实现的过程中，关键的决定因素是教育。在教育的基础之上，人们才能发挥控制作用；对于教育，人们负有责任。参见庞朴《孔孟之间——郭店楚简的思想史地位》，《中国社会科学》1998 年第 5 期，第 95 页。在《论语》第 20 篇第 3 章中，有一段类似的文字，所谓："子曰：'不知命，无以为君子也。不知礼，无以立也。不知言，无以知人也。'"这段话指出，"命"、"礼"和"言"这些术语都要被更多地理解为要求参与，而不是被当做决定性的事物强加到人的经验中去。同样，"性"、"道"和"教"在《中庸》开篇的文字中并提，正挑战着人们所假定的"性"的"给定性"。这种并立结构清楚地显示了这样一种期望：人们必须修筑成为真正的人的道路。

五十而知天命，六十而耳顺，七十而从心所欲，不逾矩。①

The Master said, "From fifteen, my heart—and—mind was set upon learning; from thirty I took my stance; from forty I was no longer doubtful; from fifty I realized the propensities of *tian* (*tianming* 天命); from sixty my ear was attuned; from seventy I could give my heart—and—mind free rein without overstepping the boundaries."

这段话的语汇依靠无处不有的"道"的隐喻：开辟一个方向，确立自己的位置，明白走什么道路，弄清一个人周围的环境，不论一个想到哪里，沿着自己的路走下去，不断前进，不要误入歧途（有人推测，这段文字中的"耳"可能是个讹误，但是定州本《论语》中有这个字）。

---

① 《论语》第 2 篇第 4 章。

附录二：儒学与杜威的实用主义：一种对话

　　作为对话的一个很有前景的开始，我们或许受到这样一个事实的鼓舞：怀特海（A. N. Whitehead）这位自称是"美国"哲学家的人物，向他同父异母的兄弟说起过杜威（John Dewey），他说："如果你想了解孔子，去读杜威；如果你想了解杜威，去读孔子。"① 在《过程与实在》中，怀特海进一步指出，他的"有机主义哲学看起来更接近中国思想的某些流派"。可是，同样是这个怀特海，在其他地方也曾经宣称：在哲学活动中，有趣比真实更好。总结这两点来看，通过假定怀特海这种地位的哲学家会推荐我们将杜威和孔子加以串读（tandem reading），即便不是作为真理的资源，而是作为一种令人感兴趣的练习，我们或许都会受到鼓舞。然而，任何东西都不会比真理更为遥远。对于他与杜威和孔子所共享的那种过程性的感受（process sensibilities），怀特海似乎多有忽略，并且，怀特海在事实上也显然没有考虑作为"实用主义者"的杜威和孔子。在怀特海看来，杜威和孔子都服膺于那种他所认为的天真的经验主义（naive empiricism），而除了最枯燥乏味的哲学探险之外，那种经验主义什么也没有排除。诚然，如果我们试图诉诸于怀特海的权威，将他作为我们在此所进行的孔子与杜威之间对话的基础的话，我们便立足于最不可靠的根基之上。

　　事实上，在怀特海自身所处的时代，对怀特海的哲学同行以及对怀特海本人来说，在杜威与孔子之间进行比较的任何提示都似乎令人感到迷惑。但是，从我们目前的高度而言，我将论证：我们能够界定一套看起来毫无关系但实际上彼此相关的历史境况，多年之后，这种境况或许会得到权衡与考虑，并且，作为事后之见，或许还会被诠释为那样一种情况，即我们所期待的正是这样一种对话。在我们目前的世界中，是否正在发生显

---

　　① 参见 Lucien Price 所编的《怀特海对话录》（*Dialogues of Alfred North Whitehead*, New York: Mentor Books, 1954），第 145 页。

著的改变，这个世界能够将杜威的实用主义和儒家哲学富有成果地联系到一起呢？协力促成杜威的第二次中国之旅需要什么样的条件？在这一次，正如杜维明的"三期儒学"最终抵达了我们美国的海岸一样，杜威是否会赶上落潮，而不是遭遇到"五四"中国破坏性的旋涡呢？

当今之世，在宏观的国际层面，美中两国具有可以争辩的最为重要的政治、经济关系。尽管为明显的互利关系所驱动，由于缺乏深入的文化理解，这种日益复杂的关系仍然不仅是脆弱、不稳定的，而且在很大程度上是发展不够的。

如今，在我们高等学术的坐席中，西方哲学——几乎全部是欧洲哲学——构成世界范围内课程的主流。正如在波士顿、牛津、法兰克福和巴黎那样，这种情形在北京、东京、首尔和新德里同样真实。如果土生土长的亚洲哲学和美国哲学在海外受到忽略，那么，在它们自己国家的文化中，它们也显然被边缘化了。① 詹姆斯（William James）在他吉福德讲座（Gifford lectures）的前言中曾经承认："对我们美国人来说，聆听欧洲人谈话的哨音，似乎是正常的事情。"② 当他这样说时，他几乎是正确的。

---

① 诚如 Raymond Boisvert 在其《杜威：重新思考我们的时代》（*John Dewey：Rethinking Our Time*，Albany：SUNY Press，1998）一书中所论：在 20 世纪初，美国哲学家不论在欧洲还是在亚洲都享有荣誉，但不论是何种影响，都显然在"二战"之前烟消云散了。在美国本土，Harvey Townsend 在其《美国的哲学观念》（*Philosophical Ideas in the United States*，New York：The American Book Company，1934）一书的第 1 页中指出了在他那一个时代美国哲学的状况。

美国哲学在美洲是一个受到忽略的研究领域。之所以如此，至少在部分上归于对欧洲各种事物的歉意的敬重。艾默生（Emerson）和惠特曼（Whitman）呼吁美国人思考他们自己的思想，歌唱自己的歌曲，他们的呼吁仍然常常受到忽视。无法完全说服美国人，让他们知道他们有自己的灵魂。

在随后超过两代人中，这种偏见仍旧是显而易见的。在《剑桥西方哲学史》（1994）的前言中，当提到该书不同部分的作者时，主编 Anthony Kenny 指出："所有作者都在受到英美传统的训练或从教于英美传统，在这个意义上，所有作者都属于英美的哲学风格。"但是，在该书的主体中却并没有提到美洲的思想，没有爱德华斯（Edwards）、艾默生、皮尔斯（Peirce）、詹姆斯（James）也没有杜威。有关美洲所提到的东西，只有在索引中出现的"美国革命与柏克"、"托马斯·潘恩"、"杰弗逊"，并且，杰弗逊在正文中是作为"潘恩的朋友"出现的。明显的结论是：美国哲学，即使是接近英美传统的思想家们，在塑造西方思想特征的过程中并无实际的影响。委实，在美国，很少有本科生和研究生的研究项目能够使学生直接受到有关美国哲学的认真而持久的训练。就像日俄战争是在日俄两国之外的中国的领土上进行的一样，美国的大学当前也基本上是各种外国势力角逐的领地。

② 詹姆斯：《宗教经验种种》（*The Varieties of Religious Experience*，Cambridge，Mass：Harvard University Press，1985），第 1 页。

除非他可以邀请亚洲人士成为阿伯丁的听众。

从太平洋的美国一边开始，在诠释学、后现代主义、新实用主义、新马克思主义、解构主义、女性主义哲学等旗帜下，专业西方哲学内部的一场内在批判正在进行。这场批判有一个共同的目标，用索罗门（Robert Solomon）的话来说就是"超越的伪装（the transcendental pretense）"，包括观念论、客观主义、总体叙事（the master narrative）和"所与的神秘"（the myth of the given）。当然，在杜威本人最终称之为"哲学的谬误"（the philosophical fallacy）这一幌子下，批判的正是同一个目标。"哲学的谬误"促成了杜威对观念论和实在论两方面的批判，杜威批评的是这样一种假定：一个过程的结果就是这一过程的开端。①

以往10到15年来，尤其在美国国内（不仅仅在美国），我们见证了对古典实用主义兴趣的复活，这是以对美国哲学演变的深入复杂的各种研究的激增为标志的。在对这段历史的讲述中，一个重要的主题就是试图阐发杜威作为一个哲学家的维特根斯坦式的转向。这些数量众多的哲学传记的一个共同特征，似乎是努力把杜威的特点归为这样一种情形：将常见的语汇以一种极不寻常的方式加以运用。在一定程度上，这些当代的学者们正在讲述一个重要的新的故事，如今常见的这样一种宣称，即杜威的中国学生没有真正地理解他，或许可以扩展到将他如今的美国学生也包括在内。

直至晚近，专业的西方哲学仍然忽略亚洲哲学而怡然自若（更不用说非洲和伊斯兰传统了），对于这些传统是怎么回事，这些哲学依旧只不过有一些匆匆而过的印象，并不为其所动。这些哲学乞灵于这样的理由：那些思想流派并非真正的"哲学"。如此一来，职业产生了"比较哲学"这样一个术语。这是一个奇怪的范畴，它与其说是在哲学上得到论证，不如说在地域上得到说明。

但是，在"经典与多元文化主义争论"的脉络中，由一种在美国大

---

① 杜威一早就看到，作为"哲学思维最为流行的谬误"，就是忽略经验的历史的、发展的和情境化的方面。正如他所见到的，其中方法论的问题在于："从赋予个别因素以意义的有机整体中抽象出某一个因素，并将这一因素设定为绝对"，然后将这一个因素奉为"所有实在和知识的原因和根据"（John Dewey, Early Works 1：162）。有关历史、发展以及"哲学谬误"的脉络，参见 J. E. Tiles：《杜威：哲学家系列的论证》（Dewey: The Arguments of the Philosophers Series, London: Routledge, 1988），第19—24页。

学教育中推行"国际化"的明智需要所驱动，非西方的各种哲学传统已经不以人的意志为转移地对哲学系的课程构成一种显而易见的入侵。从来去匆匆的世界大会到檀香山比较哲学的小圈子再到波士顿儒家，比较哲学运动已经肩负重荷，并且在目前似乎是巨大的西西弗斯式的劳作（Sisy-phean labor）中也已经取得了某些契机。对比较哲学运动来说，胜利仍旧是一个遥远的希望，但是，假如并且当胜利到来时，那将会是一场仁慈宽大的凯旋之舞，也就是说，在这场斗争中，成功也就是将"比较哲学"这一极不自然的范畴从哲学词典中废除。

在中国一方，如今的中国不再满足于做世界的唐人街，而是正在经历着一场在其漫长历史上最大和最彻底的变革。一亿到两亿的流动人口——约占整个人口的20%离开了乡村、正居住在城市中心，在新的中国寻求改善他们的生活。这种人口的不断迁移带来了离心的紧张以及社会失序的真实潜态。在这种条件下，中央政府的基本指令是维持社会秩序。这是一条常常阻碍（如果不是反对的话）朝向自由改革运动的原则。就像中国的所有事物一样，这种国家结构与社会问题的巨大是一个庞然大物。诚然，正是这些顽固问题的幅度，为我们西方的大众传媒提供了现成的胚芽，看起来，西方的大众传媒几乎总是在病理学的意义上致力于妖魔化中国以及中国所做的一切。

我们需要超越这种有关中国的负面的宣传，要实地考察中国的家庭、工厂、街道和教室。当我们这样做时，我们发现，这只步履蹒跚的中国囊虫正在稳固地纺织着它的丝茧，尽管在民主化痛苦的过程中存在着盲目性，在纺织者中，却也存在着对最终会出现何种类型的民主这一问题的大量反思。至少，中国正在梦想着她是一只蝴蝶。

回到中国学术界，我们可以公平地说，虽然当代西方哲学忽略了中国，但自从严复将西方自由主义引至晚清以来，在将所有能够增强其竞争力的东西吸收到自身之中这个意义上来说，中国哲学一方面忠于自己的传统并具有活力，一方面又是具有吸收力并绝对是"比较性的"。那种情况就是：在20世纪，对于几代人来说，马列主义的不断汉化，窒息了刚刚开始的杜威实用主义，湮没了儒学的残余，成为一种新的文化正统。同时，现代新儒学运动中许多杰出人物像张君劢、方东美、唐君毅、牟宗三等，则从欧洲哲学主要是德国哲学中寻找标准，将中国第二序的思考（Chinese second order thinking）论证为一种值得尊重的哲学传统。对于我们所期待的对话来说，重要的在于：在"五四"时代儒学与杜威最初的相遇中，儒学被新文化运动的知识分子们斥为阻塞中国动脉的血栓（plaque clotting the arteries of China），妨碍了对中国进入现代世界构成必要条件的那些新观念的鲜活的流通。而杜威则被当成了一服解毒药。①

在当代中国哲学中，虽然马克思主义、毛泽东思想仍然具有广大的基础，但从早先的康德、黑格尔到当今的现象学、维特根斯坦尤其是海德格尔，西方哲学的成分具有显著的增长。在重要的程度上，从康德到海德格尔的兴趣转向，是由于被理解为与本土的思维方式有关而激发的，这表明儒学与杜威之间一种可能的对话是恰当的。事实上，20 世纪中叶中国主权的重建，以及过去 10 到 15 年来中国作为一支世界力量的稳步增长，正在给中国注入一种新生然而却十分重要的自觉，那就是：自身的文化传统是自我理解的一种重要资源，也是参与迟缓但如今却不可避免的全球化过程的一个平台。

虽然欧洲哲学对于哲学的活力来说一直是一种标准，但直至晚近，西方对中国哲学和文化的学术研究一直在很大程度上受到中国学者的忽略，中国学者觉得从外国学者对中国自己传统的反思中所获甚少。然而，以往 10 至 15 年来，负责传播和诠释中国传统的科班学者已经将他们最初的关注，从流落海外的中国学者对于文化讨论所必须作出的贡献，扩展到对于中国文化的西方诠释兴趣日增。在当今中国，翻译和探讨西方汉学具有繁荣的市场。

这一组互补和互渗的条件，为重新修正了的杜威实用主义与随着对传统的自尊自信而回复其卓越性的儒学之间的对话设定了场所。既然杜威的"实用主义"和"儒学"这两个术语都极富争议，因为其内涵具有丰富和

---

① 1919 年，杜威曾在其哥伦比亚大学的学生胡适和蒋梦麟处做客，胡适和蒋梦麟回国后都成为学界和新文化运动中的著名人物。大约有超过两年的时间，杜威在中国各地讲演，并受到当地出版界的格外报道。但是，在 John Dewey: Lectures in China 1919—1920 (Honolulu: University Press of Hawaii, 1973) 一书第 13 页中，Robert Clopton 和 Tsuin‑chen Ou 指出："在中国大学教师队伍中的专业哲学家中，杜威并没有得到追随者，大多数中国哲学家们仍旧继续追随着他们从中得到训练的那些德国和法国的哲学流派。"鉴于艰难时世，杜威的观念显然被积极的听众更多地以对当前社会与政治的需要而非专业哲学的方式"误读"了。这样一种"误读"，人们只能假定杜威可以原谅，如果不是鼓励的话。参见顾红亮《实用主义的误读：杜威哲学对中国现代哲学的影响》，华东师范大学出版社 2000 年版。也参见张宝贵的《杜威与中国》，河北人民出版社 2001 年版。

多样的资源，而这些资源在相当程度上又界定了其本土主导和持久的文化感受力，① 那么，在尝试于二者之间进行比较之前，我们首先应当考虑如何理解它们。

什么是儒学？在其他一些地方，我曾经论证说，对于儒学应持一种叙事性（narrative）而非分析性（analytical）的理解。② 简言之，以分析性的术语将问题构架为"儒学是什么"，易于将儒学本质化为一种特殊的意识形态，一种技术哲学，这种意识形态或技术哲学可以在细节和准确性的各种程度上被制定。"是什么"的问题可能更成功地导向一种系统哲学的尝试，在这种哲学中，我们可以追求在各种原则、理论和观念的语言中抽象出形式化与认知性的结构。但是，在评价一种根本就是审美性传统的内容与价值时，"什么"的问题顶多是第一步。那种审美性的传统将每一种境遇的独特性作为前提，并且，在那种传统中，礼仪化生活的目标是将注意力重新导向具体情感的层面。除了"什么"的问题之外，我们需要在方法之后追问更为重要的问题，那就是：在不断演化的中国文化的各种特定条件下，儒学如何历史性地发挥作用，以力图最大限度地利用既有的外部环境。

尽管我们可以选择去刻画"儒学"的特征，儒学却不只是任何一套特定的戒律或者在中国文化叙事不同历史阶段内部分别界定的罐装意识形态。儒学是一个社群的连续的叙事，是一种进行着的思想与生活之道的中心，不是一套可以抽离的学说或者对于一种特定信仰结构的信守。切近作为一种连续文化叙事的儒学，呈现给我们的是一种周而复始、连续不断并且始终随机应变的传统，从这一传统中，形成了它自身的价值和理路。对于我们来说，通过在特定的人物和事件之中引出相干的关联，使对于儒学的叙事性理解成为可能。儒学在相当程度上是传记性（biographical）和谱系性（genealogical）的，它是对一种构成性典范（formative models）的叙述。并且，在对中国哲学生命的反思中，我们直接意识到：对于这一传统

---

① 这一论断在文字上多有取于 Paul Thompson 和 Thomas Hilde 在他们所编《实用主义的乡土根源》（*The Agrarian Roots of Pragmatism*，Nashville：Vanderbilt University Press，2000）以及费孝通《乡土中国》（Gary G. Hamiliton and Wang Zheng 英译，Berkeley：University of California Press，1992）中的论证。

② "现代新儒学：对西方哲学的本土回应"（*New Confucianism：A Native Response to Western Philosophy*），载华诗平（音译）所编的《中国政治文化》（*Chinese Political Culture*，Armok，New York：M. E. Sharpe，2001）。

存在性、实践性以及绝对是历史性的任何说明，都使她非常不同于当代西方脉络中"哲学家"研究"哲学"的那种形态。——那些作为"士"这一传统继承人的常常热情并且有时是勇敢的知识分子，提出他们自己有关人类价值和社会秩序的计划，对这种情形的概观，就是中国哲学。

如果我们以其自己的用语来看待杜威，叙事和分析——方法与意识形态——之间同样的区分可能会被引向这样一个问题，即"什么是杜威的实用主义？"Robert Westbrook 详细叙述了实用主义的早期批判是如何居高临下地将其攻击为一种明显带有美国特色的"将成未成的哲学系统"（would‑be philosophical system），以及杜威是如何通过轻而易举地允许哲学观念与其所在的文化感受之间的关系来加以回应的。① 在对于诸如"根本原则"、"价值系统"、"支配理论"或"核心信仰"这些观念的评估中，是无法找到美国人的感受的。"感受"这个用语最好在性情气质上被理解为参与、回应并塑造一个世界的微妙细腻的方式。感受是各种积习（habits）的复合体，这一复合体既产生积习又是积习的产物，也促进了寓居于世界之中的那些特定的、个人的方式。文化的感受不易通过对各种社会、经济或政治体制的分析来表达。这种感受蕴藏在界定文化的那些杰出的情感、理念和信念之中。② 当然，罗蒂（Richard Rorty）提醒我们，尽管我们美国的感受或许部分是以对理念的描述和分析为特征的，但它也许是最容易通过与诗学和文学相关的迂回（indirection）与兴发（evocation）的方式而达成的。

---

① Robert Westbrook：《杜威与美国的民主》（*John Dewey and American Democracy*, Ithaca：Cornell University Press, 1991），第 147—149 页。

② 在生前正在撰写的一部有关美国哲学史的手稿中，郝大维（David Hall）有意识地将爱德华斯（Jonathan Edwards）诠释为美国感受的主要建筑师之一。在列举爱德华斯哲学反省的各个方面时，郝大维是这样开始的：他认为爱德华斯通过提出一种个性的模式，这种个性模式不依赖于以主体为中心的认知、行为，从而囊括了有关主体性和自我意识的现代问题性（modern problematic）的各种形式。事实上，作为实体性思维模式的替代物，在爱德华斯有关世界的过程性的视野中，主体的消解是一种发展的作用。此外，这种过程哲学是由一种倾向性的本体论（dispositional ontology）造就的，那种倾向性的本体论根据反应的倾向或积习来理解自然与超自然的过程，而反应的倾向或积习则在规范的意义上被认为是对于美的亲近或者回应。在爱德华斯看来，不论是神圣的领域还是人类的领域，美的沟通都是它们定义性的特征（defining feature）。对郝大维来说，由边缘到中心，通过诉诸于一种过程性、倾向性的本体论以及美的活动和审美感受，对于个体的去主体化（de—subjectification），使得爱德华斯有资格作为一位原创性的美国思想家。

在个人的层面上,哲学家杜威一生提倡民主。在对民主的提倡中,杜威有关民主的理解以及他在促进社会理智(social intelligence)中所扮演的角色,恰恰是提倡那种他力图身体力行的圆满的、精神性的生活方式。当民主通过其特定成员的"平等性"与"个体性"具体而逐渐地形成时,民主就是繁荣社群(flourishing community)。这样来理解的话,哲学的恰当工作必须"放弃特别与终极实在相关的、或与作为整全的实在相关的所有意图"。① 在这一方面,从芝加哥的脆弱地区到中国处于酝酿之中的革命,再到土耳其的教育改革,作为一个社会活动家的杜威,其漫长的生涯正是对他一生信守的完整阐释。杜威的信守,就是他事实上称为"哲学的再发现"的那种东西。

当哲学不再是处理哲学家们的问题的工具时,哲学就发现了自身,并且成为哲学家所培养的一种方法,为的是处理人的问题。

同样,在儒学传统中,哲学的"知"远不是对于处在日常世界之后的实在的某种优先接近,而是在调节现存条件以便"使一个可欲的世界变得真实"这种意义上试图"实现"一个世界。用更广义的用语来说,儒学是一种向善的唯美主义(meliorative aestheticism),通过培养一种富有意义、互相沟通的人类社群,儒学关注于对世界的鉴赏,换言之,儒学赋予世界以价值。并且,作为这一过程中彼此沟通的基本层面,礼仪的卓越性向我们提示:实现这个世界的场所就是礼仪化的、具体的情感。通常而言,我们可以看到,许多中国哲学家的自我理解接近杜威这样的一种看法,即作为审慎与明智的承担者,哲学家致力于调整各种局面并改善人类的经验。

杜威有关圆满经验(consummatory experience)有一些特定的语汇,诸如"个性"、"平等"、"积习"、"人性"、"宗教性"等,在以下我们对这些观念的探讨中,我们会发现,直到我们恢复那给个人成长和表达提供具体例证的显著的历史特性之前,杜威就仍然和儒家学者一样是含糊不清的。以孔子为例,他当然是圣人。但是,孔子最为历史所记住的,不仅是通过《论语》中所描绘的他的生活片段,而且还是由于同样在《论语》

---

① John Dewey,《中期著作》卷10,第46页。

中所描述的他在性情气质上一些特定的积习。对杜威来说也是同样，他自己的人生经验和心灵积习的修养，或许是其哲学深度的最佳尺度。①

　　在杜威的实用主义和儒学之间进行一场有利的对话所产生的共鸣是什么？在我早先与郝大维所合作的著作中，当然也包括这篇文章，最佳的尝试是进入某些有发展前途的领地去勘察并发动具有启发性的攻击，而不是力图"掩护阵地"。这就是说，我们会从儒家关系性和彻底脉络化的人的观念开始，那种关系性和彻底的脉络化，就是我们用"焦点和场域"（focus and field）这种语言所试图表达的一种被镶嵌性（embeddedness）。在《先贤的民主》第8到10章——"儒家民主：用语的矛盾"、"中国式的个体"和"沟通社群中礼仪的角色"之中，我们将我们所要提示的东西总结为某种不可化约的社会性的儒家个人的感受。尽管一些高水平的学者未必同意，但关于我们对如下这些观念的理解，却极少争议。这些观念包括："在个人、社群、政治和宇宙的修养的放射状范围内所获得的共生关系"，"通过礼仪化生活的修身过程"，"语言沟通与协调的中心性"，"经验的认知向度与情感向度的不可分割性"，"将心理解为一种行为意向而非理念与信仰的架构"，"作为一种关注信任而非真理的认识论"，"关联互渗（而非二元）的思维方式的普遍流行"，"对于实践中真实化的自我实现的追求"，"所有关系的亲和属性"，"家庭与孝顺的中心性"，"无所不包的和谐的高度价值"，"礼仪相对于法则的优先性"，"典范的作用"，"圣人作为高超沟通者的教导作用"，"注重人伦日用所表现的明智"，"肯定人性与神圣性之间的连续性"，等等。

　　在这种将人的"生成"（becoming）作为一种公共"行为和事业"的模式之中，有许多东西听起来像是杜威。在杜威和儒学之间寻求比较的一个长处，就是可以尽量减少用西方哲学来格义儒学所产生的问题。直到现在，有关中国哲学的许多讨论都倾向于在西方哲学传统的框架和范畴之中来进行。而杜威重建哲学的尝试，则在很大程度上抛弃了专业哲学的技术性语汇，而偏爱使用日常语言，尽管有时是以非常特别的方式来使用的。

---

　　①　代表性的人物"关注同样的问题"，对于基于这样一种未经批判的假定之上的"个体的理论和概念"所进行的"零零碎碎的"跨文化比较，G. E. R. Lloyd 的担忧是很恰当的。当我们往来于各种科学传统之间时，这种担忧是十分重要的，并且，当我们处理文化性的叙事和传记时，这种担忧依然是一种警觉性的考虑。参见 Lloyd《对手与权威》（*Adversaries and Authorities*, Cambridge：Cambridge University Press, 1996），第3—6页。

有一个例子是杜威"个性"的观念。"个性"不是现成给定的,而是在性质上来自于日常的人类经验。当杜威使用"经验"这一用语时,它不会被卷入到像"主观"、"客观"这一类我们所熟悉的二元对立的范畴。诚然,主客的不可分割性是杜威所理解为个体关系内在与构成性属性的一种功能。对杜威来说,情境化的经验优先于任何有关作用的抽象观念。像"生活"、"历史"和"文化"这些用语一样,经验既是人类机能与社会、自然以及文化环境之间互动的过程,也是那种互动的产物。

> 经验包括人们所做和所承受的东西,人们追求、热爱、相信和忍受的东西;也包括人们如何行为并承受他人的行为,以及人们行为、承受、愿望、享受、看到、相信、想象的方式。总之,包括所有那些处在经验之中的过程。①

对杜威来说,"个性"不是量的意义:它既不是一种先于社会的潜质(pre‑social potential),也不是一种彼此孤立的离散性(isolating discreteness)。毋宁说,它是一个质的概念,来自于一个人对其所属社群的与众不同的贡献。个性是"我们在特殊性上有别于他人的那种东西的现实化",②是那种只能发生于一个繁荣的公共生活脉络之中的东西的现实化。杜威指出:"个性不能反对交往(association)","正是通过交往,人们获得其个性;也正是通过交往,人们锻炼了其个性。"③如此解释的个体不是一个"东西"(thing),而是一个"事件"(event),在有关特性、统一性、社会活动、关联性以及质的成就(qualitative achievement)的语言中,它是可以描述的。

在有关个人的这种社会性建构(social construction)中,杜威是如何的彻底呢?当然,杜威拒绝这样一种理念:即人完全外在于与他人的交往。但是,在这样一种主张上,即"除了那种维系一个人与他人关系的纽带之外,一个人是否就一无所有?"④杜威是否走得太远了呢?正如

---

① John Dewey,《晚期著作》卷1,第18页。
② John Dewey, *Outlines of a Critical Theory of Ethics* (1891), Early Works 3: p. 304.
③ "Lecture Notes: Political Philosophy, 1892," p. 38, Dewey Papers.
④ John Dewey,《晚期著作》卷7,第323页。

James Campbell 所观察到的，这一段话很容易并常常被误解为一种对个性的否定。① 不过，正如我们通过杜威自发的个性（emergent individuality）这一观念所看到的，对杜威而言，说人具有不可化约的社会性，并不是要否定人的统一性、独特性和多样性。正相反，而恰恰是要肯定这些因素。

在对杜威以及人得以创造的社会过程这两者的解释中，Campbell 坚持了亚里士多德潜能与现实的语汇。他说：

杜威的论点并不仅仅是这样：当适当的条件具备时，作为潜能的东西就变成了现实，就像理解一粒种子长成一株植物那样。毋宁说，杜威的观点是这样的：缺乏社会的成分，一个人是不完整的，只有处在社会环境内部不断进行的生活历程之中，人才能够发展成为其所是的那种人，即群体中的个体成员、具有社会基础的自我。②

社群是如何使其中的人们获得成长的呢？杜威将关注的中心极大地放在了语言和其他一些沟通话语的模式上（包括符号、象征、姿势和一些社会建制）。他说：

通过语言，一个人以潜在的行为界定了他自身。他扮演了许多角色，不是在生活连续不同的阶段，而是在同时代所制定的剧目之中。心灵正是这样形成的。③

对杜威来说："心灵是一种为情感生命所接受的附加资产，是语言和沟通使其达到与其他生命存在有组织的互动。"④ 在对杜威自发心灵（emergent mind）观念所进行的反省之中，Westbrook 发现，"对生命存在来说，不是由于拥有心灵才拥有了语言，而是因为拥有语言才拥有了心灵。"⑤

这样看来，对杜威来说，心（heart – and – mind）是在世界的实现过程中被创造的。就像世界一样，心是动态的"生成"（becoming）而非静

---

① James Campbell：《理解杜威》（*Understanding John Dewey*, La Salle, IL: Open Court, 1995），第 53—55 页。

② 同上书，第 40 页。

③ John Dewey，《晚期著作》卷 1，第 135 页。

④ John Dewey, *Experience and Nature*, p. 133.

⑤ Robert Westbrook：《杜威与美国的民主》，第 336 页。

态的"存有"（being），并且，问题是我们如何使这一创造过程富有成果并充满乐趣。心和世界得以改变的方式不只是根据人的态度，而是在于真实的成长和生产及其所达至的高效和幸福。

杜威"平等"的观念同样是发人深省的。如我们所料，鉴于其质的"个性"观念，平等就是积极地参与各种形式的公共生活，这些公共生活容许人的所有独特能力都能有所贡献。Westbrook 评论说这有违于这一用语的通常意义，他认为杜威所提倡的平等"既非一种结果的平等，在那种结果中，每个人都可以和其他人一样，也不是社会资源的绝对平等的分配"。① 而杜威则坚持认为：

> 由于现实有效的权利和要求是互动的产物，无法在人性最初和孤立的形成中找到，无论人性是道义意义还是心理学意义的，那么，仅仅消除障碍并不足够。②

如此理解的平等不是一种原初的所有，并且，杜威将一种非同寻常的诠释赋予了平等这个耳熟能详的用语。他坚持说：

> 平等并不意味着某种数学或物理学意义上的相等，根据那种相等，每一个因素都可以为其他另一种因素所替代。它意味着有效地注重每一个体的独特性，而不考虑物理和心理上的不平等。它不是一种自然的拥有，而是社群的结果，是当社群的行为受到其作为一个社群的特征而指导时所产生的结果。③

在诠释这一段时，Raymond Boisvert 强调了这样一个事实：对杜威来说，"平等是一种结果、一种成果，而不是一种原先就拥有的东西"。它是在奉献中成长起来的东西。此外，和自由一样，如果指的是离散而不相依赖的个人，平等就是没有意义的。并且，只有当"适当的社会互动发生时"，才能设想平等的重要性。的确，平等是对等（parity）而非同一性

---

① Robert Westbrook：《杜威与美国的民主》，第 165 页。
② John Dewey，《晚期著作》卷 3，第 99 页。
③ John Dewey，《中期著作》卷 12，第 329—330 页。

（identity）。用杜威自己的话来说，只有"建立一些基本的条件，通过并由于这些条件，每一个人能够成为他所能成为者"，[1] 平等才能够产生。

此外，对于目的论的经典形式，杜威还提出了一种新颖的替代物。那种目的论需要一种手段/目的的不得已的专门语言。杜威关于理型（ideals）的观念取代了某些预定的设置，那些观念是一些抱负远大的理念，这些理念体现了为了社会行为的向善目标。当这些目标在重新形成各种条件的过程中发生作用时，它们便塑造并获得了自身的内容。[2] 正如 Campbell 所见：

> 对杜威来说，像正义、美或平等这样的理型，拥有人类生活中这些理型在"抽象"、"确定"、或"间接"等意义上所要求的全部力量。通过诠释，杜威看到的问题是：提出某种有关完成、不变的存在的理型，这些理型不是处在有关饥饿与死亡的自然世界，避免了日常存在的问题和混乱。……我们的理型与生活的不断进行的过程相关，它们植根于各种特定的难题，并带来预期的解决。[3]

没有确定的理型，在杜威的世界里，意向如何引出行为呢？对杜威来说，不是理型本身作为目的来指导行为，而毋宁说是方向来自于圆满经验（consummatory experiences），在圆满经验之中，理型方才获得展示。并且，圆满经验自身是一种社会才智的共享表达（shared expression），这种社会才智应对着那些来自于沟通社群内部的各种独特境遇。

在过程哲学中，变化是不会被否定的。无情的暂时性（temporality）使任何完美或完成的观念失去了效力。经验的世界需要种种真实的偶然（contingency）和自发的可能（possibilities），这些偶然性和可能性始终使环境发生着改变。正是只有对于可能性的追求，使得目的内在于那获得目的的手段之中。

即使人性也不能脱离过程。在表达对于人性的理解时，杜威使用了穆勒（John Stuart Mill）的个人主义（individualism）作为陪衬。杜威大段地

---

[1]　John Dewey：《晚期著作》卷11，第168页。

[2]　John Dewey：《政治著作》（*The Political Writings* Indianapolis：Hackett，1993），第87页。

[3]　James Campbell：《理解杜威》，第152—153页。

引用穆勒的话，而穆勒主张"社会的全部现象都是人性的现象"，那也就是说，"除了来自于并可能溶解于个体人性法则的那些东西之外，社会中的人并没有其他的特征"。尽管杜威对于穆勒将常人从权力专制中解放出来的动机表示欣赏，但杜威不愿意全然接受穆勒关于人的观念。对杜威来说，穆勒人的观念是所谓"哲学的谬误"的又一个例子。① 事实上，杜威希望扭转穆勒有关人与社会关系的假设。对杜威而言，讨论独立于特定社会条件的人性的固定结构不应当是一个开端，因为那种人性的固定结构"至少无法解释不同部落、家庭、人群之间的差别，换言之，它无法解释任何社会的状态"。② 于是，杜威认为：

> 那种所断言的人性的不变性是不能够被承认的。因为尽管人性中某些特定的需求是经常的，但它们所产生的结果（由于文化包括科学、道德、宗教、艺术、工业、法律准则等等的现存状态）却反馈到人性最初的组成部分之中，将其塑造成了新的形式。这样一来，人性全部的模式就要得到修正。仅仅诉诸于心理学的因素，以便既解释发生了什么，又制定有关应当发生什么的政策，这种做法的无效，对每一个人来说都是显而易见的。③

对杜威来说，人性是一种社会的成果，是一种运用社会性才智所可能取得的适应性的成功（adaptive success）。鉴于变化的现实，这种成功始终是暂时的，使我们作为一种不完全的生命存在，要始终面临着充满偶然性环境的全新挑战。并且，那种成功也是过程性和实用性的，"我们运用过去的经验去建构将来崭新与更好的自我。"④

在对专制与民主的区分中，关于诸如"个性"和"平等"观念所表

---

① 引自杜威如下的论述："人格、自我和主体性是与各种复杂组织化的互动相共生的最终功能，那些复杂的互动是机体性和社会性的。个人的个性则在更为简单的事件中具有其基础和条件。"《晚期著作》卷1，第162页。并且，我们从中可以推知：作为一种有意识的理性存在优先或独立于进入各种社会关系，个体的人是这样构成的。对于那些持这种观点的人，杜威是将要指控他们犯有"哲学的谬误"的。

② John Dewey：《政治著作》，第223页。

③ 同上书，第223—224页。

④ John Dewey：《中期著作》卷12，第134页。

达的个人的向度（personal dimension）对于界定一种繁荣的民主的那种和谐是如何的重要，以及关于社会的各种生活形式（life—forms）如何是一种刺激和媒介，通过这种刺激和媒介，人格方才得以成就，杜威同样有着明确的认识。杜威指出：

> 一句话，民主意味着人格是最初与最终的实在。民主承认，只有当个体的人格在社会的客观形式中得以表现时，个体才能够通过学习而获得人格的完整意义。民主也承认，实现人格的主要动因和鼓励来自于社会。但同时，民主还或多或少坚持这样一种事实：无论如何的退化和脆弱，人格不能为了其他任何人而获得；无论如何的明智与有力，人格也不能通过其他任何人而获得。①

正如 Westbrook 所见："对杜威来说，关键的一点在于：个人能力与环境之间的关系是某种双向的调节，而不是个人需要与力量对于固定环境的单方面适应。"②

为了在杜威有关人的观念和孔子之间寻求一种对比，我们需要一些儒家的语汇。并且，如果我们考虑到维特根斯坦所谓"我们语言的界限就是我们世界的界限"，我们就需要更多的语言。③ 我们可以从"仁"开始，我们选择将"仁"翻译为"authoritative conduct"、"to act authoritatively"、"authoritative person"。"仁"是孔子所从事的最重要的工程，"仁"字在《论语》中出现了一百多次。 "仁"字的写法很简单，根据《说文》，"仁"从"人"从"二"。这种语源学的分析强调了儒家这样的预设：一个人单单自己无法成就一个人。换言之，从我们出生开始，我们就具有不可化约的社会性。对此，芬格莱特（Herbert Fingarette）简明扼要地指出："对孔子来说，除非至少有两个人，否则就没有人。"④

---

① 　John Dewey,《早期著作》卷1，第224页。

② 　Robert Westbrook：《杜威与美国的民主》，第43页。

③ 　这种儒家词汇的解释，是对安乐哲和罗思文（Henry Rosemont, Jr.）《论语：一种哲学性的诠释》（*The Analects of Confucius*：*A Philosophical Translation*, New York：Ballantine, 1998）以及本书词汇表中相关词汇的修订。

④ 　芬格莱特：《〈论语〉中人性的音乐》（The Music of Humanity in the Conversations of Confucius），载《中国哲学杂志》（*Journal of Chinese Philosophy*）第10期，第217页。

　　我们可以从甲骨文上获得的另一种对"仁"的解释是："仁"字右边看起来似乎是"二"的偏旁，在早先其实是"上"，而"上"也写作"二"。① 这样一种解读将会表明一个人在成长为"仁者"的过程中不断增长的与众不同，因此，也就为一个人所在的社群与所要到来的世界之间设定了关联，所谓"仁者乐山"、"仁者寿"。

　　"仁"字最常见的翻译是"benevolence"、"goodness"和"humanity"，有时译作"human–heartedness"，个别情况下也会被笨拙的性别主义者译成"manhood–at–its–best"，对于将"仁"译成英文来说，虽然"benevolence"和"humanity"是更令人感到舒服的选择，但我们决定选择不那么优雅的"authoritative person"，却是经过审慎考虑的一种。首先，"仁"是一个人完整的人格体现，当一个人经过修养的认知的、审美的、道德的以及宗教的感受在其礼仪化的角色和各种关系中得以表达时，这个人便达到了"仁"的境界。"仁"是一个人"多种自我的场域"（field of selves），是那些将一个人构成为一个坚决的社会人格各种有意义的关系的总和。"仁"不仅仅表现在"心"上，也表现在"身"上，即表现在一个人的姿态、行为举止和肢体语言上。因此，将"仁"翻译为"benevolence"，是在一种不依赖于以"心理"（psyche）观念来界定人类经验的传统中将其心理学化（psychologize）。以成人过程的复杂精微为代价，将一种道德的性情气质从许多种道德的性情气质中孤立出来，那将使"仁"陷入枯竭的境地。

　　此外，"humanity"一词暗示着所有人都具备的一种共享的、本质的状态。然而，"仁"却来之不易。它是一项审美的工程，一种成就，某种完成的东西。（《论语》12：1）人的存有（being）不是某种我们如今所是的东西；它是某种我们正在从事和成为的东西。对于把握成为一个人所意味的过程性和自发性，或许"人成"的观念是一个更为恰当的用语。它不是一种本质性的天赋潜能，而是一个人鉴于其原初条件与其自然、社会以及文化环境的相交而能够了解自身的产物。当然，作为各种构成性关系的中心，人具有最初的性情气质。（《论语》17：2）但是，"仁"最重要的是使这些关系"生成"（growing）为对人类社群的活泼、强壮和健康

---

① Bernhard Karlgren, *Grammata Serica Recensa*（Stockholm：Museum of Far Eastern Antiquities，1950），p. 191.

的参与。

当孔子提到"仁"时，他常常被追问"仁"的含义为何，这一事实表明：孔子是为了自己的目的而重新创造了这一用语，并且，在孔子的对话中出现的那些"仁"字，其理解都不是那么的轻松自在。可以证实，孔子所赋予"仁"的创造性的意义，在更早的古代文献中是不太常用和不太重要的用法。由于"仁"包含了一个特定的人的质的变化的含义，并且，只有关联于这个人生活的特殊、具体的状态，其含义才能够得以理解，因而"仁"字就变得更加意义不清。对"仁"来说，没有固定的程式、理型。"仁"是一种艺术的工作，是一个揭示的过程，而不是封闭、凝固的定义和复制。

因此，我们用"authoritative person"来翻译"仁"，就是某种新的表达，并且，还可能激发以澄清为目标的类似的意愿。"Authoritative"意味着一个人通过在社群中成为仁者所表现的"权威"，这种"权威"是通过践行礼仪而在其身上体现出他自己的传统的价值与习俗。"authoritative person"的卓越性与可见性，在孔子有关山的比喻中可以得到理解。（《论语》6：23）山的沉静、庄严、灵性和连绵不断，使它成为地方文化与社群的象征，对于那些迷失了道路的人来说，山是一种意义的象征。

同时，成人之道也不是一种既成给定的东西（a given）。仁者（authoritative person）必须是"筑路者"（road-builder），是使自己所处时空条件下的文化"权威化"的参与者。（《论语》15：29）就定义而言，遵守礼仪是一个内化的过程，即使传统真正成为他自己的东西，这一过程需要那使一个人在社群中得以定位的各种角色和关系的人格化。正是"仁"的这种创造性的方面，蕴涵在使其自己的社群变得具有权威的过程之中。另外，在自上而下组织严密和控制性的权威秩序以及自下而上的（bottom-up）和尊敬意义上权威秩序之间进行对照也是有益的。对那些在其自己的人格建构中遵从并追求仁道的人来说，仁者是其仿效的典范，那些人很高兴承认仁者的成就，没有任何强迫。

在同杜威的比较中，第二个相关的儒家术语是"心"，它被翻译为"heart—and—mind"。汉字的"心"字是主动脉（心脏）被模仿的象形文字，与英文中的"heart"及其所具有的情感含义直接相关。我们翻译成"emotions"或"feelings"的汉字"情"是"心"的字形与"青"的发音的复合这一事实，证实了这种理解。事实上，有许多汉字（如果不是大部分的话）要求"情"以"心"为其构成要素。

但是，鉴于"心"常常被理解为"mind"，我们也应当警觉到仅仅将"心"翻译为"heart"的不充分性。有许多（如果不是大部分的话）指称不同思考模式的汉字在其字形构成上也有"心"。的确，在古代中国的文献中有很多段落在英文中是没有意义的，除非在"心"既有思考又有感受的意义上来理解。当然，关键在于：在古代中国人的世界观中，认知意义的"心"（mind）和情感意义的"心"（heart）是不可分离的。为了避免这种两分（dichotomy），我们宁可不太优雅地将"心"译作"heart－and－mind"，意在提醒我们自己：没有脱离情感的理性思考，任何粗糙的情感也都不乏认知的内容。

在古代中国人的世界观中，相对于实体和永恒，过程和变化具有优先性。因而，与人的身体有关，我们经常可以看到，生理学优先于解剖学，功能优先于处所。就此而言，我们或许有理由说：心意味着思维与情感，并且，在引申和比喻的意义上，心是将这些思维与情感的种种经验联系在一切的器官。

由于"情"规定着人们互动的质量，在早期儒家有关人的观念中，这种情感的恰当表达就是独一无二的重要价值。相对未经调节的经验本身居于情感事物之中，而那种情感事物当被化约为语言的认知结构时变得具有选择性和抽象性，在这个意义上，"情"就是"情实"之情，即"事物本身所是的那个样子"。正是对于情感经验的具体性（concreteness），当怀特海发现"母亲能够在她们的心中斟酌许多语言无法表达的事情"时，他表示赞同。"情"之所以在《中庸》中呈现出特别的重要性，是由于其引人注目的角色，即适当的凝定的（focused）人的情感被认为包含有宇宙的秩序。正如《中庸》第一章在讨论人的情绪状态最后所作的结论："致中和，天地位焉。万物育焉。"

此外，对于理解人的共同创造性（co－creativity）本身那种非常情境化和远景化的属性，"情"是很重要的。因为人们是由他们的种种关系所构成的，并且，由于在经验由场域化的状态转变成聚焦化的状态的过程中，这些关系是被价值化的（valorized），这些人们彼此之间创造性的互动便将他们的情感互相敞开。"情"的情感色彩和主体形式始终需要创造过程的那种独特的远景化轨迹。

最后一个我们打算简要探讨的儒家用语是"和"，习惯上常常翻译为

"harmony"。就词源学来说，这个用语的意义与烹饪有关。"和"是将两种或更多的事物整合或掺和在一起的烹饪艺术，以至于这些不同的东西可以互相支持，同时又不丧失它们各自独特的风味。通观早期的文集，食物的准备就是在这个意义上诉诸于优雅的"和"的光彩。如此理解的"和"既需要特定组成部分各自的统一性，也需要将这些组成部分有机地整合为一个更大的整体，在这个整体之中，统一性应当被理解为"在关系中动态地生成为（becoming）整体"，而不是静态地"作为（being）整体"。这种"和"的缔结（signatory）是以特定成分的持久以及"和"的审美属性为标志的。"和"是一种优雅的秩序，它来自于各个内在相关的细目之间的互相协作，这种相互协作细化了每一细目对于整体统一性的贡献。

在《论语》中，"和"的这种意义被赞美为一种最高的文化成就。在此，根据每一个体对于所在的整个脉络的恰当的贡献来界定"和"的意义，就将"和"与单纯的一致（agreement）区别开来。家庭的比喻渗透了这一论题。有这样一种直觉：家庭是这样一种建制，其中，家庭成员在由"礼"和"义"所主导的互动中通常充分而毫无保留地对家庭这一团体有所奉献。家庭的比喻也受到了这种直觉的鼓舞。对家庭的这种信守要求人格完整的充分表达，既而成为最为有效地追求个人实现的存在脉络。《论语》中如下的两章文字最佳地表达了在各种礼仪化的生活形式以及公共和谐的个人贡献之间的不可分割。

> 礼之用，和为贵。先王之道，斯为美；小大由之。有所不行，知和而和，不以礼节之，亦不可行也。（《论语》1：12）
> 颜渊问仁。子曰："克己复礼为仁。一日克己复礼，天下归仁焉。为仁由己，而由人乎哉？"
> 颜渊曰："请问其目。"子曰："非礼勿视，非礼勿听，非礼勿言，非礼勿动。"（《论语》12：1）

在《中庸》中，"和"的这种儒家意义在有关"中"的介绍中得到了进一步的说明。而"中"即是"聚焦于（'中'）日常生活中切近与熟悉的事物（'庸'）"。

我想要简要探讨的最后论题，是杜威有关宗教性的不乏争论的意义。

在其生涯中很早的阶段，在有关"真理"的主张中，杜威拒绝作为建制化教条的传统"宗教"，那种宗教观是与同样使人误入歧途的现代科学观相并行的。然而，杜威坚持既保留"宗教"也保留"上帝"的名称，以便意味着："人以既依赖又支持的方式与想象力感知的世界所形成的关联，其意义便是宇宙。"①

在最近有关杜威的学术研究中，根据 Michael Eldridge《转化之中的经验》一书所作的总结和诠释，关于杜威的宗教感受，我们有着一系列互相分离甚至彼此冲突的解读。在整个解读范围的一端，有像 Jerome Soneson 和 Richard Bernstein 这样的学者，前者视杜威"在根本上是一个宗教思想家"，后者认为杜威有关"宗教态度和质量的论述"是其"整个哲学的顶点"。有这样一种立场，即试图解释并称赞杜威的独特之处却常常是误解了杜威"精神性的民主形式"，这种立场最为微妙的展示，大概要算是 Steven Rockefeller 从哲学性和宗教性角度所写的有关杜威的传记了。②

在整个解读范围的另一端，是令人感到失望的 Michael Eldridge 和 Alan Ryan，他们希望证明的是：杜威根本取消了宗教的意义。用 Ryan 的话来说："事实上，我们可以怀疑，在缺乏杜威所希望抛弃的超自然信仰的情况下，是否可能具有宗教语汇的使用（use）。"③ 在乞灵于"世俗性"（secularity）和"人文主义"（humanism）的语言以挑战使用"宗教的"这一用语来描绘杜威思想的正当性时，Eldridge 坚持认为："对杜威来说，'理想目标与现实条件相统一这种明晰与热切的观念'所唤起的'坚韧不拔的激情'

---

① John Dewey：《晚期著作》卷9，第36页。

② 使 Rockefeller 的描述如此引人注目的东西，正是他自己对于过程性与创造性的宗教感受的保留，这种宗教感受显然是提出而非取消了有关终极意义的问题，该问题是一种宗教性的断言，对至少某些人（我们立刻会想到托思托耶夫斯基）来说，在应对个人存在的挑战以及我们作为现代人类所见证的失去心灵的恐惧（the mindless horrors）时，这种断言是必要的。参见 Steven Rockefeller：《杜威：宗教信仰与民主的人文主义》（*Religious Faith and Democratic Humanism*，New York：Columbia University Press，1991）。

③ 见 Alan Ryan 的《杜威与美国自由主义的高潮》（*John Dewey and the High Tide of American Liberalism*，New York：Norton，1995），第274页。除了自己强烈的确信之外，Eldridge 也非常善于复述所有的证据。例如，在 Sidney Hook 有关杜威使用"上帝"这一用语的理由的诸多回忆中，他征引了一种杜威式的反驳："有关神圣、深刻和终极的情感联系，并没有理由应当向超自然主义者投降。"见 Michael Eldridge《转化中的经验：杜威的文化工具主义》（*Transforming Experience：John Dewey's Cultural Instrumentalism*，Nashville：Vanderbilt University Press，1998），第155—156页。

（steady emotion）不必非要跨越一个很高的门槛而被算做宗教性。"①

就像对"个性"、"平等"的使用那样，鉴于杜威对于"宗教性"（religious）的使用再次扭转了流行的智慧，这场争论并不令人感到惊奇。不是从那种给社会形式注入了宗教意义的神的观念开始，那种神性是作为真、善、美的终极仲裁者和保证者而存在的，杜威是从日常的社会实践开始的。当在意义上取得了一定程度的深度和广度，那些日常的社会实践便展示出一种宗教的感受。这种宗教感受来自于一个人对其所在的文明化了的人类社群的全部贡献，来自于一个人对自然界的敬畏。在晚年，对于作为经验的艺术，杜威会作出同样的论断，那就是：作为适当充满并提升所有人类活动的一种抱负，艺术远不止是人类经验排他性、专业化和建制化的部分。

看起来，使杜威远离世俗人文主义（secular humanism）的是这样两种东西：一是杜威不愿意将人性本身的一种不合格和通泛的观念作为崇拜的对象；再者就是杜威情境主义（contextualism）的彻底性（radicalness）。宗教性是圆满经验的一种质的可能性，在那种圆满经验中，"所运用的手段与所追求的目标同时内在于经验之中"。② 虽然杜威特别地拒绝"无神论"（atheism），因为无神论在人类的知性方面过于自命不凡，但是杜威的宗教感或许可以公平地被称之为"非神论的"（a–theistic）。之所以如此，在于无须设定一种超自然的最高存有（supernatural supreme being）的存在。杜威指出：

> 作为知识的对象，自然可以作为永恒之善和生活准则的根源，因此，自然拥有犹太—基督教传统归之于上帝的所有特性和功能。③

---

① 见 Alan Ryan 的《杜威与美国自由主义的高潮》（*John Dewey and the High Tide of American Liberalism*, New York: Norton, 1995），第 162 页。如果以其通常的方式来理解，用"世俗"（secular）来描述杜威是对杜威的一种指控，我们可以设想杜威本人会拒绝这种指控。在其的最弱的形式中，"世俗"一词也暗示着对于现世和人类自足性的一种强调，以及对于精神性和宗教性的一种漠视。作为神圣的对立面，在其较强的意义上，"世俗"甚至可能包含着一种宗教怀疑主义，这种怀疑主义试图将宗教性从市民与公共事务中排除出去。但是，Eldridge 所用的"世俗"一词，却意味着与"超自然主义"或"外自然主义"相对的"一种彻底的自然主义"，它是用来诠释杜威的思想包含着这样一种看法：人类经验及其整个历史都是内在于自然之中的，杜威显然会同意这样一种特征的刻画。

② Michael Eldridge：《转化中的经验：杜威的文化工具主义》，第 170 页。

③ John Dewey：《晚期著作》卷 4，第 45 页。

事实上,尽管杜威很少在连续性的意义上指称上帝,但任何有关一种在时间上先在的、超越的根源的观念以及人类经验缔造者的观念,对于杜威式的实用主义来说都是一种诅咒。对于传统的宗教性,杜威的确想保留的是那种自然的虔敬(natural piety),即那种敬畏、惊叹和谦退之感。这种虔敬感排除了任何追求控制的企图,而是鼓励一种与环绕在我们周围的自然的复杂性相合作的态度。杜威对于"宗教性"观念的调整,在于他以创造性的角色(creative role)取代了建制化的崇拜(institutionalized worship)。那种创造性的角色是深思熟虑的人类活动在对繁荣社群的欣赏和喜悦的经验中所具有的。在 Rockefeller 对杜威"宗教人文主义"(religious humanism)的描述中,他从杜威《个人主义,新与旧》一书中征引了如下一段话,来证明世俗与神圣、个体与社群、社会之根与宗教之花之间的不可分割性。

> 宗教不是统一性的根源,其自身就是统一性的开花和结果。……只有通过成为那种达到统一性一定程度的社会的成员,那种被认为是宗教之本质的整全感(sense of wholeness)才能够建立和保持。①

无论我们申斥论辩的哪一方,换言之,尽管杜威拒绝了许多那些在传统的意义上被认为是宗教的东西,我们可以说杜威仍然具有深刻的宗教感;或者,我们也可以坚持认为杜威的确将孩子和洗澡水一起泼掉了,我要提出的却是这样一个问题,即一种儒家的视角在此是否能够有所贡献?有趣的是,在上一代人中,芬格莱特选择了"孔子:即凡俗而神圣"作为他那本小书的题目,那本书在儒学研究方面产生了重大的影响。芬格莱特非常深入地论证说:正是人类经验的礼仪化,成为儒家世界中那种神圣的东西的源泉。②

此外,我们需要理解的是,在儒家哲学中作为一种艺术术语的"礼"要求哪些东西。"礼"在习惯上被翻译为"ritual"、"rites"、"customs"、"eti-

---

① Steven Rockefeller:《杜威:宗教信仰与民主的人文主义》,第 449 页。
② 芬格莱特:《孔子:即凡俗而神圣》(Confucius: The Secular as Sacred, New York: Harper and Row, 1972)。

quette"、"propriety"、"morals"、"rules of proper behavior" 以及 "worship"。如果赋予恰当的脉络的话，这里的每一种翻译都可以间或表达 "礼" 的含义。但是，在古代的中文里，"礼" 这个字带有以上这些翻译每一种用法的所有含义。这个复合字是一个表意文字，其含义是在祭坛上向先祖的神灵献上祭祀。这就向我们提示了这个用语所承担的深远的宗教意义。在《说文》中，"礼" 被定义为 "履"，意思是 "踏于道上"，因而也意味着 "品行"、"行为"。换言之，就其最狭窄的意义而言，"礼" 就是 "如何服侍神灵以带来好运"。对于 "礼" 的这种理解，是古代儒家感受的一个标志。

我们选择将 "礼" 采取较为广义的理解，因而把 "礼" 翻译为 "ritual propriety"。另外，这种翻译是一种审慎的选择。在形式的方面，"礼" 是那些被注入了意义的角色、关系以及那些促进沟通并培养社群感的建制。所有形式上的行为构成了 "礼"——包括饮食方式、祝贺和取予的方式、毕业典礼、婚丧嫁娶、恭敬的举止、祖先祭祀等。"礼" 是一种社会的语法，这种语法给每一个成员在家庭、社群和政治内部提供一个确定的定位。作为意义的存储，"礼" 是代代相传的各种生活形式，这些生活形式使得个体能够分享恒久的价值，并使这些价值成为他们自己处境的财富。没有 "礼"，一个人可能会忽略一位失去了亲人的朋友，有了 "礼"，一个人便会受到敦促而走到那位朋友身边去安慰他。

在非形式尤其是个人的方面，充分参与一个由 "礼" 所组成的社群，需要通行的各种习俗、建制和价值的个人化。使得 "礼" 深深地不同于法律或规矩的东西，就是使传统成为自己所有之物的这样一种过程。拉丁文 proprius，意即 "使某物成为自己所有的东西"，给了我们一系列认知的表达，在翻译一些关键的哲学用语以掌握这种参与感时，这一系列认知的表达就很有帮助。"义" 不是 "righteousness" 而是 "appropriateness"、"a sense of what is fitting"，"正" 不是 "rectification" 或 "correct conduct"，而是 "proper conduct"，"政" 不是 "government" 而是 "governing properly"，"礼" 也不止是 "what is appropriate"，而是 "doing what is appropriate"。

像其他大多数儒家的观念一样，"礼" 是从家庭开始的。在《中庸》第 20 章中，清楚地说明了 "礼" 的家庭根源：

亲亲之杀，尊贤之等，礼所生也。

如此所理解的"礼"是在人类社群内部聚集而成的，它规定着现在的人及其祖先之间恰当的关系（《中庸》第 19 章），规定着社会、政治权威以及主导社会政治权威和被社会政治权威所主导的人们之间的恰当关系（《中庸》第 20 章）。

或许，在孔子的世界中，理解"礼"的含义的最大障碍是我们自己的世界的一个熟悉的向度，以及我们充分意识到它所要求的东西。在英文中，"Ritual"这个词常常是贬义的，暗示着屈从空洞而无意义的社会习俗。但是，对儒家文献的细致解读，却揭示了一种调节面部表情和体态的生活方式，揭示了一个世界，在这个世界中，生活是一种需要冷酷无情地关注细节的表演。尤为重要的是，这种由"礼"所构成的表演是从这样一种洞见开始的，即只有通过形式化的角色和行为所提供的规范，个人的净化（refinement）才是可能的。缺乏创造性的个人化（"仁"）的形式（"礼"）是强制性和非人化的；缺乏形式的个人表达则是随意甚至放肆的。只有通过形式（"礼"）与个人化（"仁"）的恰当结合，家庭与社群才能够得到自我调节和净化。

在阅读《论语》的过程中，我们往往易于忽略其中第 9 篇至第 11 篇的内容。在这几篇中，基本上都是描写作为历史人物的孔子的生活事件的写真。然而，恰恰是这几篇文字，通过最细微的体态、衣着的式样、步履的节拍、面部的表情、说话的声调甚至是呼吸的节奏，最大程度地展示了孔子这位士大夫是如何以其恰如其分的行为来参与朝廷的日常生活的。

> 入公门，鞠躬如也，如不容。
> 立不中门，行不履阈。
> 过位色勃如也，足躩如也，其言似不足者。
> 摄齐升堂，鞠躬如也，屏气似不息者。
> 出，降一等，逞颜色，怡怡如也。
> 没阶，趋进，翼如也。
> 复其位，踧踖如也。（《论语》10：4）

《论语》中的这段文字没有给我们提供那种规定的正式行为的教学问答，而是向我们展示了孔子这位具体历史人物奋力展现他对于礼仪生活的敏感这样一种形象，正是通过这样一种努力，孔子最终使自己成为整个文明的导师。

我们可以得出总结性的一点，这一点将"礼"与杜威"功能"和"调节"的观念更为直接地联系起来。那就是一个人自身的各种能力与其环境的各种条件之间相互适应的积极的关系。首先，就其定义而言，礼是被个人化并且情境化的。进而言之，作为既是施行（performance）同时又是言出即行的（performative）那样一种东西，"礼"在其自身的脉络中是具有完整意义并且拒绝被理性化或被解释的，在这种意义上，"礼"既是手段也是目的。"礼"的施行就是"礼"的含义所在。

最近，我为《儒家精神性》一书撰写了一篇论文，题目是"礼与古代儒家非神论的宗教性"。其中，我论证说：古代儒家一方面是非神论的（a—theistic），一方面又具有深刻的宗教性。它是一种没有上帝（God）的宗教传统，是一种肯定精神性的宗教感受，那种精神性来自具有灵性的人类经验本身。没有教会（家庭除外），没有祭坛（家里的祭坛除外），也没有教士。儒家称道这样一种方式，在这种方式中，人类成长和绵延的过程既为总体的意义（the meaning of the totality）所塑造，同时也参与总体意义的形成。这种总体的意义，就是我们在翻译《中庸》一书时所谓的"创造性"（creativity），这种创造性与基督教"无中生有"（*creatio ex nihilo*）的传统形成鲜明的对照。①

在这种类型的宗教性与大体上由西方文化叙事中宗教所界定的亚伯拉罕传统之间，有几项深刻的差异。并且，对我来说，这些差异与杜威"宗教的"用法至少在表面上具有一种共鸣。我在论文中论证说，和那种诉诸于先验与外在的某种力量的终极意义的"崇拜"型的模式不同，施莱尔马赫（Schleiermacher）将那种外在崇拜称为"绝对的依赖"（absolute dependence），儒家的宗教经验本身就是繁荣社群的一种产物（product），在繁荣社群中，宗教生活的质量是公共生活质量的直接结果。正是这种以人为中心而不是以上帝为中心的宗教性，通过由真诚关注到礼仪这种过程而得以产生。并且，儒家的宗教性不是繁荣社群的根本与基础，而毋宁说是繁荣社群的内在属性和开花结果。

---

① 杜维明发展了"无中生有"（*creatio ex nihilo*）与"天人合一观"（anthropocosmic vision）所主导的儒家世界连续性的创造之间的对照。这在氏著《儒家思想：创造性转化的自我》（*Confucian Thought: Self as Creative Transformation*, Albany: SUNY Press, 1985）一书中随处可见。

儒家宗教性明显不同于亚伯拉罕传统的第二个方面在于：儒家的宗教性既不是救赎性的（salvific），也不是末世论的（eschatological）。尽管儒家的宗教性也需要某种转化，但儒家宗教性所涉及的转化，首先或者说尤其是人伦日用之中的人类生活质量的转化，这种转化不仅升华了我们的日用伦常，而且进一步扩展到使整个世界富有魅力。当人类的情感被升华到高超的境界，当用枝条记事变成优美的书法和令人惊叹的青铜器图案，当粗野的体态（coarse gestures）净化成为礼仪的庄重节拍和舞蹈的振奋，当咕哝的干涉声转变为壮丽而绕梁不绝的美妙乐曲，当随意的结合转变成家庭长久而安心的温暖，宇宙就会益发的深广。正是这样一种转化形式——使日常的人伦日用变得优雅，似乎至少部分地提供了在某些超越的、超自然的诉求中所能够发现的神秘宗教性的另一种表达。

现在，至少对我来说，在杜威的语汇中，存在着丰富的内容，这些内容与我所理解的那些定义古代儒家感受的术语相互共鸣。这些彼此共鸣的词汇包括"experience"和"道"、"consummatory experience"、"democracy"和"和"、"personality, individuality, and equality"和"仁"、"religiousness"和"礼"、"processual human nature"和"人性"。并且，在更广的意义上来看，双方似乎还有许多会通之处：像人类经验不可化约的社会性、情境对于作用的优先性、有效沟通的核心重要性、替代了目的论的向善的连续性。当然，双方也有许多更为有趣的差异，这些差异既有内容上的不同，也有侧重点的不同。

那么，我们应当到哪里去寻找那些意味深长和富有成果的差别呢？

20世纪初，杜威聚焦儒学传统的方式之一是指出其缺乏"赛先生"（Science）。Robert Westbrook 声称："杜威重建哲学家角色的努力的核心，是其对于哲学与科学关系的看法。"[1] 在这一点上，Robert Westbrook 不乏同调。对于儒学传统，中国学者自己认为是弱点之一而杜威却认为可以成为西方传统一种补充的东西，是儒家某种"意志主义"（voluntarism）的倾向。这种"意志主义"夸大了人类意在转化世界的能力。李泽厚这位康德式的学者，是中国非常著名的社会批判理论家之一。当代有几位学者研究和诠释过李泽厚的著作，特别是莱顿的庄为莲（Woei Lien Chong）和顾昕以及宾州的刘康，他们都指出李泽厚拒绝毛泽东的"意志主

---

[1]　Robert Westbrook：《杜威与美国的民主》，第 138 页。

义"——一种人的意志能够成就一切的思想。① 毛泽东的"意志主义"并不新鲜，它来自于传统儒家的某种立场并与这种立场保持一致，这种立场就是：人类的实现靠的是未经调节的道德意志的转化性力量。李泽厚认为，对于道德意志的放纵的自信，要对当代中国从全盘西化到大跃进再到"文化大革命"这几次危机负责，那种放纵的自信是一种信仰，这种信仰很容易被理解成一种在意识形态的意义上驱动民众动乱的形象。②

　　简言之，这种论证就是：古代以来的儒家哲人承认在人类及其自然与超自然的环境之间存在着连续性，所谓"天人合一"。然而，这种连续性的性质却常常被误解为对于自然科学的损害。这种连续性不是主体与客体之间的连续性，而是既尊重集体的人类社群有效地转化其周遭环境的能力，同时也尊重自然界对于人化的抗拒，它为这样一种信念所支配，即道德主体相对于无限绵延的自然界拥有几乎绝对的转化力量。如此一来，这种态度就成为一种粗糙的主观主义。对于需要以科学技术中所包含的集体的人类努力来"人化"自然这种需要，对于在主体和客体之间建立一种富有成果的关系，李泽厚认为这种关系是人的自由的先决条件，而这种主观主义对此则抱持怀疑的态度。

　　对于我们所理解的儒家传统的弱点来说，杜威式的探索所要求的科学性与经验性是一种纠正。儒学能够偿还这一帮助吗？另一方面，儒家坚持，作为达到醉人的人类经验的一种手段，礼仪化的生活能否为杜威宗教性的观念所借用，成为其充分的常规性补充，以便减轻 Ryan 和 Eldridge 的这样一种感觉，即杜威是否在使用着一种非常贫乏的宗教性的意义呢？儒家哲学宗教方面的核心及其对于礼仪化生活的注重，是否会构成杜威有关宗教性的质的理解的充分扩展，以便说服 Ryan 和 Eldridge，告诉他们存在一种可见的非神论的宗教性，这种宗教性确保了一种宗教的词汇，虽然这种词汇非常地不同于有神论的话语呢？对于这样一种"非神论"的宗教感受，儒学能否提供一个足够强有力的例证，以便能够说服我们：虽

---

　　① 在此，我得益于庄为莲的论文"中国思想中的人与人性：李泽厚论毛泽东意志主义的传统根源"，载 *China Information* Vol XI Nos 2/3（Autumn/Winter 1996），并且，也是针对李泽厚和 Jane Cauvel 对张灏的回应。李泽厚和 Jane Cauvel 的论文见于 Tim Cheek 所编的《东西方哲学》有关该问题的专号。关于最近李泽厚研究的书目，参见庄为莲（1996）：142—143n12。

　　② 在对狄百瑞《儒学的困境》一书的回应中，张灏得出了类似的结论。参见张灏在 *China Review International*，Vol 1 No 1（Spring 1994）中的论文。

然我们委实需要一种完全不同的语汇来表达这种经验,但我们通常认为具有宗教性的东西并没有穷尽那被合法地贴上"宗教的"标签的东西的各种可能的例证?

杜威指出,对于人类经验的沉浮兴衰,一种超越的诉求(transcendental appeal)并不能够提供太多的缓解和真正的宽慰:

> 即使有一千次的辩证阐释向我们说明:作为一个整体,生活是受到一种超越原则的规约,以便达到一种最终的无所不包的目标,然而,在具体情况下的正确和错误、健康与疾病、善与恶、希望与恐惧,将仍然不过是它们如今的所是和所在。①

可是,对于超越性来说,是否事实上需要付出代价呢?当自然的家庭和公共关系不被理解为与某种更高的超自然关系相竞争,与那种超自然的关系相分离、并依赖于那种超自然关系时,作为人类成长根本中心的家庭力量的作用,就可能会得到非常大的增强。换言之,当人们之间的关系从属于一种个人与崇拜的超越对象之间的关系时,无论这种从属关系会有怎样的利益,都是以家庭和社群的组织结构为代价的。在礼仪化的生活中,正是从家庭的向外扩展中,每一个人自身才成为深刻的公共敬重、文化敬重并最终是宗教敬重的对象。除了在他们的日常生活经验中感受到强烈宗教性质所获得的成就,这些典范性的人格就成为其家庭和社群的祖先以及作为"天"的他们祖先遗产的捐赠者,"天"在非常广泛的意义上规定着中国文化。正是祖先和文化英雄们长久以来不断累积的精神方向,使得"天"的价值得以明确并富有意义。

我们可以界定某些具体的方式,在这些方式中,儒学与杜威实用主义之间的对话能够彼此丰富、相互取益。在一个更为一般的层面上,我敢说,大部分从事比较哲学的西方学者会认同这样一种看法:从事中国哲学的研究能够增强西方哲学的生命力。对于中国传统的理解和扩充,具有西方哲学训练的学生也常常会带来新颖的分析工具和崭新的视角。但是,好处是相互的。我们在《先贤的民主》中指出,"东方化"虽然迄今为止还是一个未经明言和未经承认的过程,但它已经是并且将继续是中美关系的

---

① John Dewey:《中期著作》卷4,第12页。

一项题中之意。

如果我们相信存在着对话的基础，并且这种对话是互利的，那么，受到杜威和孔子双方所提供的社会行动主义（social activism）的各种模式的启发，我们又如何从一种学院的对话转向深厚的社会实践呢？

随着中国不可避免地走向民主的某种中国版本，本文讨论的真正价值也许在于其直接的当代相关性。无论在儒学还是在杜威的思想中，都缺乏对于自由民主的许多先决条件。当然，像自律的个性（autonomous individuality）、为在个体意义上理解的政治权利提供基础的数量的平等（quantitative equality）等这些观念，对于有关繁荣社群的儒家和杜威两方面的眼光来说，都是一种诅咒。另一方面，在儒学和植根于杜威过程哲学中更为社群主义式的民主模式之间，却存在着共鸣。在哪里有人类自由的最大保障，不是由谈论权利所保障的权利，而是一种繁荣社群，在哪里自由就不是一种漫无限制的东西，而是自治（self—governance）的充分参与。在《先贤的民主》一书中，我们试图提出的问题是：中国的民主能否通过鼓励诉诸于在古典儒学中无处不在的某种特定的"社群主义"而承担最佳的责任，或者还是要中国抛弃其文化的中心，而输入自由民主的西方观念呢？

附录三：活出此生的意义：创造性的真谛

当我坐下来撰写此文时，郝大维（David Hall）最喜爱的《庄子》中的一则趣闻映入我的脑海：

> 庄子送葬，过惠子（按：惠施）之墓，顾谓从者曰："郢人垩慢其鼻端若蝇翼，使匠石斫之。匠石运斤成风听而斫之，尽垩而鼻不伤，郢人立不失容。宋元君闻之，召匠石曰：'尝试为寡人为之。'匠石曰：'臣则尝能斫之。虽然，臣之质死久矣！'自夫子（按：惠施）之死也，吾无以为质矣，吾无与言之矣！"①

Zhuangzi was in a burial procession and passed by the tomb of Huizi (Huishi 惠施). Turning around to address his followers, he said to them: "There was a man of Ying who, when finding that a bit of mortar as thick as a fly's wing had gotten stuck on the tip of his nose, sent for Carpenter Rock—solid to swipe it off with his axe blade. Carpenter Rock – solid spun his axe like the wind, and feeling the moment, swiped the bit of mortar away cleanly without injury to the nose. And the whole time the man of Ying stood there without batting an eye. The Lord Yuan of Song heard of this feat, and summoning Carpenter Rock – solid to him, said, 'See if you can do the same thing on me. ' Carpenter Rock – solid replied, 'If it were only a matter of me—I have indeed been known to swipe just such a bit of mortar off with my axe. But the problem is that it has been some time now since my chopping block died. '" "Since Huizi died," said Zhuangzi, "I too have had no chopping block, no one to really talk to!"

---

① 《庄子·徐无鬼》。在《庄子》中，有关庄子和惠施关系的许多趣闻，都是真正意义上的合作的例子。

　　直到 2001 年春天郝大维最终故去，我们前后共亲密合作了 20 多年。在此期间，我们合著了 6 本书、众多期刊论文、百科全书的词条和一些著作的章节。借用杜威的话，在我们看来，我们之间并不"只是"合作，甚至上是"一种"合作，而是一种"真正的"合作。尽管"陪审团们"或许仍旧在琢磨我们所犯的众多"罪行"，但是，正是我们"如何"合作而非合作了"什么"，激起那些即使对我们最缺乏同情的专业同行们的好奇。也就是说，他们不明白两个如此极度自以为是、生性狐疑的哲人何以能摒弃芥蒂合作那么漫长的岁月？

　　每当我回首这段愉快的光阴，我都深深体会到：无论我和郝大维合作的最终结果如何，合作本身已经成为一个有待研究的课题。我们合作的本质是探讨在中国文化叙事中，意义本身是如何逐步被阐释并被理解的，以及这种理解力与我们现代感悟力是怎样对比的。我们试图探讨的是哲学上的重要课题：什么是意义和创造性（creativity）之源泉？简而言之，意义如何创造？我的观点是：创造性同时是自我创造性（self–creativity）和共同创造性（co–creativity），或者说，共同创造性是唯一的创造性。

　　我想进一步探讨五个问题：（1）人类经验的哪个领域适用创造性概念？（2）创造性（creativity）和原创性（originality）可否混淆？（3）integrity（完善）、genuineness（纯正）、sincerity（真诚）与创造性是什么关系？（4）创造性中情感和理智的关系如何？（5）中国哲学是用哪些术语表达创造性的？

　　我将引用我们新近完成的《中庸》新译来讨论这些问题。在儒家传统中，《中庸》虽然简短，但蕴涵丰厚。它最初是《礼记》的一章，后来独立流传，但重要性丝毫未变。公元 13 世纪之后，《中庸》成为官方必考的《四书》之一，众多知识分子和有意仕途的人都要用心背诵，因而其重要性前所未有。

　　《中庸》开篇的标准英译来自于苏格兰传教士理雅格（James Legge）于 1861 年的译注。他的这一译注参考了早先传教士的译文，对日后诸多《中庸》的欧洲语言译文产生过深远影响。在理雅格看来，《中庸》开篇就提出了众所周知的、不容置疑的宇宙秩序：

　　　　上帝所予即是"本性"；顺此本性即是"义人的路"；规范此路
　　　　即是"教义"。

［What Heaven has conferred is called THE NATURE; an accordance with this nature is called THE PATH of duty; the regulation of this path is called INSTRUCTION.

天命之谓性，率性之谓道，修道之谓教。］

理雅格在解读《中庸》时认为，蕴涵于这一开篇辞中十足的神学味在正文中逐步被不合真义的漫谈、实质上是对人类创造性的推崇所取代。这种对创造性的推崇可以说是一种对神灵的亵渎，因为这种创造性完全可以瓦解基督教神学的基础。理雅格在其译文末尾，以一颗虔诚的教徒之心，对《中庸》的内容和影响自己宁愿持负责的保留态度。而他的如下观点恰恰是对过分抬高《中庸》对中国文化传统的承载的一种反驳：

> 《中庸》有着出色的开篇，但是作者很难清楚地阐明他的基本论点。当他的语言模糊之时，我们很难去理解，而当我们走出它的晦涩之时，对于他有关圣人般完美的那种华而不实的描述，我们又会感到不知所措。他很成功地赋予其国人以自豪感。他将他们的圣人抬高到超过上帝的地位，并且教导众人丝毫不假外求。同时，它和基督教处于敌对的状态。但是，当基督教逐渐盛行于中国之时，人们在提到《中庸》之时，就会把它作为父辈们凭借自己的智慧却既不认识上帝也不认识他们自己的惊人证据。①

特别需要说明的是，理雅格完全知晓，自己对《中庸》开篇词的神学解读，与其正文以人为中心的论述之间格格不入。理雅格认为，《中庸》恰恰与其理念相悖，强调人们在其自然、社会和文化环境中密切合作，不但不需要某个超绝的神（transcendent deity）之指引以实现其自身，而且世界本身由人类创造性引导并推动，同样不需诉诸任何终极实在。《中庸》里，宇宙创造性（cosmic creativity）是人与世界的紧密合作，这种宇宙论与白诗朗（John Berthrong）所谓的"神性实在的世界依存性

---

① 理雅格：《中国经典》（*The Chinese Classics*, 5 volumes. Hong Kong: University of Hong Kong rep., 1960），第 55 页。

(the world – dependent nature of divine reality)"① 并无二致。

　　理雅格认为，对《中庸》以人为本（human – centered）一面的述解的确能从文中找到支持，比如，第 25 章中有关"诚"的解释。"诚"是一个常见术语，通常被译为"sincerity（真诚）"或"integrity（完善）"，但在这里，我们使用某些诠释者曾使用过的"creativity（创造性）"作为其较合理的翻译，尽管它带有一点人们不太熟悉的宇宙论意味②：

> 诚（Creativity）者自成（self – consummating）也。而道自道（self—advancing）也。诚者物（process）之终始；不诚无物（things or events）。是故君子（exemplary persons）诚之为贵。诚者非自成己而已也，所以成物也。成己，仁（authoritative in one's conduct）也；成物，知（realizing the world）也③；性（natural tendencies）之德（excellence）也，合内外之道也④，故时措之宜也。

　　《中庸》还有一些篇章称颂人类创造意义认识世界的能力，甚至明确将人类描绘成为天和地的共同创造者（co – creator）。第 22 章描述在创造世界的过程中，人类与其自然社会环境的合作，认定人类和自然创造性有着深刻的协作性。

> 唯天下至诚（utmost creativity）为能尽其性（natural tendencies）；能尽其性，则能尽人之性；能尽人之性，则能尽物（events）之性；

---

　　① 白诗朗（John Berthrong）：《关于创造性：朱熹、怀特海和南乐山的比较研究》（*Concerning Creativity：A Comparison of Chu Hsi，Whitehead，and Neville.* Albany：State University of New York Press，1998），第 1 页。
　　② 关于将"诚"译为"creativity"的理由以及支持这种译法的注释，参见本书第二章第四章。
　　③ 这一章让人想起《论语》第 6 篇第 23 章："知者乐水，仁者乐山。知者动，仁者静。知者乐，仁者寿。"（The Master said，"The wise enjoy water；those authoritative in their conduct enjoy mountains. The wise are active；the authoritative are still. The wise find enjoyment；the authoritative are long – enduring."）智慧要求得体和恰如其分。因此，在实现自我的过程中，一个人有必要将这种实现落实于其境遇。
　　④ 必须注意，"内外"区别正如"阴阳"一样是关联概念，因此有"多或少"之意。品德和行为不能简单区分。

能尽物之性，则可以赞天地之化育；可以赞天地之化育，则可以与天地参矣。

第 31 章进一步称颂人与环境的合作，将人类最佳创造性与神圣等同，认为无所不能的能人不仅是意义之源，而且是宇宙魅力（enchantment）之源。它将人类创造世界的过程和价值用极度神化的夸张手法加以表达：

> 唯天下至圣（utmost sagacity）为能聪明睿智足以有临也。宽裕温柔足以有容也。发强刚毅足以有执也。齐庄中正足以有敬也。文理密察足以有别也。溥博渊泉而时出之。溥博如天，渊泉如渊。见而民莫不敬，言而民莫不信，行而民莫不说。
>
> 是以声明洋溢乎中国，施及蛮貊；舟车所至，人力所通，天之所覆，地之所载，日月所照，霜露所队，凡有血气者莫不尊亲；故曰配天（the complement of *tian*）。

众所周知的儒家信条"人皆可以为圣"通常被本质主义地（essentialistically）解读为圣人在其本性中具备普遍意义的天赋本质，这些本质在现实中能够转化成超乎寻常的才能，这种才能可以极大地影响世界。也可以这样理解这一主张，在过程性世界中，人类经验在社会、自然和文化背景下是真正有创造性的、至高无上的，在日常事务中当下自然生发的意义本身即是神圣多样性的意义及其内容。那些成功地赋予生命以重要意义的人就是圣人，我们所有的人都有可能使自己的生命变得举足轻重。

理雅格认为，人挑战上帝作为造物主的角色是一种狂妄自大，他对此深感愤怒，有人可能会把他的这种态度归因于庸俗的苏格兰式"常识偏见（common sensism）"。这种 19 世纪英国哲学思潮顽固不化地捍卫基督教的宗教和道德信条，反对休谟式怀疑论。无论其源头在哪里，这种不愿意让人类充分参与宇宙创造性（cosmic creativity）的态度似乎基本延续至今，具体体现在《中庸》的当代译释中。翻译者们在开篇词里都毫不犹豫地继承理雅格的有神论解读，随后通过否定任何人类参与宇宙秩序的实情来缓和理雅格所谓神性创造性（Divine creativity）和人类狂妄自大之间的紧张①。

让我们以企鹅出版社最近出版的安德鲁·普拉克斯（Andrew Plaks）的译文为例。对《中庸》里将人类创造性称颂到与"Heaven（天）"平齐的高度的语言，普拉克斯持保留态度，认为其确与常识相悖，令人不快。他说："我们只能推测，作者是希望我们确切地理解这些话。"（手稿第 43 页）但是，正如上面第 22、25、31 章所示的，《中庸》关于人类创造性的论述再清楚明白不过，以致普拉克斯很不情愿地承认说：

> 在《中庸》开篇里，人不过是潜在地"参与"宇宙过程。如今，人被提升到一个更高的能量级上，成为彻底的参与者，一个充分参与宇宙动态结构的参与者。（手稿第 43 页）

当普拉克斯运用我们熟悉的本体论语言（ontological language）来区分"宇宙大本"之静态总体（static totality of "the great foundation" of the universe）与人类创造性的适当范围时，这一关于人类充分参与的观察被遮蔽了（手稿第 12 页）。普拉克斯认为，在宇宙层面和世俗层面之间存在"重要区分"，以致人之修养仅能局限在将"抽象普适理念（abstract universal ideal）转换成具体现实"（手稿第 16 页）。普拉克斯自信拥有证据支持对《中庸》的"本质主义解读"：

> 传统的注释家们同意，普遍的道（the universal Way）内在于所有人与物之根本，人毋须修养（cultivation）本性。（手稿第 20 页）

这样读来，假使人们全面参与宇宙创造性，表面上他们丝毫无损于真实存在。

这里，普拉克斯将威廉·詹姆士（William James）的所谓严厉批评用语"封闭的宇宙"（block universe）强加给儒家世界观。约翰·杜威（John Dewey）这样解释其师对这一术语的用法：

---

① 例如，陈荣捷曾经提到，"天道"是"超越时间、空间、本质、运动的，且同时是不停的、永恒的和显然的"。参见其《中国哲学资料书》（*A Source Book in Chinese Philosophy*. Princeton：Princeton University Press, 1963），第 95 页。

对他来说，机械主义和唯心主义都格格不入，因为二者都认为宇宙是封闭的，没有新生和冒险的空间。二者都牺牲个性（individuality），连同所有依存于个性的价值、道德和美感。按照绝对唯心论和机械唯物论的观点，个体都不过是被全体决定的一个部分而已。只有多元论哲学（philosophy of pluralism）才是真正的非决定论，才认为变化是真实而内在的，从而赋予个性以意义，这种哲学主张创造活动中的斗争是合理的，并且欢迎真正新异事物的产生。①

如果我们不经意地反思一下日常语言中"creativity"一词的使用情况，我们不难发现，理雅格和普拉克斯在诠释《中庸》时所假设的价值观仍旧充斥着我们西方的思想和言语。

通常，"creativity"这一概念应用在和艺术及文学有关的职业时，也就是与创造技巧或小说有关的娱悦性职业时恰到好处。但是，当转到其他严肃日常事务，如道德、神学、科学甚至"事务"（business）本身，"creativity"则令人生疑。假如我发现艾略特·道伊奇（Eliot Deutsch）②在道德方面"creative"，尽管我还会为他潇洒的魅力所折服，但同时我会怀疑他与我那美貌的妻子和天真的孩子之间绝不仅仅是泛泛之交。③假如我的朋友"安德鲁弟兄"（Brother Andrew）以在神学上特别"creative"闻名，那么教皇和我都会担心他那不道德的灵魂。如果我们夏威夷大学做动物克隆实验闻名的同事柳町隆三（Ryuzo Yanagimachi）的公开形象是一个用活泼的老鼠"creative"地做实验的人，他那几百万美金的研究经费就有可能保不住了。如果我的财务顾问为我提供了一些很"creative"的建议，使得我貌似超乎寻常地富有，而且引起了美国国税局（IRS）的注意，那么，我即使不立刻坐牢，也得听候账目审查。就哲学学科自身而言，你可以说，伽德玛式（Gadamerian）的"游戏"和查克拉巴蒂④式

---

①　杜威：《道德著作》（*The Moral Writings of John Dewey*. Edited by James Gouinlock. New York: Prometheus Books, 1994），第 35 页。

②　曾任夏威夷大学哲学系主任、教授。

③　很抱歉，其实艾略特的新著《人与有价值的世界：一种世界哲学》（*Persons and Valuable Worlds: A Global Philosophy*）中有一章题为《创造性道德》（*A Creative Morality*）。而且，道伊奇在他的美学转向中，非常自觉地挑战关于道德问题的传统思路。

④　夏威夷大学印度哲学教授。

（Chakrabartian）的"玩笑"在哲学上都令人心醉，因为它们反对传统哲学根深蒂固的亚里士多德式（Aristotelian）的死板。的确，学界将像理查·罗蒂（Richard Rorty）那样的哲人看作一只露齿嬉笑的柴郡猫（Cheshire cat - like），龇牙咧嘴地攻击我们西方学界，因而把他流放到哲学界的高墙之外，让他滚到斯坦福大学的比较文学系去，使他几乎被逐出我们的职业学界。

进一步说，当我们将"creativity"与我们的文艺创作相连时，我们并不把这些领域的人类经验视为因果性的或线性的，而是将其视为进步性的。例如，请比较一下我们的艺术史观和基督教式、马克思式、黑格尔式和科学式史观就会发现，我们通常对人类经验的理解带有强烈的目的论依赖性，以为无须人类参与，历史便能进步。

类似的削弱创造性价值的问题是"spontaneity"的日常用法。这就是说，"无中生有"（creatio ex nihilo）的创造性概念压抑了倾向于随意而非艺术鉴赏的"spontaneity"。spontaneity 之意是某事没有明显外因而生，其同义词有 impulsive（冲动的）、instinctive（本能的）、involuntary（无意的）、automatic（自动的），等等。spontaneity 指的不是有意养成的反应，而是习惯上无拘无束的、非习得的行为。这种理解下自然生发的意义远未达到精湛的程度，也丝毫无助于个人修养。

翻开一本中英词典，我们却发现中文中对应"spontaneity"的是"自然"。"自"的反身意味着应当从"情境化的角色与关系中的个人"（persons - in - their - contextualizing - roles - and - relationships）来理解，而非个别、支离的自我。"自然"总是协作的（collaborative）。其实，"自然"在《庄子》中恰用来说明许多艺人和悟者自然天成的娴熟技能，他们懂得如何用它来有效地与周围的媒介和环境交流：

> 圣人之静（stillness and equanimity）也，非曰静也善，故静也；万物无足以铙心（hearts - and - mind）者，故静也。水静则明烛须眉，平中准，大匠取法焉。水静犹明，而况静神！圣人之心静乎！天地之鉴也，万物之镜也。①

> The stillness and equanimity of the sages is not simply a matter of their

---

① 《庄子·天道》。

saying: "Equanimity is good!" and hence they have equanimity. Rather, they have stillness and equanimity because none of the myriad things are a-ble to agitate their hearts – and – mind. When water is still, it illuminates one's whiskers and eyebrows, and in its placidity, it provides a standard so that skilled artisans can take their measure from it. If the stillness of water provides illumination, how much more so one's spirit. The stillness and e-quanimity of the heart – and – mind of the sage makes it mirror to the whole world and the looking glass for all of the myriad things.

英国哲学家约翰·霍普·梅森（John Hope Mason）在其新著《创造性的价值：一个现代信念的源起和发端》（*The Value of Creativity: The Origins and Emergence of a Modern Belief*）中认为："创造性"作为价值理念（好比英雄主义、荣誉、孝心和各种道德）到了 19 世纪中叶才出现。当时，科技的进步推动了人类独立，自由市场经济鼓励了创新，"改良"性的进步成为人们的期待。但据霍普·梅森的研究，创造性概念的历史相当复杂，它至少由两种迥异的方式构筑，并且至今仍在影响我们对它的理解和使用。用最一般的而非特殊的术语来解释的话，理雅格和普拉克斯对《中庸》的理解隐含着悠久的传统，即创造性和造物主上帝（Creator God）有关，是新柏拉图主义（neo—Platonic）的，意味着道德上的善良、和谐与灵性：上帝言说，世界创造，"此即良善"。正如《诗篇》（Psalms）第 24 章所说："地和其中所充满的，世界和住在其间的，都属耶和华。"我们将创造性和道德彻底在超绝完美（transcendent and perfect）的上帝那里等同起来①。

另一传统是普罗米修斯式（Promethean）的，虽然创造性是鲁莽的，但它同时还是非道德的、冒险的、分裂的、冲突的：来源于人类文明之初宙斯（Zeus）之正义和"伏羲型"巨人（Titan）的斗争。霍普·梅森将康德（Kant）、柯尔律治（Coleridge）、卡莱尔（Carlyle）和阿诺德（Ar-

---

① 有趣的是，处女生子是"无中生有"模式的一种翻版，它"保存了上帝的单一性、纯洁性和精神性"。参见约翰·霍普·梅森（John Hope Mason）《创造性的价值：现代信仰的起源和产生》（*The Value of Creativity: The Origins and Emergence of a Modern Belief*. Aldershot, Hants: Ashgate Publishing, 2003），第 26 页。

nold）视为新柏拉图主义赋予创造性以价值的典范，并将马基雅维利的君主、歌德的浮士德、弥尔顿的撒旦、玛丽·雪莱（Mary Shelley）的"科学怪人"弗兰肯斯坦（Frankenstein）[①] 和尼采的超人看作对新柏拉图主义的理论性攻击，同时作为普罗米修斯式创造性主题的变奏。[②]

有趣的是，新柏拉图主义和普罗米修斯模式的创造性都强调新颖性和本原性，它发源于设想一个单一的、无中生有的源头，而这种源头也是一个分立的媒介。创造性要么属于上帝且仅是上帝的特权，要么是大胆、任性、异常独立、不肯妥协、宁愿与世隔绝疯狂流浪的普罗米修斯式英雄，也就是勇于挑战神权秩序的孤独英雄的缩影。正因如此，人类创造性和道德在新柏拉图主义和普罗米修斯两个传统上就无法调和。对于前者，上帝垄断创造性和道德性，重点强调顺服他人，因而妄自尊大的人类创造性是不道德的。对于后者，宙斯可能控制正义，但不控制创造性，道德是通往自由的障碍，仅有人之创造性能够克服。[③]

把霍普·梅森关于创造性的讨论应用到理雅格对《中庸》的解读中，显然理雅格认为《中庸》的观点很尖锐，因为它不知天高地厚地运用人的创造性跟神对立。这样读来，理雅格仿佛在把儒家圣人塑造成为骄傲的、无畏的、孤独的、离开社会也能成就超人事业的英雄人物。理雅格认为，这种人类创新只能是人的灵巧（sagacitas），而不是本属上帝的智慧（sophia/sapientia）。

《中庸》与其他儒家经典的圣人形象，与其说是英雄式的人物，毋宁说是一个才能非凡的合作者和交流者：他在日常生活中能够谱写一曲促进人类社群繁荣的乐章，进而鼓舞世界。孔子式的圣人既不离群索居，也不凭空创作。确切地说，圣人具备群体遵从的共同特征，而这些规律最终构成种族和民族特性。从语源学上说，"圣"（圣）字从"耳"从"口"，

---

① 弗兰肯斯坦（Frankenstein）：原意是"科学怪人"。喻作法自毙的人，毁灭创造者自己之物。

② 这一攻击的明显例子是尼采对他所谓伪善的瓦格那的攻击。庄子跟尼采的常用比较模式当限制在人类认知模式中。好斗的尼采赋予超人以力大无穷的特点，将超常作为斗争的产物加以歌颂。庄子更善于适应环境的主旨需要"齐物"。庄子提出"真人"是拒绝各种压力并在日常生活中追求精湛的人。

③ 约翰·霍普·梅森（John Hope Mason）：《创造性的价值：现代信仰的起源和产生》（*The Value of Creativity*：*The Origins and Emergence of a Modern Belief*. Aldershot, Hants：Ashgate Publishing, 2003），第 30 页。

恰有善交流者、文化化身、紧密联系的社群宗教中心之意。在《中庸》和古代中国总体性的关联宇宙论中发现的共同创造性（collaborative crea-tivity）是"由境而生"（*creatio in situ*）的，而非"无中生有"（*creatio ex nihilo*）的。

为什么将"无中生有"模式运用于传统中国宇宙论是不妥当的呢？第一，"无中生有"模式要求断裂的媒介，以区分造物主和被创物。在中国古代"气"宇宙论中，情境（situation）总是先于媒介（agency）的。也就是说，个体作为媒介，不过是具体的、构成性的关系之中的抽象概念而已。从根本上说，创造性是情境依存的，其间创造性和自我创造性（self—creativity）相即不离。既然创造性具有交互性，交流就会被看做重构世界的手段。

第二，"无中生有"的价值源于原创性（originality）。而"由境而生"的创造性强调升华的意义高于原创性和新颖性。在意义上彼此欣赏的关系是升华的意义之源。"由境而生"的创造性有前瞻性（prospective），因为它专注于应用的有效性，而不那么重视起源作为价值之源。如果创造性被限制于一个孤立的媒介，那么它的意义必然因此削弱。

第三，"无中生有"的内涵是某"物"（some – "thing"）的产生绝对依赖于创造之源。而"由境而生"是关系的成长，这种关系构成产生意义的事物。

第四，"无中生有"模式诉诸于一个否定历史发展和过程的新异之源（source of novelty）。"由境而生"的创造性却是历史发展和完美事物的实质。在这一模式中，用威廉·詹姆士的话来说，关系、变异和联结都是真实的。经验的动态本性既要结果，也要前因、可能性及先例。正是经验的这种前瞻倾向使其完善。这种"由境而生"的创造性解释了特定经验（一种因果性）的累积产物，以及因为结果的有效性而延续下来的同步变异。

第五，"无中生有"的创造性要求一个超越经验全体的"无"（void）的存在，而"由境而生"的创造性则要求非决定性的"nothing（无）"和决定性的"something（有）"之间的恒定关联，使他们一起导致经验历程的创造。传统上没有一个绝对的"无"的概念，而仅有一个丰富受容力，这一源头意味着一切的产生始似胎儿（fetal beginnings）。

"由境而生"的创造性的一个例子是，绝大多数中国经典，包括《中庸》本身，都不是由某一个作者而是由多人协作完成的。大多数经典都不受限制地借用同代人的作品而不加说明。他们是合成的文本，其意义历久弥新。经典编纂代代相承，合作无间，历代的新义就这样沉淀到新注中去。

中国画亦是如此。如今陈列在博物馆里的传世杰作大多不是最初形态，而是历经多个世纪，在反复创作中产生的独特版本，因为在流传过程中，收藏家们加上了朱红印签、题诗和书法艺术。

唐君毅认为，中国过程性宇宙观（processual［生生不息］cosmology）的一个普遍特征是"一多不分观（the continuity between one and many, u-niqueness and multiplicity）"。这一特征可以借鉴为表达"由境而生"创造性的一种方法。唐君毅所要表达的是如果我们从生命经验总体出发思考宇宙秩序，我们既可通过其动态连续性，也可通过其多样性来理解，既可将其作为过程，也可将其作为完美事物来理解。例如，人无论作为独到个体，还是作为与其相关人的不断裂的连续体都是"一"；而且，在多重人格得以表现的自我场域中，人是割裂的，甚至有时是矛盾的"复合体"：某人的老师是他人的情人，某人的父母是他人的孩子，某人的同事是他人的敌人，某人的恩人是他人的裁断者。当从事物如何在栩栩如生的经验中相互关联这一意义上的"宇宙论"角度来解读，而不从"一在多后"（one—behind—the—many）的宇宙发生论角度解读《道德经》第42章，我们会发现，它所表达的正是这种关联的多重本质：

> 道生一（Way – making gives rise to the notion of continuity），
> 一生二（Continuity gives rise to the notion of difference），
> 二生三（Difference gives rise to the notion of plurality），
> 三生万物（And plurality gives rise to the notion of everything that is happening）。

詹姆士和杜威非常过程化的语言和传统中国过程性"气"宇宙观能产生富于成果的共鸣，也能够用于解释《中庸》称颂人类创造性的源泉①。杜威在表达对"个性"（individuality）的"创造性"（creative）理

---

① 我们也可以使用皮埃尔·布迪厄（Pierre Bourdieu）在《实践逻辑》（*The Logic of Practice*. Stanford：Stanford University Press, 1980）中的"结构、习惯、实践"作为解释经验全体和关联的内在和建构性质。

解时,借用约翰·斯图亚特·穆勒(John Stuart Mill)的"个人主义"(individualism)作为铺垫。他大段引用穆勒的话,其中有"一切社会现象皆人性体现",亦即:"社会中人仅仅具备可能从个性中生发或消解为个性的特征。"在欣赏穆勒想将普通人从强力贵族统治下解放出来的动机时,杜威很不情愿使用"既成"(ready-made)的人之概念,因为这种概念是杜威在其他地方所谓"哲学谬论(the philosophical fallacy)"[①]的明显例子。其实,杜威力图颠覆穆勒关于人与社会关系的假设。杜威认为,讨论独立于特定社会条件的人性的固定结构于事无补,因为它丝毫无助于解释部落、家庭、人群的差异——无论是从人性自身或与之相关的角度出发,都无法解释社会的任何状态。

杜威写道:

> ……无法接受那种所谓的不变人性。即使人性中某些需要永恒不变,它们的结果(由于文化的既成状态,如科学、道德、宗教、艺术、工业、法律规则)反作用于人性的最初成分,将其塑造成为新的形式。因此,总的图景也就变了。每个人都该明白,如果某些集团或派别没有办法证明这是一种合理化原则的方便法门,那么依靠唯一的心理因素去解释既已发生的,又解释应该发生的原则,这是徒劳无功的。[②]

杜威认为人是在社会中成就的,通过运用社会性智能而可能达到适应

---

① 忽视经验的历史、发展和情境方面的错误。杜威自早年就视此为:"哲学思维中最普遍的谬论。"在他看来,其方法论的问题是"抽出赋予其意义的机体的某一部分当做绝对",进而将这一要素推崇为:"实在和知识的原因和基础。"(EW1:162)关于"哲学谬论"的历史、发展和情境,参见塔尔斯(J. E. Tiles)《杜威:哲学家的论证》(*Dewey*: *The Arguments of the Philosophers*. London: Routledge, 1988),第 19—24 页。约翰·霍普·梅森(John Hope Mason)区分了谬论的两种形式:起源性的和历程性的。起源性的谬论是认为认识起源的目的和原因就是去认识最终结果。历程性的谬论是著作全体在其原创起点就体现出来了。参见约翰·霍普·梅森(John Hope Mason)《创造性的价值:现代信仰的起源和产生》(*The Value of Creativity*: *The Origins and Emergence of a Modern Belief*. Aldershot, Hants: Ashgate Publishing, 2003),第 9 页。Tiles 在他讨论哲学谬论时引用杜威的话:"个性、自我、主体性是在构成复杂的机体、社会中交往产生的最终功能。人的个性在简单事物上有其基础和条件。"(《晚期著作》卷 1,第 162 页)据此,Tiles 推断,杜威:"将反驳那些假定个人作为理性存在先于、或独立于社会关系的人犯了'哲学谬论'。"

② 杜威:《政治著作》(*The Political Writings*. Indianapolis: Hackett, 1993),第 223—224 页。

性成功。假定承认变化的实在性，人的成功就总是暂时的，存在状态就一直是未完成的创造物，连同变幻情境的新挑战。不过这一成就也是进化的、有秩序的、完美的："我们运用过去经验来建构将来又新又好的经验。"①

杜威所讨论的关于"既成"个人及其"个体性"概念之间的对比可用下列图示来表达其外在或内在的关联：

个人 Individual　个体性 Individuality

个人"有"（having）关系不同于人通过培育构成他们的关系，从而实现其个体性。在杜威的个体性模式中，关联的生活和由此生发的人际合作并不将分离的个人在关系上联系起来，而是使原已关联的关系更有效。

杜威认为，我们不是在社群中交往的个人，而是由于我们在社群中的交往而凸显为个人；我们不是由于具有心智所以才相互交谈，而是我们相互交谈所以具有心智；我们不是由于具有心灵所以相互同情，而是由于我们彼此同情所以才构成热情互助的社群②。

换一种说法，孔子经常比较他在社会政治意义上构筑的概念"君子（exemplary persons）"和他的所谓"小人（small persons）"，即无法确定自己在社群中的定位和关系的人。"小人"不仅不能对他们的世界繁荣有所贡献，而且无法形成应对他人的羞耻感，也就无法成为社群中负责的成员，以致对社会秩序构成真正的威胁。伏玲达·达尔米娅③（Vrinda Dalmiya）例证说，"'不作为'可能跟某些作为一样凶恶。"汉娜·阿伦特（Hannah Arendt）将阿道夫·希特勒（Adolf Hitler）描述为"不理智的"（thoughtless）人，强调了这凶恶的程度，这看上去似乎只是对魔鬼温和的指控。但是，阿伦特的意思是希特勒暴政是"无情的"（carelessness），是无耻个人"关怀少之又少"（couldn't care less）的暴政——一

---

① 杜威：《中期著作》卷12，第134页。

② 孔子《论语》中包含儒家哲学作为有羞耻感的或"面子"文化精华的是第2篇《为政》第3章："子曰：'道之以政（administrative injunctions），齐之以刑（penal law），民免而无耻；道之以德（excellence），齐之以礼（ritual propriety），有耻且格。'"（The Master said, "Lead the people with administrative injunctions (zheng 政) and keep them orderly with penal lawa (xing 刑), and they will avoid punishment but will be without a sense of shame. Lead them with excellence (de) and keep them orderly through observing ritual propriety (li 礼) and they will develop a sense of shame, and moreover, will order themselves."）

③ 夏威夷大学印度哲学教授。

个道德上迟钝的人在缺乏理智和情感时犯下的暴力。

当我们提到个人，我们已经习惯将身体（body）看做个人身份的标志，因而在我们常用的语言中有 somebody（某人）、anybody（任何人）、和 everybody（每人）。但是，当我们思考由关系构成的个人，就必将身体思考成威廉·詹姆士所谓"我们每人物质自我（the material Self）的最深部分"，而社会自我是"有多少人认识，就有多少社会自我"。重要的是，虽然社会构成关系和缓为自我场域，但是并不比物质身体更不具体、更不真实。其实，在适当时候，我们通过有效培育这些关系将自己真正塑造为杰出的人物，衡量我们成功的标尺是关系而非让我们日益失望的身体。在普遍联系的生活中，人与人的合作是多姿多彩、欣欣向荣的社群之源，而且正是这一合作使生命有意义。要而言之，詹姆士、杜威跟《中庸》的观点一样：唯一的创造性是共同创造性（co‑creativity）。

合作使我们的经验最优化这一主题在威廉·詹姆士的一段值得纪念的文字中得到进一步深化。在思考如何从我们的生命经验中获益最多时，詹姆士引入了"心脏"和"灵魂"，也就是情感和理智的认识论。他在自问自答："什么赋予生命以意义？"

　　　　每个杰克都能从他自己心爱的吉尔身上看到完美、迷人之处，而这些独特的魅力，则是我们这些呆头呆脑的局外人很难察觉到的。那么，谁更拥有发现绝对真理的超常眼光，是杰克还是我们？谁对吉尔，这一独特存在更具有卓越的辨识力？是杰克，因处身其中昏了头，进行了过度美化？还是我们，因感情麻木、迟钝而不能发觉吉尔迷人的闪光点？无疑是后者，无疑这为杰克揭示了更加深奥的真理；无疑，令人怜惜的吉尔心灵深处的颤动是造化妙不可宣的馈赠，值得我们的同情和好奇；而且，让我们相形见绌的是，我们其余的人无法像杰克那样感受吉尔。杰克可以真切实在地感受吉尔，而我们不能。他努力想融入她的内心生活，穿透她的情感，感受她的渴求，尽管同样无法充分，但他尽最大努力以男子汉的雄心来触摸她的世界；而即便如此，他同样也会发现自己仍有触摸不到的地方。而我们，如此呆头呆脑，感受迟钝，甚至根本不去探究这些事实，反而满足于这样一种认识：认为这个叫做吉尔的姑娘的存在与否对于我们来说，都是这个世界上最自然不过的事，我们无需费神来思考它。有谁知道吉尔的内心生活；重要的是，她知道杰克理解她的途径是真挚而诚恳的；而她也以同样的真挚诚恳回报他的真情。但愿以往的盲目再也不来遮蔽他们任何一人的眼睛！我们中的某些人将何去何从？是不是没有谁会按照我们的本心来理解我们，或者准备回报我们真诚的见地和理解？我们所有的人都应该以如此热情、真诚而可贵的方式来彼此沟通和理解。

如果你认为这些话是无稽之谈，况且我们不可能同时爱上每个人。那么，我只想向你指出这样一个事实：有些人确实胸怀宽广，他们珍爱友谊，欣赏别人的生活；而且，如果他们心胸不是如此宽宏，他们将不会了解这样多的真理。①

詹姆士这段话特别有教益的地方在于，他认为杰克心中亲密的感情是真实地认识吉尔的关键所在。在这亲密的感情中，吉尔不可思议的迷人之处和本身实在的完美品质都被真切地捕捉到了。人是由彼此间的关系构成的，这些关系在人类聚焦个体经验域的过程中被稳定下来并凝成真实。正是杰克，以其最适宜的方式关注吉尔。吉尔作为一个造化杰作天经地义地存在于那些赋予她生命空间（尤其是跟她的杰克）的情感关系中。这不过是说，人与人之间正在行动和正在经历的那些创造性转化都是彼此之间情感的昭显。因此，情感的表达特质和主观形式必然伴随协同创造过程的独一无二的视角。我们觉得自己迈向新的经验。

在更加技术化的层面上，詹姆士这段引文帮助我们明白为何《中庸》的中心概念"诚"可以被解析为"sincerity（真诚）"、"integrity（完善）"及"creativity（创造性）"。在通过彼此的感情深入且亲密地了解对方的过程中，杰克和吉尔的关系包含着深刻的真诚。这一关系不仅从他们持续的特殊性，也从他们日益结合为一体的角度培育了完善性。他们关系中自然生发的意义即是创造性的真义。他们的合作既是认知的，又是感性的，既是美学的，又带有强烈的宗教性。

在某些情形下，"诚"可以适当地解释为"创造性"这一事实引导我们认识一个更加基本的问题。在中国传统哲学中，如果"创造性"是一

① 威廉·詹姆士（William James）：《实用主义及其他著作》（*Pragmatism and Other Writings*, Giles Gunn, edit., London：Penguin, 2000），第286—287页。

个重要课题，那么它是以哪些哲学词汇来表达的？在中文里，"创造性"的重要性和表达方式都可与"修辞（rhetoric）"相提并论。也就是说，中文里修辞与哲学不分的传统使得某些西方学者断言，中国缺乏与我们西方同等重要的修辞传统。与此同时，中国哲学文献的一个中心主题是语言的"本体论（ontology）"——语言需要不断地"正名"（constantly adjusted）并谨慎使用是一个不变的主题，原因在于，当命名某物时，"名"（name）物便是"命"（command）某一世界开始存在。

除了"诚"，用来大体描绘人类文化发展的过程性语言（gerundive language）也有这一创造性维度（creative dimension）。比如说，"道"不仅是"路"（way），而且是"导"（way - making）。正如《庄子》说得好："道行之而成（The way is made in the walking）。"

威廉·詹姆士的每个杰克"迷恋"（enchanted）于自己特定吉尔的魅力和美妙。杰克和吉尔亲密爱情的魔力表现在彼此互动互助的敏锐感受和自觉中。这种相互欣赏蕴涵深厚。当然，他们的认识远远超出彼此的品质、意义和重要性，在了解的过程中，彼此更加倾慕对方。而且，这种认识要求相互之间情感的敏感和应对。但是，这种一开始就相互欣赏的热情自始至终，远远超出彼此的个人享乐。确实，由欣赏而生发的"增值"（value - added）真正地增加创造此关系的世界之价值。他们异常珍惜共同的世界，而世界也由于杰克和吉尔的深厚感情被提升到一个更加辉煌的时空。正是人类的这种合作能力使万事万物乐此不疲，这也是"欣赏个体"（appreciating the particular）的深层含义。

郝大维逝世前一周，他承认，在生命的最后时光，自己更加欣赏他人。与此同时，直到他生命最后一刻，他都一直创造性地、自然地参与。而我们大家——他所长期影响的人们也还是那么欣赏他，一如既往地怀念他，仿佛他依然活在我们中间。

征引与参考文献

1. 陈荣捷（Wing – tsit Chan）：《中国哲学资料书》（*A Source Book in Chinese Philosophy*. Princeton：Princeton University Press，1963）。

2. 马克·路易斯（Mark Lewis）：《早期中国的书写与权威》（*Writing and Authority in Early China*. Albany：State University of New York Press，1999）。

3. 史嘉伯（David Schaberg）：《早期中国的诗歌与历史想象》（*Song and the Historical Imagination in Early China*），《哈佛亚洲研究季刊》（*Harvard Journal of Asiatic Studies*）（1999）59：2。

4. 诺布洛克（John Knoblock）：《荀子全文的翻译与研究》（*Xunzi：A Translation and Study of the Complete Works*，Vol. 1. Stanford：Stanford University Press，1988）。

5. 杜维明：《论中庸：儒家宗教性研究》（*Centrality and Commonality：An Essay on Confucian Religiousness*，Albany：State University of New York Press，1989）。

6. 武内义雄：《易と中庸の研究》，《武内义雄全书》卷三，东京：角川书店 1979 年版。

7. 阿利尔（Yoav Ariel）：《孔丛子：孔子世家系年》（*K'ung – ts'ung – tzu：The Family Master's Anthology*. Princeton：Princeton University Press，1989）。

8. 理雅格（Legge，James）：《中国经典》（*Chinese Classics*，5 Volums. Hong Kong：University of Hong Kong）。

9. 理雅格（Legge，James）：《道家经典》（*The Texts of Taoism*. Part I. New York：Dover，1962）。

10. 芬格莱特（Herbert Fingarette）：《孔子：即凡而圣》（*Confucius：The Secular as Sacred*. New York：Harper Torchbooks，1972）。

11. 郝大维和安乐哲：《透过孔子而思》（*Thinking Through Confucius*. Albany, NY：State University of New York Press, 1987）。

12. 郝大维和安乐哲：《期待中国：透过中西文化的叙事而思》（*Anticipating China：Thinking Through the Narrative of Chinese and Western Culture*. Albany, NY：State University of New York Press, 1995）。

13. 郝大维和安乐哲：《由汉而思：中西文化中的自我、真理与超越性》（David L. Hall and Roger T. Ames, *Thinking from the Han：Self, Truth, and Transcendence in Chinese and Western Culture*, Albany：State University of New York Press, 1998）。

14. 安乐哲和罗思文（Henry Rosement）：《孔子的论语：一种哲学性的翻译》（*The Analects of Confucius：A Philosophical Translation*. New York：Balatine, 1998）。

15. 乔·格兰治（Joseph Grange）：《自然：一种环境宇宙论》（*Nature：An Environmental Ecology*. Albany：State University of New York Press, 1997）。

16. 乔·格兰治（Joseph Grange）：《城市：一种人居宇宙论》（*City：An Urban Cosmology*. Albany：State University of New York Press, 1999）。

17. 史蒂夫·欧丁（Steve Odin）：《禅学中的社会性自我与美国哲学》（*The Social Self in Zen and American Philosophy*. Albany：State University of New York Press, 1996）。

18. 南乐山（Robert Neville）：《波士顿儒学》（*Boston Confucianism*. Albany：State University of New York Press, 2000）。

19. 汤姆·克索利斯（Tom Kasulis）：《在美国重新发现哲学》（*The Recovery of Philosophy in America：Essays in Honor of John Edwin Smith*. Albany：State University of New York Press, 1997）。

20. 沃沦·弗里斯纳（Warren Frisina）：《知行合一：朝向一种非表象性的知识论》（*The Unity of Knowledge and Action：Toward a Non-Representational Theory of Knowledge*. Albany：State University of New York Press, 2000）。

21. Norman Girardot 和 Livia Kohn 合编：《道家与生态》（*Taoism and Ecology*. Cambridge：Harvard University Press, 2000）。

22. 郝大维：《不定的凤凰》（*The Uncertain Phoenix*. New York：

Fordham University Press，1982）。

23. 莱丁（Jean—Paul Redding）：《原子的词语与词语的原子：对古希腊原子主义的起源以及古代中国原子主义的缺乏的思考》（Words for Atoms，Atoms for Words：Comparative Consideration on the Origins of Atomism in Ancient Greece and the Absence of Atomism in Ancient China）。

24. 席文（Nathan Sivin）：《古代中国的医药、哲学与宗教：研究与反省》（Medicine，Philosophy and Religion in Ancient China：Researches and Reflections. Aldershot，Hants：Variorum，1995）。

25. 郝大维：《古代中国分析的含义——一种实用主义的评价》（The Import of Analysis in Classical China：A Pragmatic Appraisal），载牟博编《分析在中国》（Analysis in China. LaSalle，Il.：Open Court Press，2000）。

26. 宇文所安（Stephen Owen）：《中国文学思想资料》（Readings in Chinese Literary Thought，Cambridge，Mass.：Council on East Asian Studies，Harvard University，1992）。

27. 王爱和：《早期中国的宇宙论与政治文化》（Cosmology and Political Culture in Early China. Cambridge：Cambridge University Press，2000）。

28. 李零：《式图与中国古代的宇宙模式》，《九州学刊》，1991。

29. 李零：《中国方术考》，中华书局 1993 年版。

30. 叶山（Robin D. S. Yates）：《身体、时空与官僚结构：早期中国的边界创造和控制机制》（Body，Space，Time，and Bureaucracy：Boundary Creation and Control Mechanisms in Early China），载 John Hay 编辑《中国的边界》（Boundaries in China. London：Reaktion Books，1994）。

31. 马克·路易斯：《早期中国的合法性暴力》（Sanctioned Violence in early China. Albany：State University of New York Press，1990）。

32. 梅杰（John Major）：《关于中国科学中'五行'和'宿'两个术语的翻译问题》（A note on the Translation of Two Technical Terms in Chinese Science：wu – hsing and hsiu），载《早期中国》（Early China），1976 年第 1 期。

33. 梅杰：《回答理查德·克斯特有关"宿"和"五行"的评论》（Reply to Richard Kunst's Comments on hsiu and wu—hsing），载《早期中国》，1977 年第 3 期。

34. 朱迪丝·法库阿（Judith Farquhar）：《认知实践：中药的临床遭

遇》（*Knowing Practice*：*The Clinical Encounter of Chinese Medicine*. Boulder：Westview，1994）。

　　35. 葛瑞汉（Angus Graham）：《辨道者》（*Disputers of the Tao*. La Salle, IL：Open Court, 1989）。

　　36. 葛瑞汉（Angus Graham）：《庄子内篇》（*Chuang-tzu*：*The Inner Chapters*. London：George Allen & Unwin, 1981）。

　　37. 葛瑞汉（Angus Graham）：《晚期墨家的逻辑、伦理学和科学》（*Later Mohist Logic*，*Ethics*，*and Science*. Hong Kong：Chinese University Press，1978）。

　　38. 梅杰：《早期汉代思想中的天地》（*Heaven and Earth in Early Han Thought*. Albany：State University of New York Press，1993）。

　　39. 吉德炜（David Keightley）：《商代的神学与形上学》，载《东西方哲学》（*Philosophy East and West*），1988 年第 38 期，第 269—397 页。

　　40. 信广来（Kwong-loi Shun）：《孟子与早期中国古代思想》（*Mencius and Early Chinese Thought*. Stanford：Stanford University Press，1997）。

　　41. 陈汉生（Chad Hansen）：《中国思想的道家理论》（*A Daosit Theory of Chinese Thought*. Hong Kong：Oxford University Press，1992）。

　　42. 庞朴：《孔孟之间——郭店楚简的思想史地位》，《中国社会科学》1998 年第 5 期，第 92—93 页。

　　43. 罗思文编：《中国的文献与哲学性的脉络：献给葛瑞汉的论文集》（*Chinese Texts and Philosophical Contexts*：*Essays Dedicated to Angus C. Graham*. La Salle, IL：Open Court, 1989）。

　　44. 唐君毅：《中西哲学思想之比较论文集》，台北：学生书局 1988 年版。

　　45. 唐君毅：《先秦中国的天命》，《东西方哲学》（*Philosophy East and West*），1962 年第 2 卷，第 195 页。

　　46. 怀特海（A. N. Whitehead）：《过程与实在》（*Process and Reality*. New York：Macmillan，1929）。

　　47. 怀特海：《形成中的宗教》（*Religion in the Making*. New York：Meridian Books, Inc. , 1960）。

　　48. 怀特海：《思想的模式》（*Modes of Thought*. New York：The Free Press，1968）。

49. 西谷启治（Keiji Nishitani）：《虚无主义的自我克服》（*The Self - Overcoming of Nihilism*. Trans. Graham Parkes with Setsuko Aihara. New York：State University of New York Press，1990）。

50. 卡尔格伦（Bernhard Karlgren）：《新编中国文法》（*Gramata Serica Recensa*. Stockholm：The Museum of Far Eastern Antiquities，1957）。

51. 杜威：《经验与自然》（*Experience and Nature*. New York：Dover，1958）。

52. 杜威：《道德著作》（*The Moral Writings of John Dewey*. Edited by James Gouinlock. New York：Prometheus Books，1994）。

53. 杜威：《政治著作》（*The Political Writings*. Indianapolis：Hackett，1993）。

54. 杜威：《早期著作》（*Early Works*，1892—98. 5 vols. Edited by Jo Ann Boydston. Carbondale，III：Southern Illinois University Press，1969—1972.）。

55. 杜威：《中期著作》（*Middle Works*，1899—1924. 15 vols. Edited by Jo Ann Boydston. Carbondale，III：Southern Illinois University Press，1976—1983）。

56. 马伯乐（Henry Maspero）：《古代中国》（*La Chine Antique*，Paris：DeBoccard，1927. Translated by F. A. Kierman，Jr. as *China in Antiquity*，Amherst：University of Massachusetts Press，1978）。

57. 白诗朗（John Berthrong）：《关于创造性：朱熹、怀特海和南乐山的比较研究》（*Concerning Creativity：A Comparison of Chu Hsi*，*Whitehead*，*and Neville*. Albany：State University of New York Press，1998）。

58. 约翰·霍普·梅森（John Hope Mason）：《创造性的价值：现代信仰的起源和产生》（*The Value of Creativity：The Origins and Emergence of a Modern Belief*. Aldershot，Hants：Ashgate Publishing，2003）。

59. 皮埃尔·布迪厄（Pierre Bourdieu）在《实践逻辑》（*The Logic of Practice*. Stanford：Stanford University Press，1980）。

60. 塔尔斯（J. E. Tiles）：《杜威：哲学家的论证》（*Dewey：The Arguments of the Philosophers*. London：Routledge，1988）。

61. 威廉·詹姆士（William James）：《实用主义及其他著作》（*Pragmatism and Other Writings*，Giles Gunn，edit.，London：Penguin，2000）。

62. 王安国（Jeffrey Riegel）：《〈礼记〉中子思四章的分析与翻译》（*The Four "Tzu Ssu' Chapters of the Li Chi: An Analysis and Translation of the Fang Chi, Chung Yung, Piao Chi and Tsu I."* Ph. D. dissertation, Stanford University, 1978）。

63. 道伊奇（Eliot Deutsch）：《人与价值世界》（*Persons and Valuable Worlds: A Global Philosophy.* Lanham, MD: Rowman & Littlefield, 2001）。

64. 沃森（Burton Watson）：《庄子》（*The Complete Works of Chuang Tzu.* New York: Columbia University Press, 1968）。

65. 康福德（F. M. Cornford）：《苏格拉底之前与之后》（*Before and After Socrates.* Cambridge: Cambridge University Press, 1932）。

66. 戴卡琳（Carine Defoort）：《褐冠子：一种修辞学的解读》（*The Pheasant Cap Master: A Rhetorical Reading.* Albany: State University of New York Press, 1997）。

67. 梅约翰（John Makeham）：《早期中国思想中的名实问题》（*Name and Actuality in Early Chinese Thought.* Albany: State University of New York Press, 1994）。

68. 康韵梅：《中国古代死亡观之探究》，台北：台湾大学文史丛刊 1994 年第 85 期。

69. 李泽厚：《论语今读》，香港：宇宙书局 1998 年版。

70. 徐复观：《〈中庸〉的地位问题》，《学术与政治之间》，台中：中央书局 1963 年版。

译后记

　　2003—2004 学年，经安乐哲（Roger T. Ames）教授提名以及夏威夷大学一个专门成立的遴选委员会投票，我应邀到夏威夷大学担任安德鲁斯讲座客座教授（Arthur Lynn Andrews Chair Visiting Professorship）。该讲座是为了纪念夏威夷大学文理学院第一任院长 Arthur Lynn Andrews 而设立的。我当时年资尚浅，因而对于安乐哲教授和夏威夷大学"不拘一格降人才"的做法甚为感佩。于是，在亚太研究院的东亚研究项目和哲学系分别开设 "Confucian Spiritual and Bodily Exercise in Confucian Tradition and Its Therapeutic Significance"（ASAN 620，3 credits，Asian Studies Program）以及 "Seminar in Philosophical Texts"（PHIL 740，3 credits，Department of Philosophy）两门课之余，我就已经将安乐哲教授的《中庸》一书基本译完了。

　　2002 年安乐哲教授在北大哲学系担任客座教授时，我们就一起策划了这套《海外儒学研究前沿丛书》。我们共同选定书目，安乐哲教授负责联系作者和出版社并帮助解决中文版权事宜，我则负责选择译者以及接洽国内的出版社。安乐哲教授当时新出不久的这本对《中庸》的新的诠释和翻译，很自然地列入了丛书。但是，首批丛书各书译者的进度不一，尤其是丛书中纽约州立大学出版社出版的三本书的版权问题屡经波折，几乎让安乐哲教授和我甚至三书作者都耗尽心力。为了保证首批丛书能一起出版，丛书出版时间不得不一再拖延，直至今日。否则的话，这本《中庸》早就应当与中文世界的读者见面了。对于安乐哲教授的耐心，作为译者的我只能表示歉意和感谢。

　　该书附录所收的三篇论文，第一篇《"礼"与古代儒家非神论的宗教性》，最早曾由复旦大学的施忠连教授翻译后刊于《中国学术》，收入本书时为了整体的行文一致，我对译文作了修改。尤其是一些表述和术语，笔者采取了不同的译法。第三篇《活出此生的意义：创造性的真谛》，最初由温海明博士译出，刊于《中国学术》纪念郝大维的专号上。收入本书时，对于一些关键的术语和表述，我也同样作了改动，采取了与本书一致的译法。第二篇《儒学与杜威的实用主义：一种对话》，则原本为我所译，最初刊于江苏教育出版社 2004 年 9 月出版的《全球化与文明对话》。只是由于编辑擅自改动了其中的一些译法，结果出现了一些不应有的失误。该文后来也曾收入北京师范大学王成兵教授主编的《一位真正的美国哲学家》（中国社会科学出版社 2007 年版），则依照我原来的翻译，未出问题。这是需要向读者说明的。

彭国翔

2009 年 9 月于德国波鸿